江西方志
文化丛书

江西寺观

江西省地方志编纂委员会办公室 编著

WUHAN UNIVERSITY PRESS

武汉大学出版社

图书在版编目(CIP)数据

江西寺观/江西省地方志编纂委员会办公室编著.—武汉：武汉大学出版社,2018.3
江西方志文化丛书
ISBN 978-7-307-19717-6

Ⅰ.江… Ⅱ.江… Ⅲ.寺庙—介绍—江西 Ⅳ.K928.75

中国版本图书馆 CIP 数据核字(2017)第 230162 号

责任编辑:刘小娟 周卫思 责任校对:李思维 装帧设计:张希玉

出版发行: **武汉大学出版社** （430072 武昌 珞珈山）
（电子邮件：whu_publish@163.com 网址:www.stmpress.cn）
印刷:虎彩印艺股份有限公司
开本:720×1000 1/16 印张:18 字数:373 千字 插页:2
版次:2018 年 3 月第 1 版 2018 年 3 月第 1 次印刷
ISBN 978-7-307-19717-6 定价:88.00 元

江西方志文化丛书

主　编：梅　宏

副主编：周　慧　杨志华

江西寺观

执 行 主 编：张满满

执行副主编：邓　静

编　　　辑：方　巍

"江西方志文化丛书"编纂委员会

《江西寺观》撰稿名单

省方志馆： 张满满

南昌市： 王　计、陈耀武、王　锋、王　琳、易梅繁、蒋文波、喻德琪、朱　君、王　方、新建区地方志办

九江市： 崔若林、江娇丽、胡茂盛、朱子龄、扶松华、晴歌、陈文夫、张树华、孙家骏、汪官金、黄伟男、郑双虎、高　昇、熊耐久、刁浔浔、陈汉铭、骆句久、修水县地方志办、武宁县地方志办、永修县史志办、星子县地方志办

（摄影：胡茂盛、胡荣彬、许华勇、古　风、孙家骏、黄伟男、武宁县地方志办、修水县地方志办、永修县史志办）

景德镇市： 洪东亮、冯云龙、乐平市地方志办

（摄影：彭建光）

萍乡市： 周菁、曾媛、邓花萍、安源区史志办、芦溪县史志办

新余市： 张国荣、杨　诚、分宜县史志办、渝水区史志办

鹰潭市： 雷荷莲、王新勤、月湖区史志办

赣州市： 马远旗、张玉玲、瑞志、朱祥福、邓思喜、朱定财、何冬生、胡杨华、温永发、陈春发、谢东才、郭文良、赖春梅、王立之、管宝禄、刘栋桯、章贡区地方志办、安远县史志办、龙南县地方志办、宁都县史志办、石城县地方志办

宜春市： 赖武军、易根生、易集明、刘飞英、熊正秋、徐小明、晏紫春、黄烈花、邹文生、王现国、樟树市史志办、丰城市史志办、靖安县史志办、奉新县史志办、高安市史志办、上高县史志办、宜丰县史志办、铜鼓县史志办

上饶市：缪　斌、卢　钢、邱敬登、刘丕云、许廷根、翁本有、曾雄健、薛　文、吕　中、龚炳洋、孙　军、杜育和、孙　健、陈爱中、朱国爱、葛仙山寺观

（摄影：廖诗富）

吉安市：熊　玮、刘庆华、旷喜保、刘仁志、刘来兴、蔡舜文、梁亮平、邹节成、张惠民、朱　静、邹建峰、范贞忠、曾广庆、李忠富、肖如发、曾维生、肖　纨、陈　勖、宁鸿山、钟丕海、刘武文、胡自卫、黄伟华、邱会财、刘清华、吉州区地方志办、青原区档案史志局、井冈山市地方志办、新干县地方志办、安福县地方志办、泰和县地方志办、万安县地方志办、永新县史志办、青原区民宗局、井冈山市民宗局、吉安县民宗局、吉水县民宗局、永丰县民宗局、新干县佛教协会、峡江县民宗局、遂川县民宗局、安福县民宗局、泰和县民宗局、万安县民宗局、永新县民宗局

（摄影：旷喜保、邹建峰、陈勖、吴彩云）

抚州市：熊春玲、吴云华、余天禄、武一平、涂继文、伍长福、王政文、王国庆、胡美凤、颜　震、罗来福、李昌金、李山冕、曾　铭、邱志强、官炳炎、丁思忠、黄英秀、帅建忠、临川区史志办、南城县地方志办、黎川县地方志办、南丰县地方志办、资溪县地方志办、东乡县地方志办

（摄影：周木杨、周虹、李山冕）

丛书序

　　江西古称"豫章""江右"，因733年唐玄宗设江南西道而得名，因境内最大河流赣江而简称"赣"。

　　江西文化底蕴深厚，四五万年前就有先民筚路蓝缕，在混沌草莽中开创旧石器时代和新石器时代文化。商周时期创造了与中原文化交相辉映的青铜文明。两汉以后，江西"嘉蔬精稻，擅味四方"，哺育出南州高士，高洁独标世表；陈重雷义，义薄云天；"古今隐逸诗人之宗"陶渊明开创田园诗派，成一代伟大诗人；"物华天宝、人杰地灵"彰显盛唐气象。两宋之后，江西古代文化更如日月之行，世所瞩目，在文学、哲学、史学、科技、艺术、教育等领域名家辈出，或开宗立派，或存亡续绝，或继往开来。诗文在此革新立派，理学在此肇始兴盛，佛教以禅宗的流行和《禅门规式》的颁布在此形成中国特色；史学名著迭出，大家涌现；千年窑火，煅烧出晶莹剔透的千古瓷都；书声琅琅、书院芳华熏染了文章节义之邦。豫章文化、庐陵文化、临川文化、浔阳文化、袁州文化等地域文化各具特色、各领风骚。近代以来，南昌起义的枪声，井冈山上的炮响，无数革命先烈前仆后继的英姿，锻造了光荣的革命传统和精神，形成了红土地上崭新的红色文化。这些，共同构成群星璀璨、耀眼夺目的江西文化。

　　在悠悠历史长河中，物质形态文化难免随着时间的消失而湮灭，而代代编修，被誉为"一方之百科全书"的地方志，便成为传承地方文化、载史问道、以启未来的最好载体。

　　地方志是中国特有的文化传统和历史资源。江西是方志大省，历代编纂的地方志书达1190种，位居全国第二位，保存至今的仍有520余种，居全国第四位。20世纪80年代开始社会主义新方志编纂工作，至今编纂出版两轮省、市、县三级志书共302部，综合年鉴201部，取得了巨大成就。卷帙浩繁的志书刻录着江西文化基因和历史密码，它本身既是方志文化的物质载体,也是江西地方文化的根脉和基础。利用地方志了解地方历史文化,实现资政育人,古有韩愈索志、朱熹下轿问志的佳话,今天我们党和国家的领导人同样有重视和利用地方志的优良传统。1958年3月,毛泽东主席一到成都,立即调阅《四川通志》《华阳国志》《灌县志》等志书,并选辑其中一部分内容印发给其他领导,提倡利用地方志提高领导水平,并倡议各地编修地方志。习近平总书记身边也总是不离地方志。1985年6月,即将任职厦门市副市长的习近平借阅了道光版《厦门志》和《厦门地方史讲稿》。1989年他在福建宁德担任地委书记时曾指出:"了解历史的可靠的方法就是看志,这是我的一个习惯。过去,我无论走到哪里,第一件事就是看地方志。"英国著名学者李约瑟曾说,古代希腊乃至近代英国,都没有留下与中国地方志相似的文献,要了解中国文化,就必须了解中国的地方志。同样,要了解江西文化,也必须了解江西的地方志。通过地方志,迅速了解一地之风土人情、历史文化,鉴古知今,获得未来发展的灵感是古往今来的文人、学者、官员、伟人的一项基本功。

为了更好地开发利用地方志资源存史、资政、育人,发挥地方志在传承中华文明、建设文化强省中的基础性作用,江西省地方志办公室利用地方志资源,动员全省地方志系统力量,组织编辑出版了这套"江西方志文化丛书"。全书共10册,内容丰富,资料翔实,图文并茂,用通俗、准确的语言介绍了江西最具代表性的十个方面的地域特色文化,从浩如烟海的方志文献中提炼出真实、生动的历史细节,全面展示了江西的文化成就和人文精神。山有名,水有灵;桥有史,渡有址;村有姓,镇有景;楼塔有风骨,寺观有清幽;书院有典籍,名人有故事;古窑生火,传承至今;进士及第,江西文盛。丰富的地域文化、深厚的人文底蕴,彰显了江西千年风华,体现了文化江西的磅礴气度。本套书是一部挖掘、保存、利用江西地方志资源的精品丛书,是了解江西历史、省情、国情的重要窗口,也是地方志工作者深入挖掘地方历史文化资源,服务江西经济社会发展、决战全面实现小康社会新的尝试。

习近平总书记"高度重视修史修志"的重要指示,李克强总理"修志问道,以启未来"的重要批示,刘延东广泛开展"读志用志传志"的要求,贯穿到一点,就是要发挥地方志的作用。与地方志书体量巨大、携带不便、难以寻找相比,"江西方志文化丛书"很好地解决了这些问题。它是利用地方志资源开发出来的,集中江西省方方面面特色文化,方便携带、方便阅读的一种崭新载体,是江西地方志工作者在志书编纂和年鉴编纂之外的成功创新之举。它让古老的官修志书搭载新鲜的传播形式,走近大众生活,成为干部、群众愿意看、看得懂、用得上的口袋书,是为广大干部群众特别是青少年了解江西历史和地域文化所做的一件大好事。它是江西地域特色文化的扛鼎之作,是见证当代江西地方志工作的精品。

我们相信,"江西方志文化丛书"的出版,能让更多的人了解江西、认识江西、喜爱江西,积极参与江西事业发展。希望这套文化丛书为增进广大干部群众特别是青少年对江西地域特色文化的了解,发挥应有的作用。

江西省地方志编纂委员会办公室

2017 年 12 月

编写说明

一、本丛书由《江西书院》《江西古代名人》《江西名人墓》《江西寺观》《江西古楼塔及牌坊》《江西地方戏》《江西进士》《江西古窑》《江西古祠堂》《江西古桥古渡》10个分册组成。

二、《江西寺观》主要介绍江西比较有影响的寺观，但有的寺观在历史上较有名声，而现在不复存在，又由于资料缺乏只列在名录之中。

三、该书在编排中没有对寺庙和道观进行分开编排，而是以设区市领辖的市县为序编排，在同一市县中以先寺庙后道观为秩。

四、在寺观的选录上，对市县没有寺观入选的数量限制，基本上市县提供的寺观都收录进了本书。

五、在编辑本书时对每个寺观的文稿字数都有一定的限制，如嗣汉天师府这样全国知名的道观限制在5000字以内，次之寺观限制在2000字以内，一般的控制在1000字以内。

六、本书主要是向读者介绍江西寺观的大致情况，以叙述为主，对寺观中所涉及的人物和事件不作评论。

七、本书的资料基本出自地方志书、历史书籍，少部分资料来源于网络。

八、本书中的随文图片，大多数出于市县地方志办公室人员自摄，少部分由其他人提供或来源于网络。

九、本书在记叙中涉及的地名或人名均为当时的称谓，不进行括注。1949年以前用历史纪年，括注公元纪年；1949年之后使用公元纪年。

目录

概述

东汉永元二年（90），道教创始人张陵入赣传教；东汉末年，第四代天师张盛来在江西云锦山（今鹰潭龙虎山）炼丹，开创天师道龙虎宗。

东汉灵帝晚期（大约在188），安息国僧安世高大师入赣建大安寺于豫章（今南昌）城东，随后大量中外僧人在江西活动。东晋太元六年（381），释慧远（334—416）率弟子来庐山龙泉搭草舍修身弘道，刺史桓伊见释慧远法行独到，便于九江庐山建东林寺，释慧远自此以东林为道场倡导弥陀净土信仰，创中国佛教开宗立派之先河，后人将其尊为中国佛教净土宗初祖。到东晋末年，江西有寺院近百座，佛塔数十座。

自汉至南北朝，道教在江西的发展非常兴盛。三国吴时灵宝派祖师葛玄（164—244）修炼于阁皂山（今樟树市），创阁皂宗。晋代许逊（239—374）在豫章逍遥山（今南昌西山）隐居修炼，组建真君教团，创忠孝道法，宋代尊为"净明道始祖"。两晋之际，葛洪（283—363）在阁皂山、玉笥山、武功山、三清山修炼，光大灵宝派阁皂宗道法。南朝陆修静建庐山太虚观，收集整理道教经籍，编订《三洞经书目录》，奠定"道藏"之基础。

隋代江西新建佛寺15座。天台宗始祖智颛两度驻庐山东林寺，隋炀帝杨广允为庐山东林寺和峰顶寺护法。临川内史谢灵运于临川、庐山、豫章（今南昌）设译经台，主持重译编订《大涅槃经》36卷，人称"南本"，流传至今。

唐代，禅宗三祖僧璨、四祖道信、五祖弘忍、六祖惠能次第入赣弘化。赣僧行思（671—738），承南宗顿悟法门，光大于青原山安隐寺（今吉安净居寺），代相传承，成青原行思法系，传延至今。

"南天八祖"马祖道一，天宝年间率徒众入赣弘化。大历八年（773），道一率众人住钟陵开元寺（今南昌佑民寺），创立丛林，安顿禅僧，规范修持，史称"洪州宗"。法嗣释怀海开法新吴百丈山（今属奉新县），完善丛林规制，实践"农禅并重"，制订"禅门清规"（又称"百丈清规"），规范丛林管理与禅僧修持。"禅门清规"一出，风行天下。

唐代后期，洪州宗风传至湘、粤数省，广至新罗（今属韩国）。元和十五年（820），释灵祐遵师释怀海之遣,开法大沩山(今属湖南宁乡),弟子释慧寂光大于袁州大仰山(今属宜春市),共创沩仰宗。释希运光大师承怀海法脉于新昌黄檗山(今属宜丰),由"即心即佛"而倡"心即是佛",奠峻烈宗风之基。法嗣释义玄弘扬于镇州正定临济院(今属河北),创临济宗。唐末临济宗返传入赣,弘传至今。

晚唐之际,青原行思法系由湘返赣。大中年间(847—860)末,青原行思法系第四世释良价开法新昌洞山(今属宜丰),弘"偏正回互"之说,倡"五位君臣"之旨,嗣法弟子本寂、道膺、匡仁等。本寂分座抚州曹山(今属宜黄),与师共创曹洞宗。

五代十国,南唐时,禅宗在江西弘传不断。法眼宗始祖释文益,应请入住临川崇寿院多年,弟子有天台德韶、报恩慧明等。崇寿院因而得誉为法眼祖师第一弘法道场。

天师道在江西,经历汉至隋的隐居潜修,入唐之后得朝廷重视。唐朝皇帝多崇奉道教。高宗召第十二代天师进京,应对顺心而嘉许之。武后敕第十四代天师张慈为国师。玄宗追赠张陵为天师。自唐以来,天师道龙虎宗日益显赫,被朝廷视为道教之正统。

宋元时期,江西佛教由盛渐衰。宋初,曹洞、云门、法眼诸宗在赣多有道场,代有高僧。临济宗则更是遍布江西全境。庆历年间(1041—1048),临济八世释方会分座袁州杨岐山(今属萍乡),光大竣烈宗风。治平二年(1065),释方会同门师兄弟释慧南,分座新昌黄檗(今属宜丰),始用"三关"之法,到开法义宁黄龙山(今属修水)时,"三关"之法炉火纯青,自创禅风,独开一门,人曰"临济门下黄龙派"。数传之后,得佛鉴慧懃、佛眼清远、佛果克勤光大广弘,杨岐派渐取而代为临济宗之主流。

临济宗黄龙派与杨岐派的开创,使禅宗呈现"五家七宗"之盛况。不仅只此,在宋代,不少江西寺院得到修复,同时官拜右丞相的文天祥等一批官员参与建寺。据不完全统计,宋代全省新建寺院达700余座。而且兴建佛塔之风盛行,保存至今的宋塔就有浮梁红塔、赣州慈云塔、鄱阳(今波阳)永福寺塔等10多座。

宋代初期江西道教仍处在兴盛时期,后期渐弱。

宋代天师道龙虎宗一直得到朝廷重视。大中祥符五年(1012),朝廷敕封龙虎山真仙观为"上清观"。3年后,第二十四代天师张正随获敕"真静先生",此后,诸朝皇帝都敕天师"先生"尊号,累召入京应对。大观二年(1108),徽宗册封张道陵"正一靖应真君"。建炎年间(1127—1130)、庆元年间(1195—1200)和嘉定年间(1208—1224)朝廷数次拨款拓展龙虎山上清宫。嘉熙三年(1239),第三十五代天师张可大获敕"观妙先生",与提举龙虎山、阁皂山、茅山三山符箓兼御前诸宫观教门公事,使天师道成为由皇帝诰封的正一道首领。

宋代末年,全真道传入江西。绍定六年(1233),全真道武当派弟子章哲得授大法后,返回家乡武宁丝罗山,开堂授徒,渐而自创玄门广慧派。

元代,朝廷推崇藏传佛教,在江西弘传较广,就连曹洞宗祖庭之一的云居山真如禅寺亦不例外。同时,禅宗、净土宗在江西仍有弘传。据不完全统计,元代江西新建寺院有 130 多座。净土宗在庐山有所复兴,至元年间,庐山东林寺白莲宗宗主普度撰著《莲宗宝鉴》。元统三年(1335),新吴(今奉新)百丈山住持释德晖奉敕重辑《百丈清规》8 卷,次年朝廷颁行,令天下丛林遵之。

明代初年,江西佛教饱历元末战乱,寺宇遭毁。明太祖登基后,江西佛寺大多得到修复,同时新建寺院多达 400 多座。

明代禅宗在江西弘传主要是临济与曹洞两宗,临济宗遍布全省。

明代江西道教初盛而后衰。早在元末明初,道士周颠助朱元璋大战陈友谅有功,洪武年间(1368—1398)即获殊荣。得清微禅霄雷法和全真道法、净明道之旨的赵宜真于洪武年间受朝廷礼遇,弟子刘渊然获仁宗赐“长春真人”,与正一真人共领天下道教事。第四十二代天师张正常得太祖敕“护国阐祖通诚崇道弘德大真人”,领天下道教事,赐帑更新天师府。而后,直到明中叶,天师道龙虎宗一直得到朝廷重视。灵宝派名山阁皂山,从明初至宣德年间,多次得到修复,数代道士获正八品灵官之封。但到万历年间(1573—1619),道教影响力逐渐减弱。

明代末年,在长时间的战争中江西不少佛寺、道观遭毁。

清代,顺治、康熙、雍正、乾隆诸帝崇信佛教。康熙、雍正先后为庐山开先寺(今秀峰寺)赐寺额、赏珍宝。康熙年间(1662—1722),江西巡抚、布政使等数次捐俸修复秀峰寺。在此前后,江西佛寺大多得到修复,且新建 300 多座。南昌佑民寺新铸丈六铜接引佛像,重达万斤。

佛教在江西的弘传于清一代已是衰弱之期,禅宗以临济与曹洞为主体。临济三十三世释戒显,顺治、康熙之际,相继主法云居山真如禅寺、金溪疏山寺,著有《禅门锻炼说》13 篇,至今仍为禅门住持之圭旨。释性音两度主法庐山归宗寺,道行出众,获赐“国师”之号,圆寂后,语录敕令收录《大藏经》。

此时,道教在江西的弘传也不如前。道光年间(1821—1850),全真道龙门派弟子赣籍道士伍守阳、柳华阳于内丹修炼有深见,分别著《天仙正理直论》《慧命经》《金山正论》,门下自成一派,人称“伍柳派”。此时,朝廷禁止天师入官,取消正一真人号,阁皂山、玉笥山一片荒芜。江西各地道教以散居正一道士活动为主。

清中叶后,多年战乱,特别是咸丰年间(1851—1861)尤为剧烈,致使赣江、鄱阳湖沿岸寺院道观大多遭毁。同治年间(1862—1874),被毁寺院道观或有修复,但其规模难复旧貌。

清末民初,一大批江西读书人热衷佛学。清末瑞金罗有高师从金陵(今南京)杨仁山,实践禅净并修,且使之与儒学相结合。欧阳竟无、梅光羲、李证刚的佛学建树与影响全国皆知,人称“民国佛教三杰”。1921 年,释太虚修复庐山上大林寺,得四众弟子相助。1923 年春,上大林寺修复告竣。次年农历六月初一至二十一日,释太虚发起并主持的“世界佛教联合会庐山讲演会”在庐山上大林寺举行。中国、日本和英国、法国、德国佛教徒数十人出席。1931 年,藏地金塘第十四世活佛诺那呼图克图率弟子数十人到庐山、南昌等地弘法，使藏密在江西迅速弘传。1935年，诺那活佛在甘孜（今属青海）圆寂。经中国工农红军总司令朱德批准，遵其遗愿将遗体从长征红军辖区运抵庐山，在其生前选定的小天池建塔安奉。在此前后，九江、南昌居士佛教兴起，先后组建居士林。南昌姚国美居士发起并修复佑清寺，竣工后改寺名曰"佑民寺"。1937年，江西佛寺道观遭日寇毁坏不少。云居山真如禅寺多次遭炮火炸毁，佛像法器遭劫，僧众四散。庐山东林寺、栖贤寺、西林寺等屡遭劫掠。全省数百名僧尼道徒惨遭杀害。抗日战争胜利后，铅山县佛道两教信徒联合举办为期一年的云城法会，规模之大，时间之长，全国罕见。1945年秋，黄辉邦、曹德森等居士发起在南昌成立江西省佛教会，释定慧为会长，释妙空、黄辉邦居士等为副会长。此后，吉安青原山净居寺、庐山东林寺、南昌佑民寺等先后得到不同程度的修复。

民国之初，江西都督府取消张天师的封号，取缔其封地。"五四运动"后，天师道再次陷入衰弱之地。第六十三代天师张恩溥一度移居上海，1949年春，张恩溥移居台湾，天师道在江西的活动更加衰弱。

中华人民共和国成立后，江西广大教人士宗正常开展宗教活动。南昌佑民寺、云居山真如禅寺、青云谱道观、龙虎山天师府、南昌清真寺、南昌天主教堂、基督教堂等先后得到不同程度的维修。1957年，江西省人民委员会宣布吉安青原山净居寺、龙虎山天师府、云居山真如禅寺和庐山观音桥等宗教活动场所和建筑为第一批省级重点文物保护单位。

1966年6月，"文化大革命"开始后，江西寺院、宫观大多被破坏，房产被占，资金遭非法冻结。不少僧尼被迫还俗。就连享誉全国的南昌佑民寺内的万斤铜铸接引佛像、靖安宝峰禅寺唐代所建"马祖道一禅师舍利塔"等一大批珍贵文物也都未能幸免。

1976年"文化大革命"结束，特别是1978年中共十一届三中全会之后，党的宗教政策得到恢复与进一步落实。全省各地寺庙和道观得到修复和重建，其中庐山东林寺、云居山真如禅寺、龙虎山天师府等数十处宗教场所，分别由国务院、江西省人民政府公布为重点对外开放宗教场所。各宗教团体成立与恢复后，先后各自制订寺院、道观、教堂管理条例，加强管理，开展正常活动。庐山东林寺于1990年、1991年、1992年夏季先后举行大型佛事活动，有近万名海内外佛教徒参加。云居山真如禅寺认真实践农禅并重，因农禅好、道风正、规矩严，1989年被全国政协副主席兼中国佛教协会会长赵朴初誉为"样板丛林"。

1980年开始，全省宗教界加强对外交往。中国香港、韩国、东南亚等地区与国家的宗教徒到江西礼祖、寻根与交流。

至今江西省佛教寺庙超千余所，道教寺观近200个。

自汉以来，宗教在江西的弘传长达数千年，丰富的宗教文化成为江西文化不可缺少的组成部分。

南昌市

东 湖 区

佑民寺

佑民寺位于南昌市东湖区苏圃路西，民德路北沿，八一公园北面。佑民寺初名大佛寺。清乾隆年间版《南昌府志》记载：南朝梁代豫章郡城西端，豫章王师葛鲔宅居东南有蛟井，天监年间，井中蛟斗甚激，豫章王萧综造大佛一尊，以镇蛟龙。太清元年（547），葛鲔捐宅建寺，供奉镇蛟大佛像，称大佛寺。唐开元年间（713—741），大佛寺奉敕改称开元寺。据《中朝佛教文化交流史》等记载，开元初年，新罗（今韩国）僧人金大悲住于洪州开元寺。唐大历年间（766—779），洪州一度改名钟陵。大历八年（773），有中国禅宗八祖之尊的释道一居住于钟陵开元寺，在此弘法长达15年之久。

清嘉庆年间（1796—1820）末，在众信士的帮助下，以黄铜铸造佛像，高1.6丈，重36000斤，为南昌民谚"南昌穷是穷，还有三万六千斤铜"的出处。佑民寺右侧，有一座1929年用花岗石修筑的四层角形的钟楼，坐西朝东，4米见方，通高12.5米，半球形房顶。钟楼四楼为八方形，对角四面无墙，便于采光和通风。钟楼内悬有大铜钟一口，重5032公斤，高2.3米，周长4.7米，铸有"南唐乾德五年太岁丁卯重铸"字样，是南昌三宝（普贤寺铁像、佑民寺铜佛、宋代铜钟）中仅存的一宝。

佑民寺外景

佑民寺多次兴废，先后易称过承天寺、能仁寺、永宁寺。明末清初，遭战火所毁。顺治年间（1644—1661），寺僧募缘，修复寺庙，然而规模却远不如往昔。修复竣工之后，寺名更名为佑清寺。康熙五年（1666），佑清寺再一次得到修复，并在寺内立碑纪其事。此后，佑清寺修复工程一直未断。到清康熙二十五年（1686），佑清寺内已有僧寮、殿宇等16栋，还有金粟、兴隆、普慧、普安、普觉、大士、圆通等9堂。乾隆五十五年（1790），佑清寺又一次毁于火灾之中。5年后，寺僧释广梅等广募外缘修复殿堂，得赣南木行和徽帮商人等信众资助，重建大雄宝殿、客堂、山门及僧寮等建筑。嘉庆年间（1796—1820），佑清寺再次遭火灾所毁。到嘉庆末，江西巡抚秦承恩与布政使陈预联合倡议捐俸修复佑清寺。咸丰年间（1851—1861），佑清寺再一次遭兵祸，殿宇大多化为灰烬。此后，虽然也曾多次修复，可终难复其旧观。到了宣统年间（1909—1911），佑清寺只剩破旧大雄宝殿、弥陀殿和大殿西侧的念佛堂、禅堂等建筑。

1929年，南昌居士姚国美、曾非欤等和南海行宫住持恒定和尚共同发起修复佑清寺的倡议，重修大雄宝殿，改建山门，复建念佛堂，重塑佛像。山门左侧房辟为佛经流通处。修复竣工之后，姚国美等共同商议将寺名改为"佑民寺"。于佑民寺念佛堂成立南昌居士林（又名觉集念佛林）。在此前后，释慈舟、释印光和居士梅光羲等相继到佑民寺讲经说法。西藏诺那呼图克图及其弟子贡噶上师也先后在佑民寺启坛，灌顶传道。

1952年，原南海行宫、圆通寺僧人迁住佑民寺，释心道应邀出任住持。1956年，南昌市佛教协会在佑民寺成立，释心道当选为会长。1957年7月1日，江西省人民政府宣布佑民寺为第一批省级重点文物保护单位。20世纪80年代，佑民寺作为第一批全国重点寺院候选名单上报国家宗教局，后因名额限制及此后再未评全国重点寺院而未能如愿。1960年，全国人大常务委员会副委员长班禅额尔德尼·确吉坚赞在中共中央统战部部长李维汉、江西省人民政府副省长潘震亚等人的陪同下，来到佑民寺视察。"文革"时期，佑民寺惨遭破坏，殿堂建筑及诸殿佛、菩萨像和法器等毁坏殆尽，僧人被驱出山门，3万斤大铜佛像遭锯毁，除头部外，悉被熔化，寺宇院落全遭其他单位与个人占有。

1986年，中共南昌市委和市人民政府作出修复佑民寺的决定。次年春，钟楼和药师佛殿修复告竣。4月，江西省佛教协会常务理事释戒全应请入住，出任住持。江西省佛教协会副

佑民寺接引殿

秘书长兼常务理事释达定应请为监院。1991年1月2日，佑民寺举行大钟大鼓开响仪式。与此同时，南昌市佛教协会在佑民寺恢复活动，释戒全当选为会长。到1992年底，佑民寺山门、天王殿、大雄宝殿等修复重建工程基本完成。20世纪90年代后期，云居山真如释一诚弟子释纯一入住佑民寺。

青云谱区

象湖万寿宫

象湖万寿宫，为纪念江西的地方保护神——俗称"福主"的许真君而建。江西人在外地建立了许多"万寿宫"，数量多达1400座。明清时期，只要有江西商人聚集的地方就建有万寿宫，全国各地的万寿宫成了江西同乡的江西会馆。南昌铁柱万寿宫原坐落在南昌城内翠花街，具体建造时间不详，南昌铁柱万寿宫与真君故居玉隆万寿宫，堪称孪生的万寿宫祖庭。"文革"期间被毁，寺院被改建为南昌市二十一中学。

2001年，在南昌市区西南隅的象湖风景区重建南昌铁柱万寿宫，象湖万寿宫位于象湖中的一座小岛上，建筑面积4600平方米，改名为象湖万寿宫。沿象湖的东岸和西北岸有5米宽的长堤石桥通入宫内。东边、西北进宫入门处有高10米许的石砌牌坊。东边正书"铁柱仙踪"，背书"永镇江城"；西北正书"昌大南疆"，背书"西江福地"。万寿宫进深150余米，由南向北，依次为宫门、仪门。进门为戏台、许真君殿、铁柱井、玉皇殿；两侧为钟楼、鼓楼，东为谌母殿，西为斗姆殿，后为玉册阁。真君殿重檐歇山式屋顶，高大宽敞。玉皇殿门楣上高悬"天德无量"和"宇宙无极"。玉皇大帝神像背面有八仙过海的大型浮雕。老君殿又名"玉册阁"，殿内正中供奉道教开山祖师太上老君的汉白玉雕像(整石，重5吨)，两侧室壁上嵌有《道德经》《阴符经》石刻。

象湖万寿宫外景

湾 里 区

天宁古寺

天宁古寺位于风景秀丽的南昌西山中部,旅游名胜区梅岭国家森林公园之南,湾里区招贤镇巷下村天宁山隈。

天宁古寺始创于唐玄宗开元年间(713—741),当时高僧惠钦因安史之乱而离京至南昌西山,于双岭崇胜院、洪崖翠岩寺、香城寺之间劈山开田,创建为寺,名光孝寺。

唐会昌年间(841—846)废。唐大中年间(847—858),重新兴建。唐乾宁年间(894—897),遂名天宁寺。天宁古寺经历了唐、五代、宋、元、明、清。20世纪初,又因时局动荡,僧去寺空,当时有江西吉安徐氏与比丘尼无空入主天宁寺,对寺院进行了修复,使其成为颇具规模的女众道场,于"文革"期间被毁。1985年,在顺因尼师主持下重修寺庙,占地50余亩,为女众丛林。1999年10月,顺因尼师将天宁寺交给弟子释涵伟住持,释涵伟带领两房大众潜心修行,重整古寺,将天宁寺扩建至60亩。

天宁古寺由山门、大院场、天王殿、四合院(东为钟楼,西为鼓楼)、大雄宝殿、观音殿、法堂、竹林、千佛塔、新斋堂、鸣钟亭、放生塘和桂园等组成。天宁古寺以大雄宝殿为中心,左有天王殿,右有观音殿,后有法堂等殿堂相配。

穿过天王殿,是四合院。东为钟楼,西为鼓楼,三层楼房,重檐翘角。从四合院拾级而上,即正殿——大雄宝殿,三间四柱,重檐歇山顶,琉璃筒瓦,飞檐翘角。脊高15米,面宽20米,进深18米,占地面积573平方米,建筑面积607平方米。正殿中,塑佛教教主释迦牟尼佛像、药师佛像、阿弥陀佛像。

正殿东西两侧佛龛奉十八罗汉坐像;左后奉文殊,坐狮子;

天宁古寺外景

右后奉普贤,坐六牙象;中间紧贴释迦牟尼佛龛背后,为海岛观音像,像高 2.2 米,面北,观音像旁塑善财童子像、龙女像,整幅画面宽 7 米,高 6 米。

观音殿在正殿右后,为三层楼房,单檐歇山顶,四面砖墙承载,围以廊庑。面宽 12 米,进深 14 米,高 13 米,占地面积 290 平方米,建筑面积 615 平方米。殿前为麻石场院,殿中奉观音菩萨,为香樟木雕,九面四十二臂,千手千眼。

法堂在大雄宝殿正后,为单檐歇山顶,门廊六柱五间,实为砖墙承载的两层楼房。面宽 14 米,进深 18 米,高 13 米,建筑面积 710 平方米,占地面积 390 平方米。第一层佛龛奉释迦牟尼佛。法堂二楼为藏经楼。三藏经籍,皆为重版新印,其中有来自台北友好人士所赠佛经 20 箱。

中轴线上,经法堂穿过竹林,后有千佛塔,塔体由钢筋水泥浇灌,大理磨岩装裱,上有宝莲盖顶,下有金刚护基,七层八面,层层斗檐相扣,面面佛像环拥。

天宁寺大殿西侧,有一条用卵石铺砌而成的小道,小道深处,有一片竹林,每年春雨过后,林中竹笋参差而出,寺内一年四季,碧草青翠。

翠岩禅寺

翠岩禅寺位于南昌市湾里城区翠岩路北,西南边有洪崖丹井景区。它与香城、双岭、云峰、奉圣、安贤、六通、蟠龙同为"西山八大名刹"。翠岩禅寺始建于南北朝中期,初名常缘寺。唐武德年间(618—626),改名为洪井寺,随后又改翠岩寺,南唐更名为翠岩广化院。北宋以后,翠岩广化院逐渐败落,明朝时被废为民居。清顺治七年(1650),香城寺僧慧习倡议修复古寺,得到吏部侍郎熊文举、知州陈弘绪力赞,并请古雪上人住持庙事。梅岭众寺院僧尼共捐衣钵银,将旧寺从民间赎回。古雪大师数年间募得巨资,重铸佛祖释迦牟尼像及众菩萨像,将古寺修茸一新。清咸丰四年(1854)十月初九,南昌府同知张赋林和瑞金刘知县来寺,将铜佛、铜炉、铜锅等打碎,熔得净铜 1.11 万余斤,运往宝昌局铸钱,以充军用。抗日战争时期,古寺部分殿堂被日本侵略军烧毁。抗日战争胜利后,寺宇得到修缮,并请本乡石工雷世森在洪崖亭下峭壁上,镌刻"阿弥陀佛" 4 个大字。中华人民共和国成立前夕,僧去寺空。"文革"期间,旧寺被拆,寺前两株古柏也被砍去。遗址上修建了供下乡知识青年居住的泥瓦平房。

中共十一届三中全会后,宗教政策得到落实,1998 年湾里区政府作出修复翠岩寺的决定,于新址重建翠岩寺。今寺院占地百余亩,前有山门、天王殿、大雄宝殿;后有慧泉;左有钟楼、莲池、斋堂、客堂、僧房;右有鼓楼、迎笑堂、地藏殿、玉佛楼、念佛堂、寮房;后山新建千和宝塔、法堂、净土园等佛教建筑。从邻国缅甸迎请玉佛 1 尊、福建青石观音 2 尊、青石十八罗汉 18 尊。并按佛教传统,重塑大殿全堂佛像。寺中大雄宝殿后面,石岩下有泉井,名"慧泉"。泉从地下裂隙中冒出,由于地下气

翠岩禅寺外景

体上逸,使泉水有规律地发出"咕咕"声,泉水清澈见底。泉水上建有"真源亭",亭柱上镌对联:"慧灯常明照见五蕴皆空,泉水澄清洗涤不净尘劳。"

寺后山峰之上有一堂,匾题"迎笑堂"。堂内青石碑上刻有唐代刘禹锡、欧阳持、曹崧,南唐主李璟,北宋江西漕帅张商英,诗人黄庭坚,名儒陈师道,名将岳飞,明清两朝名宦刘崧、宋荦、熊文举等人诗句。

翠岩禅寺曾有不少名僧到此,南唐澄源禅师无殷,北宋智明禅师、善权禅师、保宁园玑禅师、可真禅师和南宋子坚禅师,清朝古雪禅师等都在此寺驻锡或住持。

青山湖区

净明道院

净明道院又名郭西古庙(宫),始建于西汉末年,位于南昌昌东工业园区东升大道和沈桥路交会处。有史记载,郭西古庙是为西汉开国将领文忠、文贤、文孝三兄弟而建。《南昌县志》记载:古庙东五公里处是许真君故居,幼年许真君随家人常来古庙拜谒神灵。赣人称许真君为"天福主",古庙也因此称为"郭西福地"。

相传明洪武十二年(1379)仲春三月,一天天色已晚,古庙

净明道院外景

庙主在古庙旁的小溪提水，看见很多人还在田里干活，便上前询问。众人答："时辰不清，故未回屋。"古庙庙主为了让周围村寨的人按时收工，便购置一面五尺方圆的大鼓悬挂在庙堂中间，每天下午黄昏时就击鼓，鼓声如雷，从此周围村庄的人听见鼓声便会收工回家。

净明道院玉皇大殿

净明道院历史上几经沧桑，自建庙至今已有数十次重建和修缮。旧时占地面积1800多平方米，有三进木结构的大殿坐东朝西，殿旁有观音堂，大殿中间有天井，殿中坐着西汉开国将领文忠、文贤、文孝三兄弟。唐玄宗年间，由于道教在中原、江南大地的蓬勃发展，净明道院得以光大。抗日战争时期被侵华日军摧毁，后又在"文革"时期遭到冲击。

中共十一届三中全会后，宗教政策得以落实，1990年开始重建净明道院，建筑面积4800平方米，占地面积8800余平方米，陆续建有玉皇大殿、地母殿和观音殿等。1995年经南昌市宗教事务局审核、市郊区政府批准登记对外开放。1998年，余香道长发起成立南昌市道教协会，并成为第一任南昌市道教协会会长。随后又扩建了聚仙楼、聚仙台、接待室、办公室等。2005年改为净明道院。2009年净明道院被定为第二批江西省级重点道观。

新 建 区

西山万寿宫

西山万寿宫位于南昌市新建区西山镇，为道教净明忠孝神仙道的发源地，始建于东晋孝武帝宁康三年（375），为纪念东晋名道许逊而建，迄今已有近1700年的历史。西山万寿宫是江南著名的千年古观，被誉为道教"三十六洞天之第十二洞天""七十二福地之三十八福地"。

西山万寿宫初名许仙祠，宁康二年（374）八月初一，净明道祖许逊功行圆满，

西山万寿宫外景

得道成仙，携家四十二口"拔宅飞升"，族民乡绅立许仙祠祀之。南北朝时"许仙祠"迭名为"游仙观"；宋太宗、真宗、仁宗等先后赐书"游帷观"为"玉隆宫"。宋徽宗手书"玉隆万寿宫"匾额；元代，玉隆万寿宫为江南正一符箓派四大宗坛之"净明宗坛"；明洪武皇帝赐"妙济万寿宫"新额一方。万历年间（1573—1619），在司空吴桂芳、司冠李迁、司马万恭的倡议下重修玉隆万寿宫；清乾隆二年（1737），江西巡抚岳濬召集所属府县捐款修建万寿宫。

西山万寿宫历史源远流长，道家文化底蕴深厚。王勃的名篇《滕王阁序》中"画栋朝飞南浦云，珠帘暮卷西山雨"的西山指的是今逍遥山之西山洞天胜境。作为道家文化载体的西山万寿宫早在唐代就闻名于世，为历代文人骚客所仰慕。净明道祖庭西山万寿宫以"万寿"命名，"万寿"一词出自《诗经》，《诗经·小雅》"天保"篇云："君曰卜尔，万寿无疆。神之吊矣，诒尔多福。"可见"万寿"二字寓意深刻，含义深远，既为帝王们所器重，又寄托了百姓求平安、保健康的美好愿望。千百年来，净明道祖许真君作为江西的地方保护神，在江西民间享有崇高虔诚的信仰，尊为"江西福主"。万寿宫成为人们朝拜的祠庙，是保护航运商贸安全、安定民心的精神支柱。在省外乃至全世界，只要是江西人聚集谋生的地方，都会建有万寿宫，据不完全统计，明清时期全国20多个省市有1700多处供奉许真君的万寿宫。中国台湾、中国香港及新加坡、马来西亚等国家和地区都有供奉许真君的万寿宫。

西山万寿宫是中国道教净明忠孝道的发源地。净明道源于晋名士许逊，初于晋民间朴素的许逊孝道崇拜，并兼于许逊法术、飞升的信仰。净明道成形于唐代，正式创立于宋代，兴盛于元代。净明道倡行忠孝神仙，融合儒家伦理思想，把忠孝视为道的根本，主张忠孝立本，忠孝建功才能修道有成，融合了儒家圣人思想，迎合中华民族传统美德，重点突出忠孝的社会教化作用，在我国道教史上有着重要的影响力。明代著名的心学家高攀龙在《高子遗书》中说："仙家唯有许旌阳最正，其传只'净明忠孝'四字。"净明道以倡行孝道为特征，得到历代宗师的丰富阐扬和士人的维护。教化世人净明以正心诚意，忠孝以扶植纲常，并当由此上升于修道，"贵在忠孝立本，方寸净明，四美俱备，神渐通灵，不用修炼，自然道成"。核心则是要以真祛妄，一诚是实，大忠大孝，一物不欺，一体皆爱，心定神慧，合道清宁。它不仅弘扬了中华民族的文化传统，也蕴藏着华夏民族的人文精神，宋元时成为凝聚民族精神的一个重要道派。

净明道祖许真君,名逊,字敬之,吴赤乌二年(239),许真君出生于今南昌县长定乡益塘坡慈母里村,生性聪慧,好道家修炼之术。二十六岁拜著名的道士西安吴猛为师,得其丁义神方之秘传,三十岁与堪舆大师郭璞相知于山下金姓桐园,此地为九龙会聚之风水宝地,修道之佳境。许真君在桐园炼丹修道时常用自己的道术为民治病,以自己的德行感化于民,其得人们的尊敬,享有很高的声誉。晋武帝太康元年(280),许逊任为蜀旌阳县县令,为官十载,清正廉明,减刑罚,去贪鄙,重教化。晋太熙元年(290),晋室宦官弄权,政局动荡,许逊深感国事不可为,辞官隐退于西山桐园故地继续布道炼丹。关于许逊忠国报君、孝感动天的传说很多,其中流传最广泛的是许逊镇蛟治水、造福于民的事迹。相传当时江西赣江流域有一蛟龙翻云覆雨、兴风作浪,为害黎民,许逊带领众弟子历尽千辛万苦,镇伏蛟龙,治理了水患。晋宁康二年(374)八月初一,许逊功德成神,全家四十二口连同鸡犬拔宅飞升,这就是"一人得道,鸡犬升天"典故的由来。

原西山万寿宫内建有戏台。西山万寿宫戏台在高明大殿正前方二道仪门外的大院内,是砖石木结构,布局呈"凸"字形,整个戏台宽约5米,高约6米,进深6.7米,台基高1.67米。戏台的天棚上还有彩绘藻井图案。在台前立有两根石柱,为方形花岗石。戏台的屋顶结构是歇山式,飞檐翘角,由琉璃瓦盖成。前后台相连,中间以照壁隔开,左右为上下场门。后台系长方形砖瓦房,房左侧有一台阶供人上下,戏台台前可容纳观众五六百人,台右侧必须面对主神,大多数观众只能看偏台。每年农历正月二十七是万寿宫主神许真君的生日,届时一定会到外地去请有名的大戏班来此唱戏,时间多则10天,少则3天,如同乡民赶集一般,人山人海,甚是热闹。民国十五年(1926),为超度"南北战争"阵亡将士,曾经在此举行过"万人缘"大会,历时11天,唱戏10天。据说当时李烈钧等省府要员都亲自到此给阵亡将士送花圈,以示悼念,戏台后来被毁。

已有一千多年历史的西山万寿宫庙会是道教盛会,其信仰主体以民间信众为主。西山万寿宫庙会从每年农历七月二十起,至九月初一为止。各地信民熏沐斋戒纷纷前来进香,他们或结成香社,或举家前来,每一支队伍前都有一面写着"万寿进香"的特制旌旗,紧跟着一位背着竹龙的信徒,然后是敲锣打鼓、吹唢呐的仪仗队,再后面的是衣着盛装整齐一色的队伍,人人手里都提着敬献的果品、纹香、红烛、鞭炮,三步一叩首,十分虔诚地来到许真君殿前敬献贡品,晋谒仙颜,祈求幸福,然后在焚香炉前燃香,放鞭炮。整个庙会期间,香火明烛通宵达旦,炉烟缥缈,钟声悠扬,好一派仙家气氛。

西山万寿宫主殿的西侧保留着瘗剑柏,相传为东晋许逊亲手所植,距今已1600余年。据传许祖擒住蛟龙之后,亲手栽植这棵柏树时,在树下埋有斩蛟剑,并留有偈语示人,如果还有蛟螭出来兴风作浪,祸害黎民,则可以从树下取出斩蛟剑镇伏蛟螭。瘗剑柏主干粗实苍挺,枝叶青翠,树冠几十余米,虽显老态龙钟,仍尤具勃勃生机。

瘗剑柏是西山万寿宫历史的见证,是千年古观西山万寿宫的镇宫之宝。

西山万寿宫山门的西侧还有八角井,相传为许祖炼丹修道所挖。井水清如猫眼,甘甜可口,千年不枯,当地百姓谓之为仙水,敬若神明。八角井大井下套有小井,井中有一大铁链,又传许祖锁有蛟龙在井下,故又名镇蛟井,井旁立有许祖镇蛟龙的塑像。

在高明殿正前方,二道门墙壁之内有乾隆年间所立的古碑。乾隆二年(1737),江西巡抚岳濬会同地方官员及当地乡绅募捐重修万寿宫,历时二载,于乾隆四年(1739)修复完结,并亲自撰写《重修旌阳祠记》碑记。

1957年7月,西山万寿宫被列为江西省级文物保护单位。1983年,新建县人民政府筹款重修万寿宫,重建后的万寿宫占地面积达32000多平方米。修复、修建了八大殿(高明殿、关帝殿、谌母殿、夫人殿、三清殿、玉皇殿、三宫殿、财神殿)以及万寿阁、素食楼(斋堂)、宫门、仪门、道德门、百灵堂和围墙等附属建筑,并恢复对外开放。2002年9月,西山万寿宫举办了"首届中国道教净明道文化国际研讨会暨文化笔会";2005年11月,西山万寿宫联合南昌万寿宫和中国台湾净明忠孝道教协会举行了隆重的"海峡两岸净明道归宗传度祈福大法会";2007年,西山万寿宫被列为第一批江西省级重点道观;2011年6月,"西山万寿宫庙会习俗"被列为国家级的非物质文化遗产保护单位。今日西山万寿宫古柏参天,丹井丹炉,香烟缭绕,仙逍遗风,已成为钟响磬鸣,香客云集、远近闻名的道教旅游胜地,道家养生福地。西山万寿宫作为净明道的祖庭,在海内外千余座万寿宫中地位崇高,享誉海内外道教界。

南 昌 县

东禅寺

东禅寺位于南昌县幽兰镇南湖万家南侧约150米处的东岷山上,俗称岷山庵。唐高宗咸亨年间(670—673),唐代名臣魏征之四子魏叔瑜曾任洪州刺史,因怀念其父墓葬在长安(今西安)岷山,便将凤凰山改为岷山,并建寺祭父,寺院建于临湖之山巅。东禅寺自建寺以来,屡经兴废。宋、明曾3次修建。清康熙六年(1667)大乾禅师再次重建。建三进大殿,连两厢共60楹,占地5亩。寺门石匾刻书"岷山禅林"四字,寺门楹联摘书唐丞相张说诗句"云开东岭千峰出,树里南湖一片明",为乾隆亲笔题写。大雄宝殿内大佛高二丈余,附供一块万岁牌,牌体用檀香木制,浮雕为九龙盘旋图案。殿前左右有钟、鼓二楼,钟楼里的铁铸洪钟重400公斤,上镌"皇图永固,国道遐昌,佛日光辉,法轮常转"16个字,据传也是乾隆御笔。清同治六年(1867)再次重修。

东禅寺北门

东禅寺七宝如意佛塔

民国二十二年(1933),南湖万家万树荣(字森然)从广东中山县县长任满归里后奉佛,募捐在原第三殿的地基上重建一栋两层宫殿式结构的大殿,楼藏大批古籍及木刻印版。寺门石匾题为"岘山念佛林"。

1958年大炼钢铁时,寺内铁铸洪钟被毁。"文革"时期,寺内古籍、印版,寺外历代方丈碑塔(大乾明禅师塔、六和和尚塔、凡拙和尚塔、清时和尚塔)均被毁。整个寺院于1971年8月25日开始拆除,在原址上新建南昌县南湖中医院。但"岘山禅林"及"岘山念佛林"两块石匾保存完好,并存有银杏、古梅、古桂、古槐等古树。

1989年,重建东禅寺,现建有大雄宝殿、客堂、功德堂、钟鼓楼、藏经楼、大小斋堂、大寮小寮、念佛堂、法堂、七宝如意佛塔、海会塔及山门围墙等,占地3700平方米,建筑面积2135平方米。2007年,东禅寺被定为江西省级重点寺院。

地藏寺

地藏寺位于南昌县幽兰镇东田村之北约200米处,原名"兴隆庵"。现占地20余亩。地藏寺始建于明万历二十三年(1595),时有东田村人,名曰万兴隆,发达后,因母信佛,为报母恩,为母建寺,取名"兴隆庵",请僧人住持。寺院于明末清初毁于战火,清顺治二年(1645)重建。"文革"时期,寺院内佛像、经书被毁,殿堂被占,僧众四散。

地藏寺外景

1993年,南昌市佛教协会会长、天宁寺住持顺因法师来此,募捐筹款修葺。经过近10年的续建,成为初具规模的女众丛林,并易名为地藏寺,为尼庵。2001年顺因

地藏王菩萨圣像

法师自觉年迈体弱,交于其徒弟释涵德法师住持寺务。释涵德法师进寺院后,在十方善信的慷慨解囊下,将寺院各方面的配套设施逐步进行了完善。

如今的地藏寺,分为前、中、后三个院落。中轴线上前端为新建的山门,进入山门映入眼帘的是放生池,池中有一石拱桥,在石拱桥上俯视放生池中清水荡漾,鱼儿嬉戏,莲花盛开,池边绿树成荫。沿石拱桥而上,即是寺内——天王殿,殿内供奉弥勒菩萨、护法韦陀菩萨及护法四大天王。穿过天王殿,即大雄宝殿,殿中供奉10米多高的三宝佛像,全部是樟木雕塑。两旁为十八罗汉像及文殊、普贤菩萨像。大雄宝殿后面是地藏殿,供奉着12米高、纯铜塑造的地藏王菩萨圣像,地藏王菩萨圣像外面用真金镶贴,须弥座为惠安石雕,吉祥图案惟妙惟肖,栩栩如生。地藏殿两侧为念佛堂、玉佛殿、观音殿、普照楼、客堂、云水堂、斋堂等。2007年,地藏寺被定为江西省级重点寺院。

安 义 县

接引寺

接引寺位于安义县城北1.5千米的樟灵岗上,原为接引庵,后改为万寿宫。始建于唐天宝至贞元年间。起初,匡醒法师在此住持讲禅。一日,匡醒法师偶遇马祖道一禅师路过,并率四众弟子礼请马祖进寺开堂说法。抗日战争时期,毁于兵火。1946年群众集资建简易庙宇。1993年政府批复重建,易名为接引寺,有"接天地之灵气,引万物之生灵"之意。1994年,邀请深圳弘法寺本焕老和尚的法子镜慧法师住持该寺。

接引寺外景

寺院占地面积20多亩,建筑面积1600平方米。现有天王殿、大雄宝殿、地藏殿、三圣殿、钟楼、鼓楼、念佛堂、大寮、小寮及斋堂、寮房等。寺院格局为古老式四合院,

寺内放生池

整个寺院包括围墙和殿宇都是黄色墙面、金黄色琉璃瓦顶,飞檐斗拱,彩绘画栋。一对大理石狮子镇坐在山门台阶两侧,进入山门后左右两边的回廊经东西钟鼓与大雄宝殿两侧相连接,环抱着整个大殿广场。山门正对着滴水观音、九龙壁、三圣殿和雄

伟壮观的大雄宝殿,殿内供奉释迦牟尼佛像,两侧供奉十八罗汉及海岛观音,全部用樟木精工雕刻而成,大殿左侧是客堂、寮房,和右边厢房遥相呼应。寺内有一千年古樟,枝繁叶茂,亭亭如盖。寺内有古井一口,古井的水是透山泉水,清而洁净,入口甘甜。

2014年1月26日,在接引寺大雄宝殿隆重举行开光法会。

景德镇市

昌 江 区

旸府寺

旸府寺位于景德镇西面的旸府山下。旸府山东临昌江,南接三间庙,西北层峦叠嶂,为市区最高山峰。旸府寺相传为禹皇炼丹处,是景德镇古老的寺庙之一。旸府寺系宋绍兴年间(1131—1162)所建,元末毁,明洪武年间(1368—1398)重建,现为江西省级重点寺庙。

旸府寺外景

旸府寺原坐落于旸府山之东南。相传远古时,山顶住有几户人家。一日,旸府君(即禹王)登山游览,见一乡民从山脚往山巅挑水,步履艰难。为解山顶住户用水不便之难，旸府君当即抽出宝剑，朝寺旁的岩壁上猛力一刺，顷刻山泉汩汩流出，终年不涸。后人为铭记旸府君这一剑之恩，遂将此泉取名"剑泉"。人们每登旸府山，多在"剑泉"小憩，或饮或濯，既解登山之疲，又增嬉游之乐。

据史载，宋绍兴年间，岳飞曾带兵路过景德镇，驻于寺中。晚间，登山观景，对这里的秀丽山川赞叹不已。第二天临去时，应寺内禅师朗日之请，挥笔题了一副对联："机关不露云垂地，心境无瑕月在天"。岳飞走后，朗日将岳飞手书制作成黑底金字的木质楹联。从此，寺名远扬，香火兴盛。文人墨客也常来此吟诗题对，填词作赋。

旸府寺大雄宝殿

千百年来，旸府古寺，几度兴废。直至1982年，该寺被定为省级重点开放寺庙后，在几任住持和各位护法居士的悉心操持下，先后兴建了大雄宝殿、地藏殿、天王殿、山门、寮房、斋堂等。该寺总建筑面积4000平方米，其建筑规模超过昔日古寺。

珠 山 区

景德禅寺

景德禅寺原名景德寺，原址位于景德镇市区昌江河东岸（今小港嘴工农街）。据《浮梁县志》记载，景德禅寺始建于宋真宗景德年间（1004—1007），距今一千多年，由当时的僧人秀松禅师创建。

元时，景德禅寺毁于大火。明洪武二年(1369)复建。民国时期毁于兵火，直至中华人民共和国成立前，寺内仅存一座天王殿，其余殿堂只存遗迹。中华人民共和国成立后寺庙遗址成为陶瓷仓库。

2000 年为保护历史文化遗迹，经市宗教部门同意，无非法师择址河西凤凰山景山寺以西，募建新寺，建大雄宝殿及厢房、客堂、斋堂祖师殿等配殿，并从云南迎请来一尊 3 米高的玉观音塑像供于寺院。景德禅寺 2002 年被评为江西省"五好"宗教活动场所，2003 年举办了全市规模最大的传授"三皈五戒"法会活动，迎请了戒全老和尚主法传戒。2004 年又迎请了江西省佛教协会副会长辉悟老和尚前来为露天玉观音像开光。2005 年 3 月成功承办了市佛教协会首届居士培训班。2005 年 10 月中国佛教协会会长一诚长老题"景德禅寺"。2007 年被定为江西省级重点寺院。

景德禅寺千佛殿

景德禅寺内雕像

乐 平 市

观音阁

观音阁位于乐平市九龙山上，原为凤游书院。南宋绍熙年间（1190—1194），于九龙山建慈湖书院，以纪念县令杨简，著名的文史学家马端临曾任书院院长 3 年。清康熙二十五年（1686），县令朱衰于慈湖旧址建凤游书院。清嘉庆元年（1796）改书院为"杨公祠"。咸丰三年（1853）毁于兵，同治元年（1862），杨姓重修。庙初名"香林庵"，后改为"香林寺"。清雍正五年（1727）大修，更名为"观音阁"。

正殿为观音阁，殿内观音像居中，旁有十八罗汉等佛像，栩栩如生。正殿前有一

观音阁外景

吊楼,上悬"向阳福地"白底黑字匾额,吊楼与山下戏台相望,戏台上有"如是我闻"金底黑字横匾。正殿西边配有僧人膳宿斋房,正殿有一小花园,内除花卉果树外,还有樟树、枫树各一棵。观音阁有东西两门,东为大门,牌坊上刻有"香林古刹";西为后门,上刻"农国务本"。观音阁东侧原有杨公祠,与庙仅一巷之隔,祠前有一方风游石,相传曾有凤凰栖息石上。

1930年11月7日,乐平县苏维埃政府在观音阁召开庆祝苏联十月革命胜利十三周年大会,方志敏在会上作了鼓舞人心的演讲。

1995年,信士余龙枝、徐贵荣、彭柳芬、季娇风等人进入庙内,简修大雄宝殿,雕塑西方三圣佛像。邀寂普、灵光、慧舟、演泉等法师来此诵经。1997年修建原观音殿为现在的新大殿,十一月初五,寂普法师主持上梁大典。1998年修千手千眼观音、韦陀、伽蓝三尊菩萨,印声法师主持开光大法会。1983年10月公布为县级文物保护单位。

浮 梁 县

宝积寺

宝积寺位于景德镇市浮梁县城北五里的毛家岭,是古代浮梁县的一个著名寺庙。该庙始创于唐代大中年间(847—860),由于兹禅师(幽公)创建。

宝积寺的前身叫冷泉寺,寺址原来在安东乡三里都(今福港芳村一带)的马兰山下。唐大中年间,因山洪暴发,寺庙被洪水冲毁,于是寺中住持于兹禅师便把庙迁于此,又因当地有金沙,故取名宝积寺。

宝积禅寺的开山祖师是于兹禅师,他和云门宗的渊源很深,他是云门宗开派祖师文偃禅师的师弟,他们一起在青原行思学得禅法,后隐于浮梁县冷泉寺修持。

宝积禅寺的名望因佛印而大大提升。佛印,俗名姓林,又名丁原,浮梁浯溪都人(今福港明堂山人),出家后名了元,号觉老,又称宝觉禅师。他十二岁到宝积寺出家,十六岁外出云游,会游京师,奉诏入宫讲经,被神宗封为佛印禅师,并赐紫袈裟及高丽进贡的磨纳、金钵,以旌其德。佛印禅师也是中国禅宗云门宗的一代祖师。

佛印曾有为鼎建宝积寺而越千里到金陵(今南京)采木之说。佛印修行得道后,在游金陵时,化得不少建寺的名木,因路途遥远无法运输,便作起法来,将木头捆住后沉江,然后令宝积寺众僧从井中将其拔出,扩建寺庙,修建佛像。至今仍剩一株木立在井中,历久不朽。

佛印在江苏省镇江市的金山寺住持40年,其间,流传着许多传说。佛印与著名文豪苏轼、黄庭坚交情甚厚,常邀游四方,留下了许多动人的诗文、传说。

千百年来,宝积寺曾三建三毁,饱经风霜。元朝末年毁于战火,明洪武十七年(1384)重修,除复建了法堂、佛殿门、廊庑、溜库外,还新建了三贤堂,用来祭祀苏轼、黄庭坚、佛印。万历三十三年(1605),知县周起

宝积寺外景

源新建禅枝静阁。崇祯十六年(1643),大火焚烧了一株佛印当年出外云游时种植的柏树,寺内和尚把这株树干藏于庙内。明朝末年,由于兵乱,和尚解散,寺庙几乎颓废。清顺治七年(1650),知县娄维嵩召集和尚普静、通实重修宝积寺,将藏在寺内的柏树雕刻了苏轼、黄庭坚、佛印三人像,人称"三贤",立在三贤堂内,供前来游览的人瞻仰。清朝末年至民国初年寺庙再毁。

2014年,为弘扬佛教文化,发展旅游事业,由景德镇市弘一文化传播有限公司筹资重建。重建后的宝积寺成为浮梁古县衙风景区的一道靓丽风景线:宝积禅寺风景区。它以千年古刹宝积禅寺为核心,以宋代高僧佛印为品牌,结合景德镇市及浮梁县的瓷、茶文化,充分演绎"一僧儒释道,三绝禅茶瓷"的地方特色,成为集朝圣、禅修、养生、瓷艺、休闲度假为一体的大型文化主题公园。

萍乡市

安源区

宝积寺

　　宝积寺位于萍乡市区城南，旧名星居、梵林，始建于唐代。唐代诗人袁皓在《重归宜春路经萍乡题梵林寺》中写道："梵林遗址在松罗，四十年来两度过。"后周广顺元年至三年（951—953），县人李氏施地扩建。显德年间（954—959），寺内有宝光耀入太虚，遂依佛说《大宝积经》，改名宝积寺。宋代寺院规模不断扩大，占地面积数十亩。元代，宝积寺毁。明洪武年间（1368—1398），僧人妙勤等重建。清康熙二十一年（1682），僧人九雪募资修葺，并于濂溪书院旧址上建禁钟楼，县人李固捐资在寺内建关帝庙。光绪年间（1875—1908），僧人了尘与众僧修舍建山门。从清末至民国期间，方丈体云法师住持宝积寺30余年，偕众僧修葺、扩建寺院，兴建藏经阁和塔、亭，并定期开三坛大城，募化筹资购买汉译《大乘经律论丛书》，举办佛学培训所，培养青年僧侣。当时，县僧会司、佛教会、居士林都设寺内。宝积寺鼎盛时期，寺内有殿堂楼阁、寮房、亭榭等建筑38座，占地面积一万余平方米。

　　宝积寺内有历代高僧大

宝积寺大雄宝殿

众、长者居士、文人墨客的题词、额匾等。黄庭坚于宋崇宁元年（1102）来萍乡，曾游览宝积寺，应请题写"德味厨""入还堂"匾额，并在殿前栽下一株罗汉松留作纪念，第二年撰文《宝积寺记》。

至中华人民共和国成立前夕，寺院便无僧人居住，留下的几栋殿堂寮舍已成危房，雨不遮漏，冬不御寒，佛像法器，荡然无存，且被工厂占用。1950年县人民政府曾将其列为重点文物保护单位，1990年政府落实宗教政策，开放宝积寺，并由南岳山请来怀善法师任住持。自此，在政府及四方信众的大力支持下，于1993年5月动工，对原建筑物全部拆除重建，时任中国佛教协会会长赵朴初为重建的宝积寺题写了寺名。整个宝积寺现占地面积7000余平方米，建筑面积7000平方米，建筑采用明清风格，为钢筋混凝土、砖石、砖木结构，红墙黄瓦，金碧辉煌，庄严肃穆。大雄宝殿于1995年竣工，占地面积556平方米，宽26米，深21米，先后还修建了天王殿、伽蓝殿、客堂、东西配殿及寮房等。

1990年，怀善法师应江西省萍乡市邀请，出任萍乡市佛教协会会长，并任宝积寺住持。怀善法师，俗姓唐，广西全州人，20世纪60年代在大专学校就学，1985年5月，在湖南南岳上封寺礼宝县法师披剃出家，并于同年受具足戒，后又师从本焕长老、一诚长老及佛源老和尚。1994年被选为江西省佛教协会副会长，1995年，怀善法师被调往中国佛教协会，对佛牙塔地宫及塔院作改造设计。1996年被派往尼泊尔，参与中华寺的设计、筹建工作。1997年，荣升宝积寺方丈，并多次应邀赴中国台湾、日本、尼泊尔等地弘扬佛法，2000年5月，怀善法师任尼泊尔中华寺首任方丈。2002年被选为中国佛教协会副秘书长、广西佛教协会会长。

纯阳观（横龙寺）

纯阳观位于萍乡市城西门外2千米长兴馆村境内，初称纯阳庵，始建于宋代。《昭萍志略》载：宋时依岩结庐，时称庵，及明覆以瓦，明天顺年间（1457—1464），知县王施率邑人王廷兰在此新建纯阳殿；武宗正德九年（1514），知县胡佩又增建钟鼓楼；万历二十四年（1596），知县增建避尘轩、濯缨亭。清乾隆三十六年（1771），知县王鉴信佛，

纯阳观外景

并将纯阳殿改称横龙寺；乾隆四十八年（1783），知县胥绳武于此建四奇亭、沈流桥于寺后；道光年间（1821—1850）重修；咸丰年间（1851—1861）又补葺，成前后两栋（即两庵），布局统一，结构精巧，中间建有18拱长廊，连接上下两庵，占地面积794.88平方米，建筑分山门、前殿、十八拱长廊、后殿四部分。现存主要建筑有山门、灵官殿、逍遥门、云集门、纯阳殿、慈航殿、三清殿等。历代文人学士，多有题咏。

中华人民共和国成立前夕，横龙寺衰败，杂乱不堪。至1946年，横龙寺仅有一个和尚，无法管理，便将寺院及其附属田地、山林全部出让给道教徒李天泰、刘阳映等18名道人。改寺庙为道观，即今横龙洞纯阳观。中华人民共和国成立后，纯阳观一度衰落，道人寥寥无几。"文革"期间，神像被毁，道人被逐，纯阳观先后被市郊区农业中学、市商业局疗养院、萍乡铁路部门所占。直至1984年，萍乡市人民政府协同各方落实宗教政策，才把纯阳观交由道人管理，并确立为萍乡市重点文物保护单位。1986年，住持李天泰仙逝，其徒刘阳映嗣其业。几年来，刘阳映道长为当地乡邻父老义诊，同时筹集资金，将纯阳观修葺一新，已于1989年正式对外开放。

现今纯阳宫进山门往里，为第一殿，名曰"灵官殿"，内供王灵官。"灵官"生得凤嘴银牙，赤面三目，手持金鞭，脚踏风火轮，其形貌英武逼真。道教谓之"统百万貔貅之神将"，又谓"开山护法大师"，其像高近2米。"灵官"右边有逍遥门，左有云集门。过逍遥门，有一井，名曰"天井"，是纯阳观一大景点。井中泉水冬温夏凉，长流不断，与门外清泉相通。过天井后为纯阳殿，内供纯阳演正警化孚佑帝君，即吕洞宾像，道教奉为祖师。纯阳殿，便是纯阳观别具一格的"18拱长廊"（现存16拱），每拱长宽各丈余，由下往上，步步升级，蜿蜒曲折。穿过长廊，便到纯阳观上栋殿宇，上栋有两层殿宇和道众单房、老住持祖堂等。其首殿曰"慈航殿"，内供大慈大悲观世音菩萨、圆通自在天尊，或谓"慈航道人"，故曰"慈航殿"。再往里走，便是观内最后一层大殿，名曰"三清殿"，内设"清微天宫""禹余天宫""大赤天宫"三大神龛，神龛下分别供奉玉清元始天尊、上清灵宝天尊、太清道德天尊，其像高2米。殿顶为立体八方莲花圆顶，其建筑形式别具风格。后殿面阔11.45米，进深20.61米，前后两栋均面阔三间。三清大殿之后，依岩有一古洞，可容上百人。

横龙寺外景

上 栗 县

杨岐普通寺

　　杨岐普通寺初名广利禅寺,系佛教禅宗五家大宗之一杨岐宗祖庭。位于上栗县杨岐山境内,由乘广禅师于唐天宝十二年(753)首创。后甄叔禅师得嗣其法,于唐大历年间(766—779)新建法堂、僧舍,规模较大。宋庆历年间(1041—1048),方会禅师在此创立杨岐宗,将广利禅寺改名为普通寺。南宋初,杨岐宗开始传入日本。元代寺毁。明代寺观重建,清乾隆元年(1736)重修,道光二十三年(1843)县人甘宝贤等人续修。至民国,因历代天灾人祸,毁而复修达六次之多。

　　杨岐普通寺作为杨岐宗的发祥地,在国内外佛教界具有较大影响力,在日本的影响力更大。盖因佛果克勤禅师(1063—1135)弟子达75人之多,遍布海内外。其中有远赴日本的僧人珠光,珠光将克勤禅师书赠的"茶禅一味"礼品和解释禅理的手卷留给奈良大德寺,至今仍被奈良大德寺视为镇寺之宝。继珠光之后有日本僧人

杨岐普通寺外景

杨岐普通寺一角

觉阿上人于南宋淳熙二年（1175）从师杭州灵隐寺海慧远禅师，得法归国后正式传播杨岐宗。南宋嘉熙三年（1239），杨岐十二世竺仙梵仙往日本弘法，为神奈川县无量寺开山祖师。南宋淳祐六年（1246），兰溪道隆应清赴日本弘法，为日本镰仓建长寺开山祖师，重山天皇赐"大觉禅师"之号，为日本天皇赐禅师号之始。在日本镰仓时代，禅宗24派中有20派出于杨岐派。1987年，日本爱和大学教授、日本禅宗研究所副所长铃木招雄，带着他的助手铃木秋雄专程来杨岐进行考察。1988年日本东京驹泽大学佛教系副教授永进政云又漂洋过海来杨岐寺进行考察，对杨岐普通寺的重新修复及杨岐宗在佛教史上的地位给予了高度评价。

全寺院由山门、弥勒佛殿、大雄宝殿、观音殿、祖师堂、厨房、餐厅、客堂、宿舍组成，占地面积7000多平方米。内供奉如来佛、观音、护法、韦陀、十八罗汉、二十四诸天神像等佛。前墙正中是高大殿门。殿门上首高悬原中国佛教协会会长赵朴初大师手书"杨岐普通寺"寺名匾额。殿门两侧，是两块珍贵的历史文物——唐碑。两块唐碑均嵌于墙内，左为乘广禅师碑，右为甄叔禅师碑。寺外有乘广禅师塔和甄叔禅师塔两座唐塔。寺后有一株唐柏，人称"倒栽柏"。传说为甄叔手植，高约30米，直径2米有余，因树是根朝上、头向下倒过来种植的，故称"倒栽柏"。2013年，杨岐普通寺礼请少林寺方丈释永信任住持，2015年，中国香港旭日集团董事长杨昭捐资208万重修杨岐普通寺。

瑶金山寺

瑶金山寺原名宝华观，位于上栗县金山镇，距县城2千米，创建于唐开元年间（713—741），系开山祖师彭普明修行的场所。瑶金山寺上殿供诸圣像，前殿供三清神像，左祖师殿，右观音殿等，数殿几百尊佛神圣像均贴黄金。元大德四年（1300）重建，明万历三十年（1602）加修，清康熙四十六年（1707）重修，进士中宪大夫王龙峰题山门额"敕封瑶金山第一山"。

瑶金山寺声名远播，由此留下了不少的题额和诗联。进士王世仁的"有道名山"、礼部尚书严嵩的"永镇乾坤"、状元戴衢亨的"清虚紫府"等匾额二十余条。御史邹元标

瑶金山寺内景

题灵丹井："丹井水长流,洗荡群魔宁国土;金山春不老,包锣万锡及扶桑。"钦点榜眼及第谢树陛题斋堂："身着布衣,恪守清规离法网;日餐素饮,还思勤俭免凄凉。"礼部进士周忠信题祖师殿联："宝殿巍峨,半点尘嚣不到;金峪整肃,千层气霭无边。"

瑶金山寺古迹甚多,有渌山观、石涧潭、长桑园、鱼王庙、洗马池、莲花台、灵丹井、饮马槽、香炉峰等十余处。前院一棵罗汉松系祖师亲手所植,邹元标御史题"古罗汉松"四字刻于树前石碑上。

民国十七年(1928),瑶金山寺部分被烧毁。中华人民共和国成立前,瑶金山寺有僧侣300余人。中华人民共和国成立后均离寺还乡。寺院房屋被单位占用,除正殿、大雄宝殿以外,其他房屋几乎全被拆毁。"文革"期间,寺内数百尊佛像又被砸毁。中共十一届三中全会以后,瑶金山寺得以恢复。现重修了正殿、大雄宝殿、观音堂、地藏王殿、斋堂、僧侣宿舍等建筑,建筑面积2000余平方米;雕刻了3米多高千眼千手观世音菩萨等91尊佛像。瑶金山寺现已被列为市级、县级文物保护单位。

九江市

庐 山 区

东林寺

东林寺位于庐山西北麓庐山区赛阳镇东林村，东晋太元九年（384），释慧远得江州刺史桓伊相助始建，至太元十一年（386）建成。因坐落于西林寺之东，故名东林寺。慧远率众在此修持。慧远驻锡东林寺弘法长达30余载，著书立说。东晋义熙十二年（416），慧远在东林寺圆寂。

继慧远之后，义熙十四年（418）僧道昞执掌法席，至南朝宋元嘉十三年（436）。而后释道场继任方丈。隋开皇九年（589），智𫖮领徒释法京入住东林寺，两年后离去。开皇十四年（594）复住，时由道睄主法。唐代，初由道睄主法至贞观二年（628）。开元年间（713—741），释贞素卓锡东林寺。天宝七年（748），鉴真专程到寺礼拜3天，

东林寺大雄宝殿外景

东林寺佛像

后携寺僧智恩赴日。大历年间（766—779），释神凑移锡东林寺，重振寺风。贞元年间（785—804），熙怡入住，启建戒坛院，兴建"远公影堂"。元和四年（809），灵彻入住，见寺中三藏无补，于是向江西观察史韦丹劝募，兴建多罗藏院。数年后，工未竣，韦丹因事而去，遗西廊未成。时任江州司马白居易见状，捐绢十余匹以成之。后又将自己文集70卷和画像一帧捐藏寺中。会昌年间（841—846），武宗诏令灭佛，东林寺宇遭毁，沦为"荒途马迹稀"之景况，僧人被遣散。大中元年（847），宣宗李忱诏令天下恢复佛教，江州刺史崔黯奉诏即令释正言主持复建。寺又复旧观，有山门、殿、阁、厢、讲台、钟鼓楼等300余间。进入宋朝，东林寺曾沉寂不振，直到咸平元年（998）宋真宗赵恒登基后，又得朝廷重视。元丰二年（1079），神宗"尽撤律为禅"诏颁发后，东林寺改名为"龙兴禅寺"，洪州府太守王诏延请黄龙宗第二世释常总为住持。常总入寺后，四方信众响应，数年间，把东林寺恢复成为拥有厦屋千间、殿阁重重、楼塔林立、住僧数百的巨刹。但到南宋建炎年间（1127—1130），东林寺又遭战火所毁。淳熙年间（1174—1189），在僧秘度、宣竹等先后住持下，东林寺有所恢复，但兴盛程度并未超过前代。至元初，僧应日住持法席，多方募缘，修建寺宇，同时力弘禅净双修，重振宗纲。到元代末年，在战事之中，寺又遭重损。

明洪武六年（1373），寺僧曾募缘修葺寺宇。万历年间（1573—1619）初，释僧大挪倡议募缘重修寺宇。万历四十三年（1615），寂光前来住持法席，入住之后，寂光守律弘净，一时名声大振。崇祯十一年（1638），海贤住持法席。随后，其徒寂融继住寺务。师徒两人住持期间，募缘重建神运殿、弥陀殿、净业堂等。

清顺治十三年（1656），寺僧照忍等募缘重修五如来殿，推官席教事捐俸重建。康熙五年（1666），宗微募缘重修远公影堂，得兵巡道蔡协吉捐助而竣工。咸丰年间（1851—1861），寺又遭战火所毁，此后，虽经寺僧多方募缘修复，但已难复旧观，仅维持香火而已。

20世纪20年代初，释僧大愚住持。1938年日军攻陷九江后，东林寺成为其南进要冲。日军占寺长达7年。寺中唐代李北海书碑被毁，铜塔殿中铜塔被拆。此后，仅有数僧守住，供奉香火。

中华人民共和国成立后，1957年7月7日，国务院总理周恩来在江西省省长邵式平等陪同下，到寺视察，看到残寺破殿，僧寮年久失修，当即指示："东林寺是我国著名的佛教圣地，破庙要修复。"此后，庐山管理局拨专款5万元，抢救东林寺文物。同年，东林寺列为首批省级重点文物保护单位。1961年，僧果一住持东林寺。果一不遗余力，率僧垦荒辟地，与民交换，相继赎、换回寺产田地数亩。又得政府拨款扶持，维修文物。至1966年初，东林寺已初具规模。"文革"时期，佛像遭砸，经籍被焚，寺院改为农药厂。1978年，僧果一重返住持寺务，到1980年底，新建神运宝殿、护法殿，修复三笑堂、念佛堂、文殊阁、六朝松、十八高贤石刻影壁、唐经幢、唐李北海残碑、明王阳明诗碑、清康有为诗碑及聪明泉、古龙泉、振锡泉，新塑佛像8尊，明清时佛像 17 尊。1981 年，东林寺全部移交僧人管理，恢复佛教丛林规制。1982 年开始，启动东林寺全面修复重建工程，历时近 10 载，次第修复重建慧远法师塔、大雄宝殿、山门、五百罗汉堂、莲池、天王殿。1984 年 5 月，举行慧远法师塔院落成开光法会，日本国庐山慧远法师奉赞会代表团一行 8 人，专程前来参加，赠送《大正新修大藏经》一部。1987 年 11 月，举行大雄宝殿重建落成开光法会。1991 年 7 月，举行莲花盛会，祝贺莲池重凿，古青莲由日本回传东林寺。1992 年，莲社重建完工。同年 6 月 1 日，举行"庐山东林寺净土宗文化研究学会成立暨第一次学术研讨会"，海内外百余名高僧、学者参加。同年冬，江西省佛学院在东林寺挂牌成立。到 1992 年底，东林寺修复重建工程基本完成。2003 年 9 月，释传印弟子大安法师出任代方丈，住持寺内工作，并着手筹建星子县东林大佛，该露天弥勒大佛系亚洲最大露天铜佛像弥勒佛，占地面积近 3000 亩，至 2015 年已耗费 7 亿多元。2004 年 9 月，召开"纪念慧远大师诞辰 1670 年"学术研讨会暨纪念法会。2005 年 3 月，与江西师范大学联合开办"净土宗与当代伦理"研究生班。迄今全寺总面积近 2 万平方米，植树 200 余亩。寺中住僧百余人。2009 年，东林寺方丈释传印出任中国佛教协会会长。

西林寺

西林寺位于庐山区赛阳镇西林村，东林寺之西 500 米处，创建时间比东林寺早，号称庐山北山第一寺。东晋太和二年(367)江州刺史陶范为恭请慧永在庐山结宇讲学、弘扬佛道，在此筑建寺院。义熙十年（414），慧永圆寂。后因遭兵毁而渐衰败，梁天监三年（504），僧慧思住持重振，住僧增多。隋仁寿年间（601—604），僧慧达应请入住，住持重阁 7 间。唐天宝十三年（754），唐玄宗诏令寺后敕建千佛塔，以示敬崇，并赐田百余亩。永泰年间（765—765）西林寺一度为律寺。名士颜真卿、白居易等先后来寺游访，留下诗文。其时与东林寺、大林寺并称"庐山三大名寺"。宋太平兴国年间(976—983)，太宗赐以"太平兴国乾明禅寺"额，寺由此成为禅林。景德年间(1004—1007)，朝廷敕修西林寺殿宇廊庑。其间，高僧常贤执掌法席。由此，西林寺代有高僧，声播海内外，名士显贵留下众多题咏，尤以苏轼《题西林壁》著名。元至正十二年(1352)寺毁于兵灾。明洪武十四年（1381），寺僧募缘重建。明永乐年间（1403—1424），僧碧岩定执掌法席，力弘临济宗风，募建佛殿佛像，重建钟鼓楼，新建藏经阁，扩建寮房、斋堂，一时香火复盛。后因住持乏人，再度衰落。崇祯五年（1632）僧熙真住西林，适给事中景陵王鸣玉谋兴复，重建西林寺，殿阁经堂灿然一新。崇祯十三年（1640），僧博凡迁锡西林，住持法席达 13 年。僧博凡圆寂后，西林寺又曾一度衰落。其后，僧古巗入住，再度修复寺宇，香火复盛。清乾隆四十三年（1778），因年久失修，室内殿堂坍塌。嘉庆年间（1796—1820），僧阮远等四处募缘，方将大雄宝殿、禅堂等修复。

咸丰四年（1854），西林寺再遭兵毁，直至咸丰十一年（1861），麓松和尚应请入住持法席，率众募缘重修殿室，再塑佛像，一度复兴。

民国之初，仅维持香火。1933年，戴季陶夫妇捐资修复千佛塔。1938年，日军入侵，千佛塔楼梯被毁。至1949年，西林寺仅存1栋殿宇和旧塔。

西林寺外景

20世纪50年代初，僧妙理住持西林寺，后为比丘尼达禅住持。1987年，台湾觉海法师回祖籍江西九江朝山，参拜净土祖庭，路过西林寺，看到寺殿破败不堪，愿重振西林寺。1989年末，觉海法师带回从美国、中国台湾筹措的资金。从1990年初至2005年底，西林寺的修葺扩建，分3期计划实施，共投入资金1600余万元，新建慧永塔、大雄宝殿、天王殿、阿弥陀佛殿、地藏殿、观音殿、藏经楼、三圣殿、五观堂、念佛堂、玉佛殿、伽蓝殿、僧舍楼，塑装金佛像48尊，全寺占地面积33000平方米，建筑面积9000平方米。2006年至2013年，又征用土地1600平方米，新建《题西林壁》碑、文化长廊及精净庵、海会塔、般若海塔。

铁佛寺

铁佛寺位于庐山西北莲花峰北坳中央，坐东面西，海拔360米。殿堂依山而造，高低叠错。铁佛寺于唐贞观年间（627—649），由昆仲禅师始建。至宋代太平兴国年间（976—983），比丘尼愿莲法师以吸收女众在此出家修道，取名为"铁骨寺"。"骨"与尼姑"姑"谐音，又谓坚硬，因之铁骨寺意含"铁心修行的尼姑"。高僧释憨山德清曾游历并赋《过铁佛庵赠邹尔瞻给谏》诗。此后时有兴衰，屡屡修葺不绝。"文革"期间，铁佛寺已面目全非，仅存一间濒临倒塌的不足100平方米的配殿。

1989年4月，妙乐法师偶游庐山铁佛寺，见寺庙破败将倾，又在白龙桥南端见宋

铁佛寺内景

代愿莲大师的："云生功成就,愿莲传真禅"的偈句,遂发愿重修铁佛寺。1989 年 8 月,经庐山区政府批准,由妙乐承担铁佛寺的重建任务。新建铁佛寺占地 210 亩,殿堂 19 座,总建筑面积 10000 余平方米,有佛像 1400 余尊。1988 年 6 月,被列为市级文物保护单位。

1994 年 11 月,时任全国政协副主席、中国佛教协会会长赵朴初题写"庐山铁佛寺"。1998 年 3 月,日本京都佛教考察团到寺参访。1999 年 3 月 6 日,举办"纪念中国佛教 2000 年暨佛像、圣物开光法会",来自国内外 8000 多信众齐聚铁佛寺。2007 年,铁佛寺列为江西省级重点寺庙。2009 年 4 月,组团赴中国台湾进行佛学交流观光,参访佛光山和中台禅寺。2010 年 12 月,中央统战部和国家宗教事务局授予铁佛寺"首届全国创建和谐寺观教堂先进集体",授予妙乐法师"首届全国创建和谐寺观教堂先进个人"称号。铁佛寺还在历年的赈灾慈善事业中慷慨解囊,共捐赠资金物资达数亿元之多,成为江西省佛教慈善事业的一面旗帜。

海会寺

海会寺初名海会庵,位于庐山东南五老峰麓庐山区海会镇。海会寺于明万历四十六年(1618),由僧西来始建。清嘉庆二十二年(1817),僧旦云主持重修。清咸丰三年(1853),毁于战火。同治五年(1866),僧至善应请入住寺中,执掌法席。在此后 32 年中,僧至善刻苦修行,广募外缘,修复寺宇,得到广大信众襄助,再加上姑塘驿官魏兴林、居士王全泽和九江道尹景某、奉新许必达

海会寺外景

等力捐, 海会寺逐步得到恢复。光绪十五年 (1889), 康有为会试落第后, 专程来庐山, 到海会寺游览, 僧至善拿出元代名家赵孟頫所书《华严经》和释心月手镌的五百罗汉拓本等精品供其观赏, 康有为题诗《夜宿海会寺赠至善上人》。在释至善执掌下, 海会寺法筵大开, 声名鹊起, 前来皈依学佛的计 5000 余人。光绪二十四年 (1898), 至善自知世缘已尽, 将寺务交付普超, 在寺中圆寂。海会寺在至善、普超师徒住持下, 历数十年艰辛, 至民国初年, 寺宇已得到恢复, 寺田 300 余亩。

1923 年, 黄侃、孙绍基、胡贤坤来寺游访, 观瞻普超血书《华严经》后赞叹不已。1927 年, 僧大智住持海会寺。1931 年, 吴宗慈为搜集编纂《庐山志》资料, 到寺寻访。其时寺中念佛堂尚存旧木刻经板 1600 余块, 共涉及 60 部经书, 比较精善者有《图像金刚般若波罗蜜经》《普贤行愿品》《海印老人年谱》等。

1933 年, 国民政府军事委员会在海会开办军官训练团, 团部设在寺中, 寺的周围新建营房。次年, 又建大礼堂、办公厅处、教室、仓库、运动场、游泳池、学员宿舍等建筑数十间。1938 年, 侵华日军逼近庐山, 寺住持会通即携带血书《华严经》等珍宝逃难至湘桂边境。8 月下旬, 日军占据海会寺, 先是抢掠寺中文物法宝, 后则大肆拆毁寺宇殿堂, 取材构筑工事, 殿堂有三分之一以上被拆毁, 仅存殿 7 间。抗日战争胜利后, 1946 年会通携血书《华严经》等回海会寺, 以年老而退居。寺务先后由宏机、道慧等住持。宏机、道慧等在困境中, 节衣缩食, 率众修葺寺宇, 经数年努力方略恢复旧观。

中华人民共和国成立后, 僧匡成等在寺奉守香火。20 世纪 50 年代末, 国务院总理周恩来、中央人民政府副主席董必武等先后来寺视察。60 年代中期, 共产主义劳动大学庐山分校设在海会寺。"文革"期间, 寺内佛像被毁, 僧众被驱。"文革"结束后, 1986 年悟慧回住寺中。1992 年, 衍意来寺修持, 主理寺务, 开始殿宇修复, 大小佛像镀旧饬新。1995 年仲秋, 禅堂隆重开光。1996 年大雄宝殿奠基, 2005 年, 应化殿、寮房修竣, 建筑面积 700 平方米。

诺那塔院

诺那塔院位于九江市庐山区小天池顶, 系为数极少的所藏传佛教密宗道场。1937 年春破土动工, 江西省国民政府拨小天池公地 7800 余平方米, 梁和甫捐助小天池私房八栋, 供建塔之用。国民党党政要员和庐山地方人士也捐赠塔资。在各方努力下, 历时一年, 塔告竣, 同时竣工的还有莲花生大殿、诺那精舍、宿舍。1939 年, 日军侵占庐山, 塔院损毁过半。1946 年冬, 公推屈文六为理事长, 召请范伍云、李福记等能工巧匠着手重修, 渐次恢复诺那塔、莲师殿、诺那精舍。1966 年 10 月塔改建为景观亭, 由园林部门管理。1984 年和 1985 年, 徐贷居士, 以及青海省归国定居藏胞参观团一行 12 人和美国万佛城法界大学朝圣代表团一行 8 人先后来信和朝圣,希望恢复塔院。1990 年,中国台湾诺那华藏精舍钱智敏,朱慧华法师表示愿意捐修,并委托陈声汉、王则明、林文龙三人到庐山商谈修复事宜。同时,向江西省宗教事务局和庐山管理局呈送书面报告,请求捐修塔院。中共江西省委统战部、江西省宗教事务局和庐山管理局多次组织专家到实地考察,规划设计,研究恢复方案,并报请国务院宗教事务局同意,正式向中国台湾财团法人圆觉智敏、慧华金刚上师教育基金会复函,同意在小天池按原貌修复塔院。中国台湾圆觉宗捐款 11 万美元,1991 年 6 月着手修复。经过一年的精心组织和紧张施工,1992 年 3 月竣工,恢复诺那祖师殿、舍利塔,并新建诺那华藏精舍。6 月 2 日,举行开光法会,应邀参加法会的有海内外僧人、居士、信徒百余人。诺那塔院是圆觉宗心法传承第五代

庐山诺那塔院白塔

祖师诺那呼图克力的法峰塔。1991 年 6 月 12 日被批准为密宗活动场所。

浔阳区

能仁寺

能仁寺位于九江市浔阳区庾亮南路 140 号,为国家级文物保护建筑。能仁寺为江西名刹,九江三大丛林之首,是经国务院确认的全国 142 座重点寺院之一。能仁寺现为九江市现存最大的古建筑群,建筑依坡就势,纵轴线上依次而成。整个寺院分前、后、中三个院落,前院有山门、天王殿、大雄宝殿和大胜宝塔;中院有铁佛殿、左右禅房和方丈室;后院有藏经楼、祖堂、法堂等。面积共 15595 平方米,殿宇占地

面积为 2986.6 平方米。寺内环境优美,名胜古迹颇多,有大胜宝塔、石船、雨穿石、双阳桥、海尔泉、铁佛、冰山、雪洞,其中大胜宝塔为九江市的标志性古建筑。

《九江能仁寺同戒录》和《德化县志》载:能仁寺原名承天院,创建于南朝梁武帝时期(502—549)。东魏天平二年(535),沙门祖道建塔,内藏佛舍利。唐大历年间(766—779),有位白云法师云游至此,见寺院一片瓦砾,就结茅为居,募捐修整了大雄宝殿和大胜宝塔,从此香火不断。北宋天圣年间(1023—1031),赐额为"承天院",沙门智聪修葺寺门。北宋元祐六年(1091),增建铁佛寺。政和七年(1117)改曰"能仁",宋徽宗赐"能仁禅寺"额。元代废于战火,明洪武十二年(1379)重建,复名为承天院,弘治二年(1489)改为能仁寺,沿用至今。明万历元年(1573)重建了藏经楼。清顺治六年(1649),招僧归寺,置司宫道觉住持寺中事务。康熙十二年(1673),僧古崖改造了左右禅房。清乾隆六年(1741),李根云再建藏经阁,收藏乾隆皇帝御赐《大清三藏经》,关督唐英捐修山门、罗汉斋堂、神像。咸丰四年(1854)遭兵毁。同治十年(1871),关督景福捐银将能仁寺、大雄宝殿、大胜宝塔修复一新。清光绪六年(1880)秋,法国天主教九江总铎罗望达,侵占寺内名胜,翌年2月基督教会在寺西空基强划地为建书院之用,僧人数陷冤狱,寺产被蚕食。今寺建筑多为同治年间修造,有山门、天王殿、双阳桥、大雄宝殿、铁佛殿、左右禅房、藏经楼等古建筑。

能仁寺源远流长,师承不断。民国后相继有修一、静修、禅静、惠禅、如相等执掌法席。抗日战争期间,遭日军抢劫、占领。直至抗日战争胜利后,寺院得到一定程度的修复,并开展正常佛事活动。

能仁寺外景

中华人民共和国成立后,佛光住持寺务。1953年夏,中国佛教协会名誉会长虚云在果一、觉民等陪同下来寺礼佛,并应四众弟子请求,在寺升大座开讲《楞严经》,武汉、安庆、扬州等地有人慕名前来听讲。"文革"期间,寺院遭劫难,僧众被逐,佛经被焚,宋代3尊铁铸佛像被砸,道场被一些单位及个人占据。1984年,云安等僧回住,次年占用寺院的单位全部迁出,交寺僧管理,并由省宗教处安排,中国佛教协会第四届理事会理事印慈住持寺务。1986年1月,江西省佛教徒第一届代表大会在寺院召开,成立省佛教协会,会址设寺内,印慈当选为副会长。1988年,云安任住持。

1993年8月26日,举行云安方丈升座典礼活动。参加活动的有来自台湾、香港知名人士和广东、福建、安徽、湖北等地僧人100多名,加上市区居士1000多人参加了活动。

1995年10月29日,举办方丈升座、诸佛菩萨、大胜宝塔开光法会。1994年3月,云安方丈圆寂后,云安法师的大徒弟,彭泽县佛应寺住持辉悟法师到能仁寺住持日常工作。辉悟法师对千年古塔大胜宝塔进行了维修,建造了斋堂、客堂、钟楼、鼓楼。

2000年9至10月,举办传授三坛大戒法会,来自全国27个省、市、自治区309名沙弥受了新戒。

2013年10月19日,举行普钰法师晋院升座暨玉佛开光法会,中国佛教协会咨议委员会副主席无相长老,中国佛教协会副会长心澄法师、道慈法师,中国佛教协会副会长、江西省佛教协会会长纯一法师等各界嘉宾和九江市当地佛教信众千余人参加。同日,举行"中国佛教与能仁寺学术座谈会"。

能仁寺为弘扬佛教文化,组织佛教乐团,能演奏整套殿堂唱念、诵偈、古典佛曲及南北部分佛曲。该乐团是我国南方的首家佛教乐团,他们演唱的佛教音乐,已收进《中国音像大辞典》,拍摄过《天音》。

瑞 昌 市

城隍庙

城隍庙位于瑞昌市区赤乌西路临街北面,明洪武八年(1375),知县李凤始建庙宇。成化十八年(1482),知县傅思勉重修庙宇,请道人程敬及当地较有声望的曹凤羽、邓瑀、潘荣持理庙事。正德八年(1513),知县黄源大重修殿堂,纵深扩建至15丈,并在东

城隍庙城隍殿外景

西两边砌以砖墙,对庙宇加以保护。嘉靖四十年(1561),知县华士迥改建前门。嘉靖四十二年(1563),知县骆秉韶重修大门临街面。万历年间(1573—1619),知县胡谓云重新维修。清顺治年间(1644—1661),庙宇、祭坛失修倾毁。康熙八年(1669),知县江皋重新复建,再塑金身,并撰重修庙序。乾隆十八年(1753),知县邹尚仁、继任蒋有道、教谕张禹逊将城隍庙改建在学宫以东的张氏宗祠之地,占地8亩。庙前为大院门,门外有站

城隍庙灵官殿外景

檐,里为五间戏台。自甬道而上为上殿,殿左右两边以廊分成六曹,后面皆为寝殿。1942年,庙宇被侵华日军焚毁。

　　1995年,经江西省民族宗教事务局依法登记批准,城隍庙恢复宗教活动,并迁址于城北龙源水库脚下西山坳。2000年,经瑞昌市政府批准,在原老庙基处借屋设立诵经堂,恢复供奉城隍爷神像。之后,市政府将兴建城隍庙列入城市建设开发项目,批准在原址重建城隍庙。2006年4月,城隍殿动工兴建,于2007年9月竣工并举行开光庆典。2009年坤道李崇仙入住城隍庙,2010年,灵官殿、斗姆殿、娘娘殿、三清殿、三官殿、讲经堂等相继修缮,城隍庙整体建筑规模、装饰工程规模超过历史。2009年被确定为江西省级重点宫观。

九 江 县

无量寿寺

无量寿寺位于九江县城沙河街镇东北隅陶明纪念馆旁,占地面积11亩,主要建筑有大雄宝殿、念佛堂、寮房、钟鼓楼。大雄宝殿是寺内的主体建筑,高17米,宽20米,进深24米,建筑面积480平方米。"大雄宝殿"四字为原中国佛教协会会长赵朴初于大殿落成时所书。

无量寿寺正门

无量寿寺原名定明寺,亦称定名寺,是莲宗初祖慧远法师在东晋太元年间(376—396)开创的道场。据嘉靖《九江府志》《九江县志》《江西佛教史》等记载,定明寺在德化县甘泉乡,即今九江县岷山乡青岗村。因年代久远,屡有毁坏。元至正年间(1341—1367)僧定乘复兴。清顺治初年僧容谷重建。民国时期寺区占地约4亩,寺宇一进两重,前后均有佛殿,供奉观音和韦陀菩萨。随着时代的变迁,逐渐衰落。

中共十一届三中全会后,定明寺在党的宗教政策沐浴下,逐渐恢复往日热闹。1998年8月,该寺由常福法师住持,广集人力、物力、财力,迁址复建三项主体建筑工程,塑造三堂佛像,完善6处配套设施,购置主要法物、法器。为宣扬"三经一论",弘扬净土宗思想,于是便将原来的定明寺,更名为无量寿寺。

望佛寺

望佛寺位于九江县港口街镇花园村望夫山上。北宋天圣元年(1023),德化县赤松乡(今九江县港口街镇)人余达松家境贫寒,为治母病求佛相助,经庐山黄龙寺释耀光禅师指点，皈依佛门。为照顾母亲，余达松向释耀光禅师请求，把母亲接到身边一起修行念佛。在禅师指点下，余带着母亲来到望敷山修建寺庙。余达松在望敷山山顶寺庙诵佛念经时，常见庐山东林寺的佛光，故将寺庙起名为望佛寺。

明成祖永乐年间（1403—1424），住寺僧众和信教群众为纪念壮烈捐躯的杨苔华，将望佛寺改名为望夫寺，将望敷山改名为望夫山。望夫寺因建在山顶，香客难以上山，后又将望夫寺重建于山下南麓。并依前名改望佛寺。

中华人民共和国成立后，望佛寺保存较好，1952年在破除封建迷信口号下，所有佛像被毁。"文革"期间，望佛寺所有房屋全部拆除，望佛寺变成废墟。中共十一届三中全会后，根据广大信教群众的愿望和要求，开始筹建。2001年建筑面积达230平方米的望佛寺大殿顺利竣工。2010年，经江西省宗教管理局批准望佛寺为宗教简易活动点，并颁发宗教活动点证书。

望佛寺外景

经过逐年扩建，到2014年，望佛寺总建筑面积达2180平方米，占地面积6000平方米。寺内供奉释迦牟尼佛、阿弥陀佛、观世音菩萨、韦陀菩萨、地藏王菩萨等。

广佛寺

广佛寺位于九江县沙河街镇新城社区穆家堰旁。前身为穆家堰娘娘庙，始建于宋代。沙河虽是小集镇，但交通便利，乡路畅达，商贾云集，经济繁华。传言"两河夹一洲，此地发财此地休"，使商家颇生疑虑，便相约捐资建庙保其财运。可就是找不到合适的庙场。事也凑巧，岳飞母随军奉养，病逝后，宋高宗赐葬江州（古时沙河隶江州），岳飞请当时享有较高威望的风水大师赖布衣在沙河选墓址。人们认为这是天赐良机，于是由李某出面，筹办选庙场之事。赖布衣东走西瞧，三天后对李某说，沙河堰尾（即两河汇集处）是龙脉宝地，可建庙。

广佛寺正门

元朝末年，朱元璋和陈友

谅大战鄱阳,沙河是朱元璋屯兵养马之地。朱元璋的士卒纪律严明,深受百姓爱戴。朱元璋灭元登基后,为感谢救助之恩,钦命佛门,拨款扩修娘娘庙。当时这座庙宇由正宫、宝殿、化钱炉、藏绎阁4部分组成,僧侣数十人。庙堂砖木结构,弧檐翘角,古色古香。大门外有一米高的石狮把守。入夜,朗朗诵经声和潺潺流水声相互交融。月照古寺,雾锁山门,安详静谧。

1930年,蔡茂正等筹款维修。1937年为侵华日军毁。1946年,徐本火、李福筹等重建。1963年,全县僧道居住寺庙减至16所,穆家堰娘娘庙存。"文革"时期,庙宇被拆除。住庙道姑田礼桂迁县民政福利院供养。1994年,沙河佛教居家信众600余人捐资,在原址复建庙宇,扩建殿堂,增奉圣佛,更名广佛寺。广佛寺占地5亩,建有大雄宝殿、三圣殿、娘娘殿、娘娘亭、天花宫娘娘庙,配建宝鼎、香炉、围墙、山门,中建僧(寮)房10余间。供奉西方三圣、观音菩萨、药王菩萨、天花娘娘、送子娘娘、正宫娘娘、许真君和关公大帝塑像。1996年,依法登记审批备案。2011年,寺住持释智净,常住僧人有释智、智泉、智常。有居家信众千余人,蔡泽恢、李和昌、张火媆负责居士事务。

2010年3月,举行寺奉诸佛开光法会。每年农历三月二十一日和九月二十一日举办娘娘庙会,二月十九日、六月十九日、九月十九日举办观音庙会,八月十五日夜举办中秋赏月会。

武 宁 县

弥陀寺

弥陀寺位于江西省武宁县杨洲乡,因其地形酷似双凤朝阳,又名凤鸣禅林、鸣凤寺。又因地处瓜田旁,故又称西瓜寺。弥陀寺始建于明万历九年(1581),当地卢玄江居士献地拓址,结屋数椽。遇匡庐天池临济宗法派禅师释弘耐与其徒慈通等人行游至此,遂大行募化,经数年努力,建起一幢寺宇,左列禅房,右设寮舍。后本地出家僧人释德慧谒祖而归,驻足是刹,成立"西瓜寺长明灯会",募集寺产。明崇祯十年(1637),报告于县衙,县署批允,以会金购置山场500亩、水田20亩。自此寺院香火旺盛,僧众云集多达百余人。清康熙初年,高僧杞公禅师说法到西瓜寺,吸引众多名僧贤士,后香火渐衰。

民国十年（1921），住持僧照法与其师弟广开募化，再度修复，重建一幢三重的大雄宝殿，并增建钟鼓楼。中华人民共和国成立初期，寺院山林田地由政府收回。"文革"时期，殿堂倾毁，佛像、经书焚烧殆尽，唯法师释传开孤灯独守。1983年，经县委统战部批准，重择现址，兴建一幢三间古式殿堂，号弥陀佛殿。1986年，全

弥陀寺外景

国政协副主席、中国佛教协会会长赵朴初更名为弥陀寺，并亲笔题写"弥陀寺""弥陀佛殿""大雄宝殿"三块匾额。1988年，县政府将弥陀寺列为全县首批开放的佛教活动场所和重点文物保护单位。其后传开法师历时十余年，募资1000余万元，建成大雄宝殿、天王殿、钟鼓楼、客堂、功德堂、西归堂、报恩堂、大悲殿、地藏殿、韦陀殿、伽蓝殿、祖师殿和惟因和尚纪念堂等殿堂。

2000年5月14日，举行大殿落成、佛像开光、传开方丈升座庆典法会。中国佛教协会会长释一诚、中国佛学院常务副院长释传印、中国台湾法师释常缘等出席。释一诚为方丈释传开送座，并和释传印等八位长老共同为佛像开光主法，海内外各界人士共7000余人参加法会。之后相继修通山间水泥路，铺设400余级石阶，建放生池及池中亭台和观音立像，建成上山轨道，续建惟因和尚舍利塔、念佛堂、斋堂、藏经楼、法堂、韦陀殿、禅堂、方丈楼等。

弥陀寺总建筑面积8600平方米，有大小殿堂、寮房16幢，房168间。大殿内供奉三尊塑金大佛，旁列五百罗汉。藏经楼藏有《藏经》三部、佛书万卷，弥陀寺还保存有毗卢遮那佛铜像、唐代观音铜像、明代铜香炉、大磬、石碑等珍贵文物。目前弥陀寺常住僧人30余人。

太平山佑圣宫

太平山佑圣宫原名天乙佑圣宫，位于武宁县甫田乡太平山（与湖北省通山县交界处）。太平山道教属玄门广惠派，为南宋道士章哲创立。章哲，字权孙，道号广慧，生于宋淳祐十年（1250），武宁县澧溪镇临江村仙人潭人。章哲自幼好道，常于石上打坐，修炼真气。27岁时双亲去世，向道之心愈切，离家出游，访求名师，深造道义。先到浔阳，后到武当，拜真武为师，前后三载，尽得玄武奥秘。绍定六年（1233），

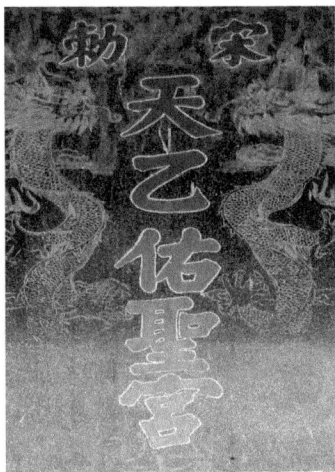

宋理宗钦赐的宫名

章哲返回武宁，初在武宁县横路乡回头山修炼，后得吕祖指点"尔当坐武邑丝罗山，开创基业，护国佑民，此玄天之召命，亦天赐之道场"（《太平山志》）。于是，前往丝罗山收徒传教，安身修炼，建殿宇丹房，名太乙佑圣宫。元延祐元年（1314），章哲在石板江去世。邓九模遵其遗言，以药方处理遗体形成"肉身"送回丝罗山，在佑圣宫正殿建塔供奉，尊为"祖师章真人"，并重修佑圣宫，增建"万福""万禄""万寿"三宫。

元明两代，太平山佑圣宫香火旺盛。清代，太平山佑圣宫宫殿几经兴废，分别有二十三代真人王景元、二十五代真人李宪吉、二十六代真人舒拱北、二十八代真人陈朝爵、三十五代真人黄理善、三十六代真人王万载、四十八代真人阮春和等相继修复重建。民国十四年（1925）修复的殿堂有：佑圣宫、万福宫、万禄宫、纯和宫、巡山殿等。"文革"时期，佑圣宫虽遭破坏，但章哲肉身（木乃伊）被乡人藏于窖中，幸免于毁，大部分宫殿保存完好。中共十一届三中全会后，太平山佑圣宫开始修复。现在的太平山佑圣宫，建筑面积1600平方米，正殿为佑圣宫，宫内供奉宋代石雕五大真人、十大雷神等神像，有元代铁钟、清代香炉、供器等文物。1988年，武宁县人民政府批准太平山佑圣宫为首批开放的道教活动场所和重点文物保护单位，2009年列为江西省级重点宗教活动场所。

佑圣宫通真宝殿

太平山不仅是道教圣地，也是旅游胜地，山上有鹤山、龟山、极高亭、龙井、椰梅、枯楂溪、云关、孟姥潭、仙人潭等自然景观 22 处，元代诗人揭傒斯游览后题《太平山杂咏》22 首。

修 水 县

黄龙禅寺

黄龙禅寺位于修水县黄龙乡黄龙村境内，幕阜山脉主峰黄龙山东麓，始建于唐代，系中国佛教禅宗五家七宗之一的黄龙宗祖庭，江西四大名寺之一。唐会昌二年（842）青原系七世玄泉彦筑双峰庵于山麓，隐居修持。咸通三年（862）河北清河县进士张真熹，由福建节度使弃官遁入佛门，投玄泉彦门下。真熹住

黄龙禅寺一角

山之后，徒嗣甚众。寺宇先后由山麓迁山下，改称永安寺，又迁辅山，名黄龙于玕寺。光化二年（899）、天佑元年（904），朝廷两次旌表真熹为"黄龙大德祖师""黄龙祖师"，并赐"超慧禅师"之号。五代时期，黄龙禅寺因战乱废为民居，宋初方恢复为寺，香火渐旺。宋大中祥符八年（1015）宋真宗敕赐"黄龙崇恩禅院"额，故称"三敕崇恩禅院"。治平二年（1065）洪州太守程公孟敦请临济宗八世慧南入住黄龙禅寺。慧南俗姓章，信州玉山人，少年出家受法于临济宗七世石霜慈明，曾开法于建昌（今永修）同安、庐山归宗、新昌（今宜丰）黄檗，声名已著。其至黄龙禅寺，以"三关"说教，自成黄龙一宗。至其门下受法者甚众，有鹿野狐园众千二百神僧之说，弟子晦堂祖心、宝峰克文、东林常总、云居元佑、仰山行伟、上蓝顺禅师等名重一时。宋熙宁二年（1069）慧南在黄龙禅寺圆寂，塔葬于黄龙山之前嶂，保存至今。淳熙十四年（1187），黄龙禅法传到日本，首创日本禅宗。至今日本禅宗守黄龙法道者分为妙心寺派、建长寺派、圆觉寺派等 15 个支派，拥有众多信徒。大观四年（1110）宋徽宗敕谥"普觉"

之号,尔后黄龙一派法脉,代相传承。宋代朝廷宰相、著名居士张商英撰有《黄龙崇恩禅院记》。

明万历年间(1573—1619),黄龙禅寺第47代住持肃严寺规。清康熙年间(1662—1722)冰鉴住持,修复寺宇,创佛印、教海、南禅三院,至门下受法者多达500余众,寺隶庵刹48所。清乾隆二十七年(1762)黄龙宗已传70代。民国时期,战事不断,黄龙寺逐渐没落。民国十七年(1928)遭战火焚毁,仅存屋宇数十间,民国十九年(1930)僧本忠住持,有田租400担,和尚3人。民国二十八年(1939)大雄宝殿被侵华日军飞机投弹炸毁。至"文革"期间,仅存的数椽寺宇再遭重创,只存方丈一角。

寺院古迹、墓塔众多。黄龙慧南祖师墓塔,黄庭坚手书"灵源""三关""法窟""黄龙山"等摩崖石刻均为省级文物保护单位。20世纪80年代开始恢复后,不断有名僧和宗教人士、专家学者以及日本人士拜谒黄龙祖庭,探究黄龙宗文化。自1994年以来,在各相关部门支持和帮助下,黄龙寺募集资金逾百万元,修建佛堂、观音堂、祖师堂、观音井、祖师塔、钟楼及进寺道路,重塑佛堂菩萨、幽冥钟,收集了若干古法器、古牌匾、古对联等文物。2007年经省民族宗教事务局确定为江西省级重点寺院。

兜率禅寺

兜率禅寺位于修水县渣津镇长潭村境内,始建于隋开皇末年,是修水传播佛教最早的弘法道场,也是中国禅宗五家七宗之一的黄龙宗重要弘法道场,为江西省级重点寺院。早在隋开皇末年就已开始建寺,时称龙峰山兜率院,简称龙峰院或龙山院、兜率寺。晚唐乾宁年间(894—897),黄龙寺开山祖师超慧大师的门人肇宗来兜率禅寺说法,道场开始兴盛。北宋初年成为黄龙宗重要弘法道场。黄龙宗始祖慧南弟子宝峰克文,从长沙麓山寺来住持兜率禅寺,仿照"黄龙三关",新创"兜率三关"。时任洪州转运使后为宰相的著名居士张商英至其门下受法,接护禅灯,建问法亭,著有《护法论》。之后有寺僧慧洪,被黄庭坚誉为"本色道人"的慧照,还有慧宣、端原等相继住持兜率禅寺。元代有旅日弘法高僧一山一宁的弟子龙山德见来华礼祖参学,先在余杭天童寺、庐山东林寺参禅,后溯修江而上,在修水20年,住持兜率寺17年之久,因元末战乱才

兜率禅寺内景

返回日本。明代有天然、永寿、斯洪等人极力护寺。清康熙十二年（1673），著名高僧木陈道忞弟子，"平阳国师"蛤庵本圆入住该寺，曾受到朝廷嘉奖，有御赐藏金如意、千佛裂裟、宝幢法帔等。民国初年修水县佛教协会会长鼎新禅师统领全县黄龙、兜率、云岩、洞山4所寺院，而多数时间住持兜率禅寺。

兜率禅寺文化底蕴深厚，古迹众多。宋代邑人黄庠，金紫光禄大夫徐禧，文学家曾巩，清代翰林院学士、《明史》编修毛奇龄，均为兜率禅寺写过碑记文章。兜率禅寺附近有和尚墓塔50余座。

2002年4月，洞云宗传人，武宁弥陀寺传开老和尚传法弟子释法照禅师慕名住持该寺，募巨资重建兜率禅寺。新建大雄宝殿、天王殿、文殊殿、禅堂、方丈室、藏经楼、客堂、大寮等建筑群，占地10万平方米，建筑面积达5万平方米。2007年被九江市民族宗教事务局命名为"和谐平安宗教场所"，同年被江西省民族宗教事务局确定为江西省级重点寺院。

云岩禅寺

云岩禅寺现位于修水县城南崖挂榜山，坐南朝北，面对修河。原址在修水县城东门。云岩禅寺始建于唐贞元二年（786），毁于五代战乱，北宋初渐次修复。绍圣年间（1094—1097），黄庭坚被贬居于故里，同地方士绅敦请黄龙高僧死心入住云岩。死心系黄龙宗三世，与灵源帷清同被黄庭坚推崇为"纳僧之命脉，今江湖淮浙，莫出二禅之右者"。死心之后，灵源、黄龙宗三世僧惠洪、法清等先后来寺住持，道震、文准、觉洪皆求法于此。灵源住持时，兴建莲花转轮藏经阁，寺中藏经之富国内少有，黄庭坚赞叹不已，亲自作记以载其事。一时云岩禅寺成了修江上下700里的佛教中心，

云岩禅寺全景

各大寺院长老、高僧聚集于此。云岩寺佛法鼎盛，法席常旺，且与当代名士显贵黄庭坚、苏东坡、徐禧、徐俯、张商英等人都有密切联系。黄庭坚撰《云岩禅院记》称："分宁县中，惟云岩院供十方僧"，时称修水六大禅院之一。元末废于兵燹。明洪武年间（1368—1398），寺僧曾帮助朝廷平定暴乱，明太祖朱元璋御准其"带发为僧"。洪武六年（1373）黄龙僧绍夫住持重建。明嘉靖年间（1522—1566），州同知林春泽题额"修江第一禅林"。清康熙元年（1662），应江南道俗之请，曹洞宗三十四世元洁净莹入住云岩禅寺，直至圆寂。其间住持全面修复寺宇，扩建殿堂，规模宏大，江南罕见。大雄宝殿中佛像达十丈之高，佛掌可容数人。同时元洁净莹主持修纂《云岩通志》8卷，系统记述云岩禅寺的历史，考证开山祖师之行履，修复无住塔（昙晟之塔），宗风远振江南各地。沿元洁之传，曹洞宗一直维系云岩，后有平吉、空谷等住持云岩。咸丰年间（1851—1861），云岩禅寺再次遭兵燹，后经整修，仍具一定规模。"文革"期间遭毁，后来在其基址上改建为义宁镇第二小学。1992年旅台修水籍郭吕尚菊居士在中国台湾同乡中募集人民币25万元，自捐50万元，经县政府批准迁址城南挂榜山，于1993年2月动工重建云岩禅寺。占地约5000平方米，建筑面积3500平方米，1994年11月23日落成。1998年后又重塑西方三圣，重修观音殿、地藏殿、祖师殿、佛堂等建筑。释法林禅师住持该寺，长住僧8人。

永 修 县

云居山真如禅寺

云居山真如禅寺位于永修县云居山，为佛教禅宗曹洞派道膺禅师演法传宗之地。据南宋张大猷《云居开山缘起记》所述，真如寺始建于唐元和三年（808），当时道容禅师与司马头陀同游云居山，开基建寺，名云居禅院。道容禅师建寺后，与弟子全庆、全诲等相继居住约70年之久。

至唐中和三年（883），道膺禅师应邀住持。僖宗赐寺名为"龙昌禅院"。道膺住持龙昌禅院30年，圆寂后谥弘觉禅师。在五代至宋这段时间里，先后有道简、道昌、怀岳、怀满、德缘、智深住持，仍提倡曹洞宗。北宋大中祥符年间（1008—1016），宋真宗敕改名为"真如禅寺"，一直沿袭至今。

元朝末年，兴盛了300多年的真如禅寺在火灾中化为灰烬。明初，寺院的殿堂房屋、湖田山产逐渐被当地豪右侵吞盘夺,沦为私产。

明万历二十年(1592),北京万佛堂住持洪断和尚在北京会晤紫柏,得悉云居祖庭沦为放牧之场,毅然南下,以图兴复。此事为笃信佛教的慈圣皇太后所知,遂于万历二十四年(1596)遣使来云居山,赐予紫衣等法物,并施内帑铸造千华卢舍那佛铜像,颁赐大藏经全部678函。万历三十六年(1608),建藏经殿供奉。及至殿堂僧舍次第落成,神宗御书匾额楹联以示嘉勉,其所书禅堂联云:"智水消心火,仁风扫世尘",匾云:"寡过未能"。万历三十七年(1609),洪断从江苏句容宝华山慧居律寺恭请慧云古心律师法来云居山弘演毗尼(即传戒、讲律)。据史书记载,洪断法师把他重兴真如禅寺的经过,简记刻石,与前代渗金古释迦像、舍利瓷瓶、梁公砚、古炉瓶等法宝文物一起,埋藏于大殿佛座下地宫石涵内,作为永久纪念。洪断和尚中兴云居近20年。自此至清,真如禅寺一直兴盛不衰,成为我国佛教禅宗的重要寺院。据山志所载,由唐至清,住持过真如禅寺的大德禅师50多位,未任住持而在此山弘扬法化的大德禅师20多位,多为我国佛教禅宗的著名大师。

真如禅寺大雄宝殿

抗日战争期间,真如禅寺毁于日军的炮火,只有卢舍那佛铜像在残瓦断壁中。1953年虚云老和尚率僧众开荒垦地,躬耕陇亩,重建寺庙,再塑佛像。悉仿鼓山、南华、云楼诸大名刹。此外,名胜古迹亦恢复修缮。开辟北山登山公路,全长9千米,沿途架设龙王桥、乘云桥、云荫桥、飞虹桥,加固"佛印桥";置苏东坡"谈心石"胜景,全部复建工程于1959年7月告竣,建筑面积约6621平方米。

"文革"时期,佛像被毁,殿堂被占,经书被烧,僧众四散。中共十一届三中全会后,宗教政策得以落实,真如禅寺重新交由僧人管理,成为唯一一批全国重点寺庙和佛教"家禅并重"的样板丛林。在各级政府的支持下,真如禅寺1982年就修复了天王殿、大雄宝殿、藏经楼、斋堂、钟楼、鼓楼、禅堂、虚怀楼、云海楼等建筑,占地面积达4764平方米。1982年9月又新建虚云和尚舍利塔,塔高5.5米,直径3米,庄重朴实。1983年,被国务院确定为全国佛教重点寺院。到1986年底,又增建山门、影堂和库房等殿舍,重塑佛像二百多尊,修复道容、道膺等历代祖师塔41座,总建筑面积达8000多平方米,耗资140余万元。1987年10月举行隆重的开光典礼。为纪念虚云法师重建真如禅寺的功德,1990年9月,真如禅寺又兴建"虚云纪念堂"。纪念堂坐落在虚云生前居室"云居茅蓬"遗址上,占地面积200多平方米,外墙全用花岗石砌成,堂高12米,宽19.5米,深11米,为木石结构仿宋宫殿式建筑,上覆褚色琉璃瓦,十分古朴庄重。殿中安放着高1米、重500公斤的虚云和尚铜坐像。中国佛教协会会长赵朴初先生题写"虚云纪念堂"匾额。殿内还展出虚云和尚生平事迹图片以及著作、遗物等。1994年9月,著名禅宗道场江西云居山真如禅寺为续佛慧命、绍隆佛种,隆重举行传授三坛大戒法会。这是中国佛教协会正式颁布《全国汉传佛教寺院传戒实施暂行办法》之后,按照传戒办法举行的首次传戒活动。1996年,香港永惺法师和意超法师一行分别到寺朝礼祖庭。同年冬,全国政协副主席、中共中央顾问委员会常委萧克在省、市领导陪同下,到寺考察参观。

2003年,云居山真如禅寺方丈释一诚荣膺中国佛教协会会长。2004年10月18日至11月16日,云居山真如禅寺、瑶田寺举办了全国汉传佛教传授三坛大戒法会,释一诚大师任得戒大和尚,来自全国各地的受戒弟子共665人,男众为354人、女众为311人。2006年4月17日,十一世班禅额尔德尼·确吉杰布来到云居山参访。一诚大师也回到云居山和十一世班禅进行汉藏宗教文化交流,两位佛教界领袖还共同植下一棵银杏树,命名为"汉藏连心树"。

2007年9月16日至10月16日,云居山真如禅寺、瑶田寺举办了全国汉传佛教传授三坛大戒法会,释一诚大师任得戒大和尚,来自全国各地的受戒弟子为589人,男众为302人,女众为287人。2008年11月11日,在云居山真如禅寺举行"建寺1200周年纪念暨云居禅修学院奠基法会"。国家宗教局局长叶小文亲临会场并讲话。参加法会的还有省、市、县各级领导和海内外诸山长老和嘉宾。

2009年10月29日,云居山真如禅寺举行"虚云老和尚圆寂50周年"纪念法会,江西省副省长熊盛文到会并讲话。

2009年,同样出身云居山真如禅寺的高僧释传印两次荣膺中国佛教协会会长。2010年5月22日,传印大师当选中国佛教协会会长后,首次回云居山礼祖。真如禅寺举行了隆重的欢迎仪式。

2010年以来,先后建成正觉苑、菩提苑,改建斋堂,修建真如湖。

2011年5月26日,佛光山开山宗长星云大师一行到云居山真如禅寺参礼。其间,星云大师在真如禅寺大雄宝殿佛前庄严拈香、匍匐礼拜。随后,星云大师应邀为僧、信二众开示。星云大师在开示中勉励在座僧众、佛陀建立六和僧团,"和尚"即是"以和为尚",要以"六和"——身和同住、口和无诤、意和同悦、戒和同住、见和同解、利和同均为修持行道的方向,做好出家人。

2012年6月27日,云居山国际禅修院开工典礼在赵州关外隆重举行。全国政协民族和宗教委员会副主任、江西省政协主席傅克诚,中纪委副书记傅杰,江西省人大常委会副主任蒋仲平,江西省人大常委会副主任朱秉发,省政协副主席陈清华等领导应邀出席。全国政协常委、中国佛教协会名誉会长、江西省佛教协会名誉会长、云居山退居方丈一诚长老,中国佛教协会副会长、河北省佛教协会会长、湖北四祖寺方丈净慧长老,中国香港竹林精舍住持意超长老,中国佛教协会副会长、江西省佛教协会会长纯一,中国佛教协会副秘书长、萍乡宝积寺方丈怀善法师,中国佛学院副院长宗性法师,江西省佛教协会副会长、宜春市佛教协会会长、清原山静居寺方丈妙安法师,江西省佛教协会副会长、云居山真如寺方丈纯闻法师等诸山长老应邀出席并培土,来自海内外四众弟子500余人参加并见证了这一盛典。

2014年10月5日,在云居山真如禅寺举行虚云老和尚圆寂55周年纪念法会。此外,此次纪念活动还举办了虚云老和尚暨云居历代祖师学术研讨会和"百年虚云"大型图片公开展览,并首次公开了部分虚云老和尚生平珍贵图片。与此同时,大会还邀请了海内外杰出艺术家举办书画艺术照片展览。

2015年4月2日,全国人大常委会委员长吴邦国携夫人等,在江西省政协主席黄跃金的陪同下来真如禅寺视察,并题字:"云居胜境"。

2015年9月9日,柬埔寨国王诺罗敦·西哈莫尼在江西省副省长刘昌林,九江市市长林彬杨,庐山西海风景区党委书记李甫勇,永修县委书记邹绍辉、县长杜少华等有关领导的陪同下莅临云居山真如禅寺进行友好访问,并供奉一尊释迦牟尼佛像于大雄宝殿,象征中柬两国佛教友谊源远流长。

2015年10月16日,原中央政治局委员、北京市委书记、北京奥运会组委会主席、中央文明委副主任,时任中国志愿服务联合会会长刘淇在江西省省长鹿心社、江西省政协副主席郑小燕、九江市委书记殷美根等领导陪同下到云居山真如禅寺视察。

至今,占地6000平方米,共3层的禅修院圆通宝殿已完工。至此,几经修复和扩建后的真如禅寺,焕然一新,为汉传佛教的典型禅宗道场,总建筑面积达1万余平方米,新塑佛菩萨法像240余尊,有20多座殿堂、142间房舍,规模超过历史上最鼎盛时期的唐代,乃江西境内最大丛林。

瑶田寺

瑶田寺曾名保定寺,位于永修县云居山南麓罗燕公路北侧,即今云山垦殖场云山分场驻地观美村西偏北2千米处。据清康熙版《云居山志》记载,唐元和初年(806),道容禅师曾于此结茅修行。瑶田寺起初为十方丛林,唐朝后期衰废。入明以后,曹洞宗法嗣廷家和尚来此募化重建。明末清初,庆传禅师驻锡于此,领众重整殿宇,广招徒众,购置田产,兴盛一时。当时寺内田产多达60余亩。民国时期,寺中仍有多人常住,供奉香火。中华人民共和国成立初期土地改革时,寺中还保留有几十亩田地。到"文革"时期,寺院田亩被瓜分,僧众遭遣散。

瑶田寺法事场景

中共十一届三中全会后,党的宗教政策得到落实。1980年,比丘尼释法常法师率尼众数人重建瑶田寺。同年,归还寺院田地10亩,其中水田7亩,旱地3亩。在释法常法师的主持下,寺内常住尼众10多人,修复重建面积达750多平方米。同时,新塑饰金三圣、韦陀、弥勒等像。1994年,在监院释印定法师的负责下,扩建寺院建筑约1万平方米,先后新修天王殿、大殿、法堂、斋堂、客堂、寮房、祖堂、功德堂、报恩堂、西归堂、大寮、海会塔、化身窑、藏经楼、虚云老和尚舍利塔等。添置缅甸玉佛、玉菩萨、玉护法像共9尊,分别是天王殿弥勒菩萨玉像一尊、四大天王玉像一尊、消灾延寿佛玉像一尊、文殊菩萨玉像一尊、普贤菩萨玉像一尊、法堂释迦牟尼玉佛一尊等。2003年,修建长达1000多米的石围墙,为方便信教群众进出,瑶田寺于2004年修建一条罗燕公路到寺庙长达600多米的水泥路。2015年,修建禅堂一座。

瑶田寺秉承祖制,一日不作、一日不食之农禅并重家风,一边劳作自给,一边参禅诵经。如今的瑶田寺正是殿宇辉煌,法相庄严,道风严谨的修行和弘法道场,也是人们观光、礼拜的胜地。

同安禅寺

同安禅寺位于永修县艾城镇千田村凤栖山山麓,创建于唐中和年间(881—

884），由同安和尚开基创建，故名曰同安禅院。五代末至宋初，观志禅师于此弘扬曹洞宗风，后有常察禅师，以及三门法嗣庆通禅师等在此弘扬佛法。元末遭焚毁。明洪武年间（1368—1398）重建。清顺治时（1644—1661）住寺僧人有如渭禅师、文庵禅师等于此执掌法席。清代数种《建昌县志》均将其列为县内佛教丛林之一。1938 年抗日战争期间，同安寺有四进大殿，僧房 99 间，被国民党军队占为军火库。1939 年初遭日寇炮火轰炸，各种建筑荡然无存。

1980 年，释慧参法师从内蒙古来此重修古寺。同年，永修县政府拨出专款用于修复、重建。同时有关方面先后归还山林 200 余亩，旱地近 30 亩，水田 5 亩。新建的同安禅寺奉行"农禅并重"道风，经济上自给有余。自慧参禅师组织重建寺院以来，寺院建筑面积已达 2 万平方米，建有山门、天王殿、大雄宝殿、法堂、双看阁、藏经楼、放生池、大悲殿、面归堂、延寿宝、护法殿、客堂、僧寮、伽蓝殿、斋堂、海会塔、静修堂、宝塔等。

同安禅寺正门

2002 年 9 月，慧参大和尚圆寂于同安禅寺，其弟子释仁祥继任住持。2003 年修建慧参法师舍利塔和纪念堂。为改善寺院生活环境，2004 年投资 16 万元，在寺院铺设大理石地面 1600 平方米。2006 年耗资 12 万元修建储水池，耗资 33 万元修建通外公路等。2013 年，又修建钟楼、鼓楼各 1 幢。

寺庙现存古迹有如渭禅师塔和文庵和尚塔。如渭禅师塔位于同安禅寺后西北侧约 110 米处，为清嘉庆二十年（1815）建造。现塔身倒落在地，仅存半贺形塔坪，及后沿的部分护墙，嵌在塔后方正中处高 1.2 米、宽 0.9 米的青石碑除部分损毁外，其上所镌竖列楷书还有不少可勉强辨认。文庵和尚塔离如渭禅师塔东南侧约 10 米，清雍正十三年（1735）建造。寺内还保存有石龟 1 只，龟背直立一石碑，长 2 米，宽 0.8 米，上端雕有双龙朝珠图，栩栩如生。另外还有红色古柱 5 根、红色石墩数十块及凿有"同安禅寺"字样的石碑 4 块。现同安禅寺为省级对外开放重点寺院及省级文物保护单位。

圆通寺

圆通寺位于永修县云居山登山公路 10 千米处，巨石为岗，名观音岩，寺宇坐西北向东南，前临周田，远眺鄱湖，南瞻梅岭，后倚云居主山五老峰脉。

圆通寺内一角

圆通寺创建于清代初年，已有300多年历史，开山祖师明一禅师，是西昌仙里人，为熊氏望族，9岁出家，师从颛愚观衡禅师［颛愚观衡禅师（1579—1646），明末清初临济宗高僧，号颛愚，五台空印大师法嗣］。明一禅师继承发扬颛愚禅师的农禅苦行，不靠外缘的优良传统道风。"鸡鸣奉佛，日晓耕山"。曾先后两次修建圆通禅院，还重修过云居山的仰天窝、瑶田寺和光隐寺等多处寺宇佛像。清康熙二十六年（1687）圆寂，世寿77。其墓龛及碑铭至今仍完好保存在寺右后方松林间。

明一禅师圆寂以后，圆通寺几经兴废。虽无可考，但是数百年来香火未断，隐修衲子，住静高僧，犹若行云流水，频有往来。20世纪80年代，在当地政府关怀和支持下，该寺得以恢复重建。此次重建者为慧莲（又名隆莲）比丘尼，她先是在附近结茅栖修，承蒙一诚大和尚指示，移至圆通古寺遗址，并得其俗籍湖北黄梅熊氏亲族之力，由寂祥大德董工及真如禅寺鼎力垂助，从1981到1987年，建成此寺，建筑面积达千余平方米。寺内常住尼众20余人，继承先德"一日不作，一日不食"（百丈家风）精神，苦行励修。在生产自养方面，做到自给有余。

圆通开山明一禅师塔

为扩大寺院的建设景观,住持释慧莲于2000年5月筹划兴建一座宝塔,于2006年10月20日建成,同时为9层宝塔举行隆重的开光法会。2010年,又建大雄宝殿、天王殿2幢及寮房1幢。寺前30米有幽冥钟亭一座。

德 安 县

香山寺

香山寺原名观音阁,2006年改名为香山寺,位于距德安县城北4千米的乌石山,依岩建筑。旧时阶前有古桂一株,经秋盛开,香闻数里。后辟小园,园有古井,水涓涓自罅出,阁前有古驿,阁外数十步有亭,名曰清泉亭。观音阁始建元末明初,清同治版《德安县志》记载,阁内观音石龛皆自然生成,前踞狮、象二峰,清水环绕,水中有七星石,山下层构飞云,远望如灵鹫山,兰若福地。

香山寺外景

清乾隆三十九年(1774),清代四川戏曲理论家、诗人李调元,奉命出使广东,经过乌石门,驻足观音阁,亲自书写"垂云岩"三字和七绝一首,赞美此地秀丽风光,诗曰:"苍松怪石起嶙峋,乌市岩前暂驻轮。绝胜迦陵江上路,淡烟微雨送行人。"道光五年

香山寺一角

(1825),著述名家、嘉庆进士福申来江西主持科考,路过乌石门,亲自书写"山水清音",赞美乌石清泉。明万历年间(1573—1619),德安知县倪有厚在乌石清泉上

建亭,供往来行人小憩。清咸丰十一年(1861),观音阁被毁坏,后僧人能太重新修建。

1961年因拓宽公路,将旧阁拆除,另建小阁于旁,"文革"时期小阁拆除。中共十一届三中全会后,党的宗教政策得到落实。1992年应广大佛教信众要求重建,中国庐山净土莲宗祖庭东林寺方丈、江西省佛教协会会长果一老法师亲自送来一尊来历不凡的印度观音像,定座香山观音阁。1993年8月观音阁殿落成,果一法师前来主持典礼开光法会。1996年10月20日,金山寺被德安县人民政府批准为合法佛教活动场所,占地面积6300平方米,建筑面积1500平方米。

星 子 县

万杉寺

万杉寺位于星子县境内庐山南麓庆云峰下,东邻五老峰、观音桥,西接秀峰,北倚汉阳峰、庆云峰,南临鄱阳湖。始建于南梁时期(502—557),距今1500多年。原名庆云庵,唐代改为庆云院。宋景德年间(1004—1007),僧人大超扩建庙宇。天圣年间(1023—1031),仁宗听说了万杉美景,赐名"万杉寺",并御书"金佛宝殿"匾额,还为寺题下"国泰清净"四个大字。此后,万杉寺声名鹊起,高僧名儒往来不绝。临济三十四世、三十五世禅师塔均在此保存完好,还有包拯手书的"龙虎岚庆"石刻。万杉寺鼎盛时期寺僧多达千人,与秀峰寺、归宗寺、栖贤寺、海会寺并称庐山五大丛林,万杉寺以"万本青杉"著称于世。寺前有一株罕见的古樟,旁生五干,俗称五爪樟,最为珍奇,树龄1500多年,抗日战争时期被日军炮击中一爪。

万杉寺全景

万杉寺高僧辈出，继超公后，有僧寿坚、绍慈相继驻锡。明朝高僧德昭，于万杉丛林大开讲席、弘宗演教，盛极一时。清代剖玉、可绍明、大楚、磊山师徒四代，光大禅林。咸丰四年（1854），南康府（今星子县）被太平军攻占后，万杉寺遭兵毁。隐松禅师复兴万杉于废墟。民国年间，妙融和尚重修寺院。

自唐以来万杉寺佛教兴盛，墓塔遍布，各种形式的墓塔有一百多座。由于历代兵变，多数墓塔已沦毁，现存五十多座。

万杉寺于1998年始由住持能行法师恢复重建，现住僧30余人。

都 昌 县

老爷庙

老爷庙位于都昌县多宝乡龙头山首，与星子县隔河相望，旧为龙王庙，建庙年代不详。庙基以花岗石条堆砌7米高，右侧有阶梯曲折而上，庙群总面积为600多平方米，分主庙、龙王殿、同仁堂、大小客厅、厨房6部分，附属建筑分布于主庙两侧。

老爷庙外景

据旧县志记载,清康熙二十二年(1683)、嘉庆十五年(1810)和光绪年间(1875—1908),对此庙进行过三次维修和扩建。光绪年间改称为老爷庙。民国二十七年(1938),遭日寇炸毁,民国三十五年(1946),由僧人在来往船商捐助下,按光绪时模样重修。1983年县政府进行了修缮,为省级文物保护单位。

老爷庙内由上、中、下三部分组成,上部为正殿,中部为游楼,下部为万年台。庙内门窗梁坊雕刻花纹并涂以丹漆。殿内有"定江王"塑像。庙的两侧墙壁嵌有石碑2块,右为"鼎建左蠡元将军庙记",左为"加封显应元将军庙记"。正殿前有方形花岗岩石立柱,上阴刻对联,上联是"数百年庙貌重修偏颂吾王功德",下联为"九万里威灵丕显顿平蠡水风波"。庙门平台两侧有石狮1对。庙后有"朱元璋点将台"和"插剑池"遗址。庙左岩上有"水面天心"摩崖石刻。1999年,乾道金理清住持老爷庙,开始对宫观进行修缮,2014年,金理清道长当选为九江市道教协会会长。

新余市

渝 水 区

崇庆寺

崇庆寺原址在新余城西门外（现新钢苗圃），隋大业七年（611）创建，新余本地人唐兴将自己住宅捐献出来，作为佛寺，取名唐兴寺，宋开宝年间（968—976）改名安和寺，宋太平兴国五年（980）改为崇庆寺，宋太宗赵炅赐额崇庆寺。元代中后期，崇庆寺进行了维修，元朝新余籍诗人傅若金在其两首游览崇庆寺诗中盛赞寺院拥有"绀柱明蛛网，青莲映玉台""半岭晨飞锡，诸天昼雨花"的美景。元至正十二年（1352），寺庙毁于战乱。明洪武三年（1370），重建前天王殿、大雄宝殿、后毗卢阁、花雨台、左右钟鼓楼。寺院东接兰堂书社，西枕木鱼山冈。明崇祯年间，增建武当行宫于后。明末清初，屡经兵燹，殿庑十存一二，康熙二十一年（1682）遭火灾，古迹为之一空。康熙二十六年（1687），吉州僧玉璞驻锡于此，首先修复毗卢阁，次年又募建大雄宝殿及前殿、上下左右廊房，山门佛像焕然一新。康熙三十七年（1698）春，知县李廷宰在寺西旧址建亭，种树凿池，杂莳花木，作为办公之余游憩之所。后又有知县张景苍复建寒碧亭于山后。

崇庆寺正门

崇庆寺大雄宝殿

中华人民共和国成立初期的崇庆寺为清代穿斗式单檐木结构建筑，砖木结构，青瓦盖顶。正殿联间六楹中虚，圆柱支撑，三面砖墙，朝南方向，木壁代墙，由十八扇门组成，每扇门上为镂空花格，下为雕花实板，梁方伸进殿内，内外穿插衔接，梁方露面处，附以雕刻木牙，中为天井，左右结构对称，与正殿连成一体，成"凹"字形。仅存大殿及西配殿、西僧舍。1958年，殿堂和僧舍被改作他用。

2000年7月，新余市政府将崇庆寺搬迁到仰天岗，12月正式动工兴建。2001年6月，聘请著名高僧一诚大和尚的弟子、江西省佛教协会办公室主任释道云法师住持崇庆寺。此后，相继建成山门、天王殿、大雄宝殿、斋堂、钟鼓楼、客堂、僧寮、海会塔等殿堂，常住僧众达20余人。崇庆寺布局采取的是院落式与山林式相结合的方式，大雄宝殿中心位置，立有大佛龛，龛底座为须弥座，龛中供奉着三世佛，皆螺髻金身，面容完全相同。殿内东西两侧各塑九位罗汉，十八尊罗汉都立于莲台之上，上悬宝盖。在大殿主尊背后，有一排三位菩萨组合的雕像，分别是观音、普贤和文殊菩萨。殿南为露台（又称月台），露台南接宽阔悠长的台阶，大雄宝殿两侧建有僧寮，东面筑有斋堂。在大雄宝殿后面的山坳中，还建有一座海会堂（也叫海会塔），它是僧尼、居士死后骨灰存放之处。新建的崇庆寺总占地面积33亩，建筑面积2万平方米。

分宜县

孝通庙

孝通庙位于分宜县城西南10千米处的昌山峡西岸，唐大和年间宜春县令卢尊所建，唐元和年间（806—820）名阆城君庙。唐会昌三年（843），江西首名状元卢肇作《阆城君庙记》。宋大观二年（1108），赐额曰"孝通之庙"，因庙址在昌山，当地士民亦称昌山庙。庙坐西向东,面向袁河,前后三进,为砖木结构,依山布局,傍山而建,踞山势而上。庙内有大小菩萨54尊,主神为"龙母娘娘",靠河岸建有戏台,常年有神戏或社戏演出,观者多为四面八方的朝神者。

孝通庙外景

孝通庙距今已近1200年,修缮次数不少。明及以前已不可考,仅清朝前期就数次修葺:清顺治十五年(1658),知县吴南岱檄修;顺治十八年(1661),知县朱鼐修葺;康熙三年(1664)巡抚都御使董卫国捐三十金行县建前亭;康熙六年(1667),守道施闰章刻卢氏碑于庙左,作《孝通庙记》,袁州知府李芳春、同知夏毓龙、推官郑鼎、知县朱鼐立石;雍正元年(1723)邑人张中基捐资重修,增置门楼、墙垣,立孝通庙石额;乾隆十八年(1753),知县陈大经建文昌阁于庙右。

孝通庙建成后,受到历代官府的重视与推崇,特别是农历八月十三日龙母诞辰,广东、广西、湖南、湖北、浙江及江西省萍乡、宜春、万载、新余、安福、庐陵等地香客前往朝拜,更让昌山道上路塞,昌山小镇客满。鉴于孝通庙影响大,辐射范围广,1962年,中国佛教协会江西分会曾投资修缮。然而,"文革"期间,孝通庙被拆毁,住持及和尚被遣散,文物丢失,仅存《孝通庙记》碑一块,神柱两根,石牛浮雕一块,残留庙基依稀可辨。1992年8月,由分宜县旅游部门牵头集资,在原址重修孝通庙,至2005年,已建成上、下两殿。

鹰潭市

月 湖 区

甘露寺

　　甘露寺原名安福寺、仙人寺,占地面积8.7亩。位于鹰潭市月湖区南郊320国道旁,童家上占村旁的葫芦山上,距道教发祥地上清嗣汉天师府、龙虎山风景旅游区仅16千米,距角山商代古窑址仅1千米。甘露寺始建于清顺治年间（1644—1661）。每年农历八月二十传统庙会,热闹非凡,并由此发展成为鹰潭地区特有的民间商贸活动——漾会。

甘露寺大雄宝殿

甘露寺历史悠久,且流传着许多美好的传说。清顺治年间,传说有位信士名称福临,一次睡梦中遇见一位腿脚不便的老人,满身酒气,观察那口泉水(仙井)自言自语,即问:"酒仙,葫芦何用?"答曰:"吾事汝非知,吾仙丹落失于此,化成为泉水。"至今当地百姓仍用西井葫芦养东井仙丹的水酿

甘露寺韦陀殿

酒。信士福临得道之后,领族人建安福寺,此后又改名为仙人寺。随着时间的推移,仙人寺逐渐衰败。

1993年6月,经当地政府批准,该寺得以重修。1994年圣融法师访厦门南普陀方丈湛妙老和尚,湛妙老和尚说:"二井之水犹如甘露水。"故更名甘露寺。1995年由圣融法师主持修缮。经过近十年的重建,现已完成大雄宝殿、天王殿、药师殿、客堂、祖师殿、八仙堂、三圣殿、观音殿、念佛堂、钟鼓楼、香房等,其规模为鹰潭地区佛教寺庙之最大。各殿堂的佛像,采用缅甸精致玉石所雕,如来金身体重11.9吨,为一整块纯汉白玉雕成,高4米。玉石雕像共计大小12尊。2007年该寺被江西省民族宗教事务局列为江西省级重点寺庙。

贵 溪 市

嗣汉天师府

嗣汉天师府,亦称大真人府,是历代张天师生活起居和祀神的地方,又是中国道教正一派的祖庭和张天师曾经掌管天下道教事务的办公衙门。坐落在道教称为三十二福地的龙虎山中,位于江西省鹰潭市上清镇中部,背靠西华山,南朝琵琶峰,门临芦溪河,依山傍水。嗣汉天师府现占地5.4万平方米,建筑面积1.4万平方米。

嗣汉天师府始建于宋代。30代天师张继先由于医治瘟疫有功,得到了宋徽宗的

赏识和嘉奖，敕建天师府于关门口（今天师府府门东百米处）。元延祐六年（1319），39代天师张嗣成迁建于长庆里（今府门西约500米处，现供奉元代御医朱震亨），后因洪水泛滥冲毁迁于今址，迄今已有六百多年了。明初，朱元璋于洪武元年（1368），封张正常掌天下道教事，视二品，拨白金十五镒（约360两）大建天师府，天师府才初定规模。之后，成化、正德、万历皇帝都先后御旨重建府第。嘉靖年间（1522—1566），命中官吴猷同江西抚按根据洪武年间的建置进行了大规模的修建和扩建。清康熙十三年（1674），上清发生动乱，天师府被烧毁，到乾隆四十三年（1778），57代天师张存义根据明朝的建制进行重建。咸丰七年（1857），太平天国石达开的部队攻占上清，天师府又遭兵火之灾。同治年间（1862—1874），61代天师张仁履再次仿照明时的建置进行维修。

嗣汉天师府正门

天师府府门系1990年重建，正门三间，东西耳房各一间，钢筋水泥仿古建筑。进府门，有一条百余米的鹅卵石铺成的宽阔甬道直通二门。甬道正中，第一座建筑是横在甬道上的一个四柱三门石牌坊，上书横书"仪门"二字，在仪门二字上方竖书"敕封"两字，石柱上雕刻盘龙，横枋上有麒麟、仙鹤、马、鹿等图案。甬道东侧是1998年重建的玄坛殿，系钢筋水泥仿古建筑，正殿三间，东西屋各三间，前有院门廊房，呈四合院式，背东朝西，占地492平方米。甬道西侧是1998年重建的法箓局和提举署，其建筑及规模与玄坛殿相同，只是方向相对。提举署是张天师掌管道教事务的办公之所。署中设有提点、提举，为正、从六品，他们是协助张天师管理道教事务的政府官员。法箓局是张天师掌管法箓的办事机构。

二门系1996年重建，正门三间，东西耳房各一间，钢筋水泥仿古建筑。东西两壁砌有祐青石版刻的老子《道德经》。六扇门上分别绘有隋唐名将秦琼、尉迟恭、程咬金、单雄信、罗成、杨林的神像。进二门，经甬道，有一井，名灵泉井，相传为南宋著名道士白玉詹所凿。过灵泉井是玉皇殿。此处原是天师的演法大堂，是天师演练道法及其府中道士每天诵经礼忏之处。大堂初建于明嘉靖五年（1526），民国初大堂堂壁正中还挂有大幅的墨龙穿云图和乾隆七年（1742）御赐的"教演宗传"匾。1992年大堂破损拆除，改建了如今的玉皇殿。玉皇殿占地500多平方米，高19米，它是目前天师府最大的建筑。殿内供奉着9.99米高的玉皇大帝神像，左右有金童、玉女，东西有岳飞、朱彦、苟兴、宠乔、张骄、邓忠、温琼、殷郊、毕环、刘甫、陶荣、辛环等十二天将，殿中，八根大柱上雕塑着八条盘龙，殿门两旁置有钟、鼓。玉皇殿前有一较宽的平台，平台正中摆有大型香炉与烛台，香炉前面斜放着一个大型的双龙戏珠石雕，与灵泉井相依映衬。玉皇殿四周古木参天，花草茂盛。殿西边沿院墙上砌有一排"道教箴言荟萃"石刻。石刻前卵石铺成的地面上置有上清宫大钟和仁靖真人碑及44代天师张宇清的墓碑和嘉庆十五年（1810）"重修上清宫碑记"石碑。上清宫大钟系元至正十一年（1351）由40代天师张嗣德会同上清宫提点戴永坚、提举龚同德等人在杭州制造的。钟用赤金九千斤，钟高一丈，钟围一丈八尺，钟厚三寸八分，上有双龙戏珠钟挂。它原悬于上清宫钟楼内，1971年移到天师府以便保管和供人参观。在玉皇殿西侧的樟树林中一座石制四柱碑亭矗立在路旁，屋檐下匾额"仁靖碑"，楹联为"赐爵位膺一品俨然神仙宰相，开府仪同三司卓尔玄教宗师"。碑文由元代大书法家赵孟頫奉诏撰书，记述了元代仁靖真人张留孙的家世、生平活动以及皇帝的敕赐等，迄今近700年。

玉皇殿后便是天师私第。天师私第是张天师的食宿生活区，始建于明洪武元年（1368）。清同治六年（1867），61代天师张仁履大修真人府时修建。门联"南国无双地，西江第一家"传为明太祖朱元璋御赐给43代天师张宇初的对联。私第前厅本为客厅，又称三省堂（张天师的都省、许真君的泰省、葛仙翁的玄省），是张天师掌教后的主教议事之所。它始建于明，清光绪七年（1881）重建，1985年改成天师殿。天师殿内供奉着五尊神像，正中仗剑危坐的是祖天师张道陵，东西端坐的分别是《水浒传》中描述的30代天师张继先和明代永乐时编写《道藏》的43代天师张宇初。祖天师前东西持剑、捧印而立的分别是与祖天师同时得道的王长和赵丹。天师殿正中大柱擎起的穿枋上有三块金匾，中为"道契崆峒"，系民国三年（1914）袁世凯复辟帝制时赠给62代天师张元旭的。殿的东西厢房分别置有明清时嗣汉天师府的规模沙盘图和清雍正九年（1731）重修龙虎山大上清宫的规模沙盘图。天师私第东有紫气门，西有金光门，中厅门上石刻"道自清虚"四字。

天师私第东面原有天师家庙和味腴书屋，今改建为道士宿舍。天师家庙系天师家人在府中祭祖的地方，始建于明嘉靖五年（1526），清康熙十三年（1674）烧毁。天师家庙后面为味腴书屋，亦称书院，是天师眷属、子弟读书之私塾学校。始建于明代，清同治四年（1865），61代天师重建，规模超前，上下两栋共九间，分前后二进，中有天井两厢构成四合院式,占地 540 平方米。石门上还凿有"泮芹蔓衍芹期来,丹桂花开栏可攀"对联。此书院后来年久失修于 1991 年报批拆除。

嗣汉天师府道教法事

据记载,道教原有四大法坛,汉末天师张陵龙虎山宗传创建正一玄坛,东晋葛仙翁的后代在江西阁皂山开创灵宝玄坛,东晋许真君的弟子在南昌西山开创净明宗坛,南北朝时陶弘景在江苏茅山兴建上清法坛。元时 38 代天师张与材赐封为正一教主,主领三山(包括净明宗坛)符箓,遂改龙虎山的正一玄坛为万法宗坛。万法宗坛系明嘉靖五年(1526)敕建,坐北朝南,正殿五间,东西配殿各三间,前有门屋,组成四合院。当时嘉靖皇帝还御赐了三清四御、三官五老、南北二斗、二十八宿、三十六天将等 138 尊铜像供奉在坛内。1967 年因破除迷信万法宗坛遭到损坏,1985 年落实宗教政策后根据原貌修建了三清殿、灵官殿、财神殿和土地庙。万法宗坛古时是张天师在府中祭神的地方,现在是海内外道教弟子参神谒祖、授箓传箓的地方。坛中还有东西对峙的千年雌雄罗汉松。

真武殿建于明嘉靖五年(1526),正殿五间,东西屋各三间,殿后小屋九间,内祀真武大帝铜像及龟蛇二将神像。清康熙十三年(1674)毁于兵火,仅存小屋三间。清乾隆四十三年(1778),57 代天师张存义在此建"绣像宝阁",供奉着御赐宫绣老君像。咸丰七年(1857),被石达开的部队烧毁。现真武殿的遗址成为天师府后花园的一部分。

嗣汉天师府因元至元十三年(1276)元世祖忽必烈封 36 代天师张宗演为'嗣汉天师'而得名。明朝朱元璋封 42 代天师张正常为"正一教主护国阐祖通诚崇道弘德大真人",嗣汉天师府便改称"大真人府"。明宪宗成化三年(1467),御赐"大真人府"匾额。1927 年,63 代天师张恩溥维修天师府,大真人府便改用原名嗣汉天师府。

自 4 至 63 代世袭天师在江西龙虎山传道布教,历时 1800 余年。1959 年 11 月 30 日,江西省人民委员会公布仁靖真人碑铭为江西省级文物保护单位。1983 年国务院颁布嗣汉天师府为全国重点宫观,1987 年列为全国 21 座重点道观之一对外开放。

正一观

正一观位于鹰潭市龙虎山景区内的张道陵炼丹处。正一观最早的名称叫"祖天师庙",是第四代天师张盛自四川回龙虎山"永宣祖教",为祭祀祖天师而建的庙宇。天师庙几经修葺,名称也多次更改,宋代时改称演法观,明嘉靖时改为正一观。

正一观全景

东汉中叶,第一代天师张道陵率弟子于云锦山肇基炼九天神丹,"丹成而龙虎见",云锦山便由此而改名为"龙虎山"。天师张盛,每逢三元节,登坛传录,各地学道者纷至沓来,形成了"昼夜长明羽人国"的景象。

南唐保大八年(950),敕建天师庙翰林学士陈桥撰碑纪念。宋元祐元年(1086),二十八代天师张敦复重建,赐额"演法观"。宋咸淳七年(1271),三十六代天师张宗演重新修复其殿宇。明嘉靖三十二年(1553),敕修改额为"正一观"。明万历七年(1579),朝廷太监杨辉督修,万历三十九年(1611),五十代天师张国祥复修,一如旧制。也就是正殿五间,中祀老祖天师及王长、越升二位真人;殿后为玉皇殿和丹房及厨房、浴室。明熹宗天启三年(1623)修复,康熙五十二年(1713)又拨款重修,

正一观外景

改玉皇殿为玉皇楼。雍正九年（1731），朝廷遣官重建，命五十六代天师张绍麟协同办理，经历数月而建成。这次修建的正一观，正殿五间，重檐丹楹，彤壁琉璃瓦，东西周庑各十间，环以朱栏，元坛殿三间在东庑中，从祀殿三间在西庑中，仪门三间。阶下是钟楼、鼓楼。而且，所有的殿、楼、门、庑、梁、栋都饰以彩绘。门外有两根高大的幡旗杆，而从阙门至楼前的甬道、台阶，都是以巨石砌成。嘉庆二十年（1815），五十九代天师张钰又借公款修复，建制如旧。

2000年在原地按宋代建筑风格新建的，占地60余亩，坐东朝西，南北对称。该观建制为正殿五间，祀奉张道陵、王长和赵升三人。左右两庑各三间，正门三间，正殿后玉皇殿五间，东西建钟鼓楼，还包括七星池、仪门、丹房、红门以及生活用房等。整个建筑群吸收了明、清时的一些合理建制和艺术特点，灰瓦白墙，古朴典雅，是龙虎山陆路八大景观之一。2005年9月，正一观恢复为宗教活动场所。

大上清宫

大上清宫位于龙虎山景区上清镇东陲，距嗣汉天师府约1千米。上清宫内有三清殿、玉皇殿、紫薇殿、天皇殿、后士殿、斗姆宫、雷祖殿、廖汤殿、南斗殿、北斗殿、伏魔殿、三宫殿、三省殿、文昌殿、四圣殿、五岳圣帝殿、四渎殿、真风殿、留侯殿、十二真君殿、奎阁、虚靖祠、藏室、鼓楼、福地门、龙虎门、棂星门、下马亭等，附近还有三十六座附属建筑。

大上清宫棂星门

大上清宫始建于东汉，原为张道陵修道之所，时名"天师草堂"。汉末第四代天师张盛承启道教，在此建"传箓坛"。唐会昌年间（841—846），武宗召见第二十代天师张湛赐帑银于传箓坛旧址建道观，并赐额曰"真仙观"。北宋大中祥符年间（1008—1016），宋真宗敕改真仙观为上清观。崇宁四年（1105），第三十代天师张继先请于朝，宋徽宗命拨赐米万余斛（一斛一斗），由江东漕臣在龙虎山丈量土地重建上清观，又于政和三年（1113），将上清观升为"上清正一宫"。南宋时，

大上清宫下马亭

经上清宫高道易如刚、毛允中等不断扩建，当时已有六殿（三清殿、真风殿、昊天殿、南斗殿、北斗殿、琼章殿），二阁（皇帝景命阁、宝奎阁），一楼（琼音楼），三馆（宿云、蓬海、云馆），二堂（斋堂、正一堂）。景定年间（1260—1264），宋理宗命张闻诗建上清宫门楼，榜曰："龙虎福地"。元至元二十二年（1285）赐帑银重修上清宫，元武宗时敕政"上清正一宫"为"大上清正一万寿宫"。明洪武二十四年（1391），四十三代天师张宇初重修大上清宫，太祖朱元璋亲赐宝钞5000贯，翰林编修苏伯衡撰《重修上清宫碑文》传世。明朝时，由朝廷赐银或监修上清宫共有七次，故《明史》中说："真人张氏道家孝流而世蒙恩泽，顾代相传袭，阅世既久，卒莫废去。"清朝，由皇帝赐银大规模修建上清宫一次，零星修建三次以上。据清乾隆五年（1740）妙正真人娄近垣所编《龙虎山志大上清宫新制》记载，当时的建制为两宫（上清宫、斗姆宫），十二殿（玉皇殿、后土殿、三宫殿、三省殿、五岳殿、四渎搬、文昌殿、天皇殿、关圣殿、紫薇殿、斗姆前殿、斗姆后殿），二十四院（三华、东隐、仙隐、崇元、太素、十华、郁和、清和、崇福、崇清、繁禧、达观、明达、洞观、栖真、混同、紫中、清富、凤栖、高深、精思、正庆、玉华、迎华），其建制规模不仅在江南称为第一大观，在全国也是首屈一指。民国十九年（1930）几个乞丐在宫内烤火，一时不慎，二宫惨遭火焚，二十四院亦受牵连，殿宇楼阁化为灰烬。到中华人民共和国成立时，只存大上清宫门楼、钟楼、午朝门、下马亭未毁。

古典名著《水浒传》第一回"张天师祈禳瘟疫。洪太尉误走妖魔。"就是讲大上清宫的镇妖井，走出36天罡、72地煞，演绎出一部惊天动地的农民起义的故事。

2000年，龙虎山风景旅游区管理委员会对大上清宫进行重建，翌年完成一期工程，已恢复的有福地门、龙街、下马亭、棂星门、天一池、东隐院等。2005年9月，大上清宫恢复为宗教活动场所，现有东隐院、善恶井、梦床、神树和传说中的镇妖井等文物古迹。

赣州市

章 贡 区

海会禅寺

　　海会禅寺位于赣州市中心城区桥儿口,原为慈云寺所属别院。南朝至北宋时期已有很多高僧在此弘法。清光绪三十二年(1906),塔之木结构外廊毁于火灾。

海会禅寺外景

海会禅寺一角

　　民国二十八年(1939),赣州城内商人刘俊千、张德馨、戴楚衡等募捐集资,购置慈姑岭基地建筑寺宇佛殿,计2幢9间,面积567平方米。1940—1941年,聘请钟印道居士、释济广法师任维那(寺院中的纲领职事,掌理众僧的进退威仪)。1942—1949年9月由释海禅大师接任维那。1956年后,此寺一直是赣州市唯一佛教法事活动场地。"文革"时期,停止宗教活动。中共十一届三中全会后,经赣州市佛教界人士讨论决定将此寺正式定名为海会禅寺。1984 年,被江西省人民政府列为省级重点寺庙。1985 年修葺一新,成为境内较大的佛教活动场所。现禅寺正殿为大雄宝殿,供有缅玉释迦牟尼佛祖坐像,藏经楼藏有大藏经一套,皆系香港高僧心明法师所赠。重建十八罗汉、诸天佛菩萨、阿弥陀佛、韦陀等菩萨金身,扩建了地藏殿、念佛堂等,改善了僧人住宅设施。现有常住僧尼 10 余人,释宗鉴和尚为住持。

寿量古寺

寿量古寺位于赣州市中心城区中山路东段南侧,前面是宋城墙,建筑年代为五代后梁时期(907—923),距今已有千余年,为后梁卢光稠所建。《寿量寺中兴修造记》记载:五代后梁百胜年防御使卢光稠,卢光稠因为阖宫疾疫所困,请名医,施良药,占卜均无任何效果。僧人道城将其治愈,卢光稠十分感谢,欲以金银重谢,道诚说:"得一袈

寿量古寺外景

裟地足矣。"卢光稠于是把自己的东宅花园改建成寺庙始名为卢兴延寿,后来改为圣寿,宋大中祥符年间(1008—1016)更为今名。

元代末年,寿量寺毁于兵燹,明洪武年间(1368—1398),僧人荣安重建,大学士解缙题写《寿量寺中兴碑词》,且留有《重建寿量寺记略》一文。清顺治年间(1644—1661),南赣总镇胡有升也曾重修该寺。民国二十年(1931),由释品芳和尚等在该寺创办私立博济初级小学。1935 年停办。释品芳和尚圆寂后,由明亮、传心、悟道等人先后住持,直至中华人民共和国成立。寺内原有五代时铸造的贴金铁观音佛像 1 尊,高 6 米,乃卢光稠所造,是江西省最大的铁造像,1957 年,寿量古寺被列为第一批省级重点保护文物。于 1970 年被毁,寺内僧房作他用。寿量古寺现存的建筑建于清代,1990 年,赣州市佛教协会(县级市)发起重修。1991 年 6 月开始修复寿量古寺,1995 年底竣工。1993 年,赣州市佛教协会由海会禅寺迁入寿量古寺。1996 年 1 月,先后划拨、征得 2025 平方米土地,重建了天王殿、大雄宝殿、念经堂、僧房、斋堂、客房、厨房等,成为赣南佛教之中心寺院。1996 年 2 月,正式对外开放。

通天岩广福禅寺

通天岩广福禅寺原名石窟寺,位于赣州市中心城区西北 10 千米处。始建于隋朝贞观之治和开元之治时期。寺内层殿复阁,依岩而建。早在唐、宋便是佛事活动的中心。现在的寺庙大雄殿以红色砂岩的天然石洞为殿,殿顶上有一个小岩洞,据说过去从这里可以通山顶、见蓝天。

寺庙后面的洞穴就是当年寺庙的藏经洞,现藏有石刻的坛经。主殿位于后龙山腰脊的中间处,院门视野开阔,山下坡处有一水塘。东侧的双桂堂原来是方丈室。北宋熙宁年间(1068—1077),在京城的阳孝本辞去左丞相蒲宗孟的家教工作,从开封府回到家乡,将家产拆分为三,其中一份赠予通天岩寺庙,一份维持生计,另一份送给乡亲父老。阳孝本带着从京城购买的大批图书隐居通天岩寺旁的石洞,与书童、山鹿为伍,专心读书,号称玉岩居士。现在通天岩广福禅寺的佛殿旁西侧,还保存有一座阳公祠,原为广福禅寺禅房,为祭祀阳孝本而立为祠。广福禅寺现存从唐代至民国石龛造像三百五十九尊,题刻一百二十八品。

广福禅寺外景

历代不少高僧在通天岩广福禅寺留下了足迹。六祖慧能、马祖道一、虚云老和尚和中国佛教协会会长一诚大都到过广福禅寺传经讲法。广福禅寺是禅宗曹洞宗道场之一,王守仁、周敦颐、苏东坡、辛弃疾、文天祥、孔宗翰、孟浩然、汤显祖、阳孝本、李大正、唐邦佐、解缙、赵抃、洪迈、岳飞、朱熹等人在此泼墨、隐居、讲学。1946年，蒋经国陪同蒋介石游览了通天岩。当时，蒋介石发现这里三面环山，地势非常险要，且不被外人注意，于是密令江西省政府主席王陵基将原来方丈室的双桂堂改建成一幢二层的小洋房，准备将爱国将领张学良转囚于此。该建筑分张学良及赵四小姐卧室、警卫室、卫生间、更衣室四个部分，上下楼均要经过寺内的山洞，警卫室设在山洞口。山崖下有几间依崖而建的房，是蒋经国当年的避暑山房。

玉虚观

玉虚观位于赣州市水东乡（现水东小学校址），唐开元年间（713—741）建，属道教十方丛林。世传晚唐道士施肩吾（华阳真人）曾一度由洪都（今南昌）西山来到赣州，与真人刘继先共同修持于此观。宋治平年间（1064—1067），英宗曾赐观额。明初，刘渊然（赣县人）大真人将此观立为修持之地，遗下四代（刘渊然、刘继先、刘明清、刘子英）修持。明永乐年间（1403—

玉虚观外景

1424），翰林学士解缙曾书"玉虚观"额。观内建有丹炉、丹台和丹井。当时玉虚观由皇帝御封道官掌管，并受龙虎山张天师节治。

清代，刘子英道士设玉虚观为府观，掌管赣南道教事务，立阴阳学执管道纲，焦道士主持观内阴阳法事功课。民国时期，在此兴办小学。中华人民共和国成立后，仍为水东小学用地。1985年赣州市政府决定折价归还，1989年在水东万松山（又名仙山）重建玉虚观，并由方业儒道长负责筹建工作。1990年6月竣工后经批准开放，由方业儒任住持。同年农历七月初七，方业儒主持隆重的玉虚观开光庆典。出席庆典的有宗教界人士和信教群众300多人。开光之后，先后接待北京、上海、福建、广东、香港、台湾、美国等海内外道教信士3000多人次。

新建玉虚观为一栋二层楼的殿堂，楼下正厅是三清宫，上书"清绝尘嚣赣南无双福地，高凌云汉虔州第一仙山"。三清圣像两旁列有四位神像：左为朱元帅、王灵官；右为马天君、殷元帅。三清宫左为"宗师堂"，右为"追思堂"。楼上：中为天师殿（供张道陵），左为万寿宫（供许逊），右为纯阳殿（供吕洞宾）。后楼下为财神殿。葛仙殿左侧为"老君殿"，右侧为"观音殿"。1994年，两殿侧各建二屋飞檐八角

玉虚观全景

荷叶形歇山式钟鼓楼。门前的铸铁香炉系民国二十七年（1938）所置。玉皇殿一层祀玉皇大帝。二楼祀大清道德天尊、玉清元始天尊、上清灵宝天尊，又称"三清阁"。玉虚观已成为赣州市道众的活动中心。

玉虚观现存藏经有：《道德经》《灵宝经》《葛仙经》《玉皇经》《地母经》《三官经》《灵官经》《观音经》《受生经》《金刚经》《莲华观音经》《高皇观音经》《北斗经》《太阳经》《太阴经》等14部经籍和1部《早晚功课经》。

南 康 区

南山生佛寺

南山生佛寺原名万安寺，位于市区3千米的南山，始建于三国时期，又名瑞安院。曾几毁几建，清顺治年间（1644—1661），僧宝元募缘重修生佛寺，又名南岩寺。

相传宋时邑人蔡大山，法号圆慧法师，曾学禅于南山南岩寺。此后，圆慧法师在寺后一岩洞中圆寂，据说后来法体经久不腐烂，发须会长，形神如生，从此以后该寺被俗称为生佛寺。清顺治年间，寺院因雷击被焚，僧宝元迁至南水（今南康区第五中学院内）重建，肉身像也随同迁入。明代俞渊《题万安寺宋僧遗身》一诗曰："萧寺钟鸣日已昏，独骑款段至山门。长明灯照阶前树，气食僧归郭外村。尘塌尚留千岁骨，枯禅难返昔年魂。夜深谁共三生话，坐对前廊月一痕。"民国十九年（1930），兵患时肉身腹部遭损坏，中华人民共和国成立后寺庙被毁。

1993年，在台湾高僧南普陀寺方丈释广化老和尚的募缘下，经十方信众的大力资助，耗资360余万元，由老和尚在台弟子荣剑华居士先后穿梭于两岸近百次，负责南山生佛寺重建具体事宜。

南山生佛寺全景

释广化,俗名彭华元,1924年2月10日出生于江西省南康区潭东镇,1996年4月22日在台湾南普陀寺圆寂,享年72岁。释广化18岁毕业于江西省立赣县中学高中部,1949年随部队入台湾。1953年释广化皈依三宝。1957年拜释慈航为剃度恩师,落发出家。据台湾荣剑华居士讲述,广化青年离家时曾在生佛寺拜别过,并许愿在有生之年为生佛寺佛像装金,因年老体弱,几次特派弟子荣剑华前来寻找生佛寺。

重建后的生佛寺选在距市区3千米的南山北坡中段,占地70亩。2000年9月17日举行了开光仪式,其中台湾僧人100多人出席。建有山门、天王殿、大雄宝殿、藏经阁、僧寮、斋堂、广化纪念堂、舍利塔等。

2005年被批准为县级文物保护单位。2007年9月,南康区政府聘赣州市政协委员、赣州市佛教协会副会长、大余丫山灵岩古寺方丈释传昌大和尚任生佛寺住持,扩建生佛寺。现在,生佛寺由原来的70亩扩大到500余亩,新建了放生池、金刚殿、天王殿、卧佛殿、大雄宝殿、广化纪念堂、露天赐福观音铜像、慈航桥、第一山门、斋堂和地藏殿、不二门主体工程。

1993—1997年,修建山门、天王殿、大雄宝殿、藏经阁、僧寮、斋堂、广化纪念堂、舍利塔等。2007年冬新建放生池21余亩。2008年新建金刚殿,占地面积350平方米,殿内有哼

南山生佛寺远景

哈二将塑像；新建露天赐福观音铜像基座。2009 年建天王殿，占地面积 300 平方米；纪念堂 70 平方米；建占地 15 平方米卧佛殿；新建大雄宝殿，占地面积 700 平方米。2010 年新建露天赐福观音铜像，高 25.6 米。2011 年新建慈航桥，长 68 米，宽 3.8 米。2012 年新建第一山门，并新建斋堂，占地 700 平方米，共三层，现已做好两层的主体工程，完成地藏殿主体工程。

宝台古寺

宝台古寺原名宝台山寺，又名康王庙、石阁庵、石（沙）角庵、天后宫，位于南康区唐江镇石板头上犹江边，相传始建于隋唐时期。1985 年编《南康县志》记载：唐江沙角庵，位于唐江镇红旗路石板头，长方形，宽 13 米，深 32 米，高 8 米，建于明末清初。大门保持了原貌，正门是"中流砥柱"石刻，两边是人物花纹和龙凤雕刻，屋内彩绘已残缺不全。据多方考证，宝台古寺拆除老寺院殿堂所留下的"中流砥柱"木刻梁枋是王阳明的手迹。开工时取下一块 2 米长、1.15 米宽的石碑，该石碑记载："清乾隆二十四年，重建康王庙碑记"。民国年间，庙宇凋零，僧众星散，宝台古刹，被改为伪警署，中华人民共和国成立后变成民宅。

宝台古寺外景

2005 年，年逾八旬高龄的江西省武宁县杨州乡凤凰山弥陀寺方丈释传开老和尚回到唐江，开始着手筹建宝台古寺。2005 年 11 月正式动工，历时四年多，已建成大雄宝殿、念佛堂、藏经楼连地下车库，占地 600 余平方米。2008 年年底动工建的斋堂、客堂、僧寮、方丈室等建筑，于 2009 年 12 月竣工。天王殿 2010 年竣工，总建筑面积 6100 平方米。2010 年 1 月 3 日,举行了盛大的佛像开光仪式。时任中国佛教协会会长的释一诚长老亲自为宝台古寺题写寺名及"大雄宝殿"匾额。

重建的宝台古寺占地约 2000 平方米。一栋四层楼房坐东北朝西南方向,建筑面积约 1986 平方米,从上到下依次是藏经楼、大雄宝殿、念佛堂和地下车库。绿色的琉璃瓦,青色的仿古砖,周边的花岗石栏杆,雕梁画栋,古色古香,庄严肃穆。大雄宝殿里的释迦牟尼佛、十六罗汉、文殊菩萨、普贤菩萨、海岛观音等栩栩如生,幢幡宫灯交相辉映。下层念佛堂与大雄宝殿同样面积,能容纳一百多人同时念经打坐。中间是西方三圣像,东西两边厢房及配套生活设施齐全。大雄宝殿西面是一栋四层综合楼,建筑面积 600 多平方米,底层 8 个房间。第二层是斋堂、大寮,斋堂能同时容纳 200 多人就餐。第三、四层是僧寮和阅览室。综合楼侧是一栋三层楼房,建筑面积 700 多平方米,上面两层是客房,生活配套设施齐备。底层是客堂和僧寮。2011 年建成传开老和尚纪念堂、舍利塔及天王殿。

瑞 金 市

高山寺

高山寺位于瑞金市壬田镇桥岭村莲花山腹部,距离瑞金城区 25 千米。据保存下来的明万历二十六年(1599)石碑所刻《重修高山寺殿宇碑记》一文记载,高山寺由"有高山焉,其峰峦罗布,祥云覆岭"而得名。

此寺始建于唐贞观年间(627—649)。明成化十六年(1480)、明嘉靖二十九年(1550)分别进行重修并建造山门。明万历二十六年(1598),寺僧真莲牵头重修,四方募缘,使古寺重现光彩。清朝太平天国运动期间,太平军数次攻占瑞金城,有些将士来到高山寺,毁掉寺庙神像,古寺逐渐衰落。"文革"期间,该寺被毁。现寺内保存有《高山寺临济正宗碑》和《重修高山寺殿宇碑记》等石碑,载有古寺重修情况,惜石碑残缺不全,难以考证当年规模。

改革开放以后,这座千年古寺得以重兴,渐成规模。1982 年,由现任住持释照香法师携众重建。建造之初,因募资有限,由夯土墙、土砖构筑的殿宇难经风雨,先后三建三倒。后在海内外信众的大力支持下,1990 年建成砖混式僧房,2000 年冬建起一座仿古式大雄宝殿;2001 年,聘请技师精工雕塑华严三圣、观世音菩萨三十二应身、

高山寺一角

高山寺碑石

伽蓝、达摩、海岛浮雕、十八罗汉等一百余尊塑像供奉大殿内。2002年大殿佛像开光时,江西省佛教协会副会长证通、瑞印两位大和尚亲临主法。2002年、2004年分别建起了念佛堂、僧房、厨房、客房、斋堂等建筑物。2003年,修通了一条长达6千米的水泥路自206国道壬田段直通寺内。2006年建起山门、天王殿、回廊等,此后又新建钟楼、鼓楼、观音殿等。

整座寺庙坐北朝南,占地面积近6万平方米(含耕地、山林等庙产),建筑面积2万多平方米。殿宇依山就势,布局紧凑,错落有致。主轴线上,依次是天王殿、放生池、回廊、大雄宝殿,两旁则是鼓楼、钟楼和僧房、厨房、客房等配套用房。第一重殿是天王殿,供奉弥勒佛、韦陀菩萨和四大天王;第二重殿是大雄宝殿,与天王殿地势落差6余米,殿内正面供奉佛祖释迦牟尼大佛,基座至顶12米高,左右两旁供奉文殊、普贤菩萨;背面供奉海岛观世音菩萨和十八罗汉、二十四位诸天菩萨,殿内两侧供奉观世音菩萨三十二应身和祖师、伽蓝菩萨。各主要建筑屋顶飞檐采用金黄色琉璃瓦,之间用白色栏杆的回廊连接,使整座寺庙浑然一体。

每年农历四月初八释迦牟尼诞辰和农历二月十九日观世音菩萨诞辰日、农历六月十九日观世音菩萨成道日、农历九月十九日观世音菩萨出家日,便成为朝觐高山古寺的高潮,各地信众纷纷前往进香。

2007年,高山寺被定为江西省级重点寺院,还先后获得赣州市"道风检查先进寺院""'五好'宗教活动场所"等荣誉。

赣　县

契真寺

契真寺古称天丛山，初名"弃假"，后改成"契假"，唐时改"契真"，位于赣县田村圩镇，距赣州市区6千米，始建于汉，迄今一千多年。相传有十八罗汉化作儒生前来住宿，并留下罗汉名经，遂塑十八罗汉像以醒世人。该寺是江西省级重点寺院之一，在全省乃至海内外都有一定影响。

寺中藏有十八卷手抄《佛名经》，也叫《罗汉经》《瑞经》。明朝王孙朱多炡在其《契真寺瑞经记》中说："藏经寺中，不计夏腊凡几许。每田村缁素有祷，则焚香瞻礼。雨则雨，晹则晹。有疾苦者，请迎至宅，可以镇恶，应如影响。一方赖之。"清顺治年间（1644—1661），李元鼎的《募建瑞经阁疏》和康熙年间（1662—1722）黄汝铨的《佛名经应祷记》对契真寺都有详尽的描述，致使契真寺声名远播。《佛名经》据专家推断是"姚秦时物"，距今1600余年。

因寺灾，经书曾被浸于潭水中。为祛经书水渍及污垢，僧民六月晒之，由此形成了当地每年农历六月六日晒经法会的传统。此外，村民为感恩十八罗汉送来灵瑞的《罗汉经》，每年农历的八月举行盛大的"罗汉会"礼佛诵经，八月的罗汉法会与田村传统的八月十五吊花灯活动不期而遇。信众既可以礼佛又能赏花灯。每年法会期间，信众从四方而来，有至诚者三步一跪，五步一拜来契真寺进香礼佛，每天数百上千。唐时禅宗祖师马祖道一在距契真寺不到10公里路的龚公山宝华寺开山布道，受其影响，常有高僧大德住契真寺弘法。住寺和尚大多是禅宗临济宗的法嗣。宋明以后，香火更加旺盛。民国时有寺僧释法云，聪慧颖悟，

契真寺正门

为禅宗泰斗虚云老和尚所器重,悉心栽培。法云和尚得道后往美国建寺传法,成为海内外知名高僧。

清末民初,契真寺占地 10 余亩,有大小殿堂 18 座,佛像数百尊,常住僧尼多时达 70 余人。寺院有田产数亩,一度曾号称为赣州东河出城首富。香火炽盛,可见一斑。

20 世纪 50 年代末开始,契真寺大部殿堂被用作学校、商业等场所,香火曾中断 20 余年。1988 年重新修复开放,先后修整和重建了大雄宝殿、观音殿、地藏殿、天王殿等大小殿堂;重塑了释迦牟尼、观世音、地藏王等菩萨神像;新建了山门、斋堂、僧寮等生活设施。

宝华寺

宝华寺位于赣县东北隅田村镇东山村,海拔 321 米,距赣县县城梅林镇 5.3 千米,距田村圩 12 千米。宝华寺创建于唐天宝年间(742—755),原名西堂宝华禅院,明朝始称宝华寺,为当时的江南名寺。宝华寺中玉石塔,又名大宝光塔,为唐穆宗亲御塔名,礼部尚书权德舆书。塔高 4.5 米,底宽 2.99 米,塔身为红褐玉石雕成,刻有动物图案,1998 年被列入《中国名胜大辞典》。

2006 年,大宝光塔作为唐代古建筑,被国务院列为第六批全国重点文物保护单位。2009 年 10 月 17 日,国内最大的阴沉木质弥勒大佛像安坐于宝华寺内。佛像重 8 吨左右,用海南海底打捞起来的阴沉古木,经江苏雕刻家花费半年多时间精心雕刻而成。山门上写有"宝华古寺"四个字,两旁楹联为"天下名山马祖洪规第一,人间仙境禅宗妙谛无双"。宝华寺的殿堂均为砖木结构,分前、中、上三栋。前栋为天王殿,中栋为大雄宝殿,上栋为地藏殿(原为诺诺殿)、大觉殿、观音殿、西堂禅楼(原为大春楼,僧人坐禅诵经活动的地方)。前、中、上栋间有马巷长廊拾级而上,整个寺院结构严整。

宝华寺正门

宝华山昔为隐士龚亳所栖。龚亳,名蜀,字亳,号继承,曾任虔州刺史,告老还乡后隐居于此。由于他将山、田地都施舍马祖道一师徒建寺,为纪念他的功德,人们便将这座山称之为"龚公山"。后因寺内有"十宝",明代又改为"宝华山"。

马祖道一在宝华寺法席颇盛,明嘉靖十五年(1536)《赣州府志》记载:马祖在此弘法期间,从嗣众多,学者云集,百丈怀海、西堂智藏、南泉普愿、五台邓隐峰、齐安国师、襄州庞蕴及灵照女,纷纷前来参礼,均得心印而去。8世纪中叶,中国禅宗开始传入韩国、日本,对日本、韩国、东南亚一带影响其大。

唐大历八年(773),西堂智藏又跟随马祖于钟陵开元寺(今南昌佑民寺)。贞元四年(788),马祖圆寂后,众请智藏继席开元寺。三年后,即贞元七年(791),智藏又受众请,重回龚公山,居西堂,西堂智藏在住持宝华寺数十年。时有新罗(今韩国)僧道义、慧彻和洪陟先后参学座下。他们学成回国后,分别开法迦智山、实相山和桐里山,成为新罗佛教史上地位极其重要之人。智藏于唐元和十二年(817)四月初八在宝华寺归寂,享年八十岁。

宝华寺在唐武宗时(841—846)遭毁,大中七年(853),香火乃盛。宋末元初遭重创。明崇祯甲申(1644),巡抚林一柱启建梵宇。清康熙三十八年(1699),再次被毁,寺宇倒塌,寺产被卖,唯余玉石塔。道光十二年(1832),将寺产赎回,道光十六年(1836),封职钟崇附倡捐千余金,"迁建于寺西偏,前后三楹,而故址遂废,唯宝光塔独存"。民国十九年(1930),又遭战火,僧众星散。民国二十三年(1934),开始修复重建。抗日战争期间,赣州私立幼幼中学一度迁入寺中上课。中华人民共和国成立后,1962年,田村敬老院迁入,"文革"时期,古寺惨遭破坏,香火再度中断。1977年,赣州地区公路段的下放知青点和知青林场场部、田村农业中学先后驻扎在寺庙内。

1978年,随着党的宗教政策的落实,寺内的教产全部得到归还。1983年10月,江西省文物处拨专款对宝华寺玉石塔进行了维修。1988年6月,赣县人民政府批准宝华寺对社会开放,恢复宗教活动。

2003年12月28日,全国政协常委、中国佛教协会会长、江西省政协副主席、江西省佛教协会会长一诚大和尚在赣州视察时,对赣州市党政主要领导提出了重修佛教圣地——马祖道一禅师弘法道场赣县宝华禅寺的建议,得到市、县主要领导的高度重视与大力支持。2004年10月,中国佛教协会理事、江西省佛教协会副会长、赣州市佛教协会会长、宁都县永宁寺住持证通法师,受一诚会长推荐和赣县人民政府聘请为宝华禅寺住持。同年农历六月初六,79岁高龄的一诚,又冒着盛夏酷暑亲自参加宝华禅寺大雄宝殿奠基庆典。2009年7月,一诚提议重建马祖道一禅师塔,并亲自为福禅寺题写"马祖道一禅师塔"大字。宝华寺占地170多亩,建筑面积达4万平方米,大雄宝殿、天王殿已经建成,殿堂、禅院、楼、台、亭、阁等一应俱全,总造价达8亿元。

天宫寺

天宫寺位于赣县储潭镇白涧村，距赣州市中心城区 8 千米，与江南著名石窟通天岩隔江相望。天宫寺为唐高宗龙朔年间（661—663），由莲宗九师霭益所建，故有"先有天宫寺，后有赣州府，再有通天岩"之说。据记载，当时天宫寺建筑规模庞大，大小佛殿共有 24 所，寺院内还有 9 口池，加上僧房、生活、生产用地，总占地面积数百余亩，常住僧尼 200 余人。耕田用的水牛有 9 头。天宫寺开门纳众，教化一方，兴盛时期僧尼达千余人。德辉、竹禅、石涛、石溪、怀素、贾枕等均先后到天宫寺嗣法。明代开国皇帝朱元璋与军师刘伯温攻打赣州时，来到天宫寺，看到天宫寺山川之灵气，十分欣赏，赞不绝口，认为此地确实是风水宝地，要加以修复，发扬光大。至明嘉靖年间（1522—1566），由住持龙跃法师重修天宫寺，世宗皇帝御赐"天宫寺"牌匾。

天宫寺外观

民国五年（1916），孙中山先生携胡汉民等人，拜访天宫寺住持本宗大师及征果大师，与其促膝长谈于夜观堂。孙中山先生深有感触地说："佛教乃救世之主。佛教上哲学之母，人民不可无宗教思想，益教育辅政之功，政有护权之正以治身，教以治心，相得益彰。"胡汉民先生则书"觉岸登渡出迷津攀佛手，世风其渡扬正道挽人心"。

天宫寺，几经兴废，现仅存两对石门框和柱石墩。门框上对联，一联是"山接储峰，这里祇园佛国；水迎玉涧，此处兜率天宫"；另一联是"座拥慈云，八垢六尘全不染；门开甘露，群黎百姓悉皈依"。还有明代的砖块和明代嘉靖年间龙跃大师的墓碑及一口著名的古井。井里的水冬暖夏凉，水味甘甜，四季水清如镜，不论干旱多久，下雨多久，井面水位始终保持稳定的位置。说起井的灵气，便有始建天宫寺时，龙王爷从井里运送木料上来的传说。更为奇异的是，寺旁有棵摇铃树，生长在一个土石堆上，体积只有 1.2 立方米，占地不足 2.5 平方米，高 1 米左右。据百岁老人讲，他们小时候见到树和现在见到的树，依然是一样，形状没有一点变化。再大的暴风雨吹不倒，再旱也不枯萎。此树以前没有开过花，从 2000 年开始，每年春季都会开花，花香扑鼻。此花还可以泡茶喝，有祛风、散寒、清热之功效。

1997 年冬，现任住持释宏静等人进驻天宫寺。当时寺庙只有几间住房，没有佛殿，用一间住房做佛堂。1998年就地取材搭建了一间简易棚子作佛堂，香火渐旺。2005年，经法师释宏静及弟子开悟、开华广结善缘，再加上十方善男信女的大力支持，积极捐款捐物，筹集资金30多万元，同年7月30日（农历六月二十六），动土开基，重新兴建了一幢长12.5米、宽13米、总占地面积160平方米的三圣殿。三圣殿屋面盖的是青瓦和红色琉璃瓦，屋顶是双龙戏珠，内外墙油漆粉画。殿内宝座上塑造了三尊金佛像（西方三圣），宝座上挂有鲜红金线绣字的纺攒，横幅"佛光普照"，两旁挂一副对联，上联"九品莲花狮吼象鸣登法座"；下联"三尊金像龙吟虎啸出天台"。右边挂有天宫寺历史简介匾。天宫寺三圣殿在2005年举行了落成典礼；2006年，举行了三圣佛开光庆典。

储君庙

储君庙又名广济庙，地处千里赣江第一乡赣县储潭圩的东岸，距赣州市中心城区10千米。始建于晋咸和二年（327），距今有1700多年，有着"千里赣江第一庙"的美誉。1993年，被列为县级重点文物保护单位。

汉《通志·氏族略·储志》记载：赣州府城北二十里储山下为储潭，有储君庙。然不知储君为何人，或是储老之神为赣人，故以姓谥其山川也。《隋书·地理志》载："赣有储山，晋刺史朱玮置储君庙于此。"同治《赣州府志》载，晋咸和二年州守朱玮提兵讨伐苏峻，兵扎储潭，夜梦神人告曰：我为储君，奉帝命司此土，府君能立庙祀我，当有以报。玮如其请，乃行，果克敌而返，遂立庙。唐大历三年（768），州府裴胥祈雨，感应有颂，立《裴胥广济庙祈雨感应颂碑》。宋熙宁三年（1070），按察使徐亿檄途经储潭，见庙宇破损，与知军周延俊商议，营修旧基。信丰县令黄庆基为重修广济庙立碑题记，碑文中写道："按察公一言，而庙成于逾月之间耳"，"财出于公，民于服役"。元至元三十一年（1294），州守常口重修。至顺二年（1331），温德盛重新修缮，刘泰为重修立碑题记。明洪武十五年（1382），兴国儒士吕理募捐重修。清康熙二十一年（1682），诸生李复玄倡修，知县刘瀚芳为重修立碑题记。嘉庆二十二年（1817），毁于火，唯正殿岿然独存，巡道张容督绅士黄士章修复其旧。道光二十六年（1846），赣镇德坤、巡道李本仁倡捐重修。

储君庙外景

"文革"时期，储君庙神坛庙宇遭到损坏，神像被毁，各种神具、道具荡然无存。1968年，扩社并队，储潭公社并到五云分社，储君庙成为办公场所。储君庙前面左边的厢房做公社办公室，右边是供销社及仓库，后栋右边是粮管所，正殿是粮油仓库。1973年，储潭与五云分设以后，储潭粮管所搬走，但正殿仍然做储潭公社会场及放电影的场所。

党的十一届三中全会以后，在江西省道教协会副会长、原赣州市政协委员玉虚观道长方业儒的支持下，信民陈昌霖等发动社会各界人士，于1993年将储君庙修复一新，并塑神像33尊。同年农历五月十三日，举行神像登位及诸神开光。

由于国家重点工程万安电站建成封水后，赣江水位升高和梅湖公路地势变高，而储君庙处于极为低洼的位置，每逢大雨庙内泄洪不畅，整个宫殿被洪水浸泡。

为弘扬道教文化，及时抢救和保护文物，信民徐长渭于2004年3月，起草了储君庙升高重建的实施方案，上报县、市宗教、文化部门。方案获得批准后，立即组建了储君庙升高重建工程指挥部，具体负责储君庙升高重建的具体事务。2006年5月拆旧还新，耗资100余万元，2007年12月竣工，新塑神像39尊。

大 余 县

丫山灵岩寺

丫山灵岩寺位于大余县黄龙镇的丫山腹地。南唐时期，普举、慧杲等僧侣先后到丫山结庐，广为募化，始建寺院，名丫山寺。南唐保大年间（943—955），姑苏（今江苏省苏州）僧人绍宗圆智宗师（青原山南派禅宗行思第七世禅师）到丫山驻锡弘法。北宋治平年间（1064—1067），僧德贤（江西省上犹人）到山"习禅定，或坐床，或栖几树"，人称"栖真尊者"。元丰五年（1082）九月，德贤自画其像容于壁，并传偈语："片云出洞本无心，流水下山非有恋"后即端坐圆寂，其徒收骨建塔葬之。之后，有包括禅宗云门宗宗盛禅师在内的云门、临济、曹洞诸宗的高僧来山参禅修行，寺院佛法更加兴旺。

宋南安知军黄铎在任期间，更山名为双秀峰，丫山寺则更名为灵岩寺。明天顺年间（1457—1464），本县樟斗人氏钟明、钟时等"斩芜为田，辟菜为圃，导泉为井，结屋数间，绘像于中，择缁流"，重建寺院。弘治、嘉靖时期，又有洪惠、普暄、明达等僧"或化于其里之士民,或募于同流之释氏",相继增扩寺院,充实寺产,盈实之时创"租田一百一十余担,又买竹木青山四所",能"供奉有木,饭僧有田,此唱彼和,缁流之缘",寺院达到一定规模。

丫山灵岩寺雪景

清咸丰八年(1858),灵岩寺遭兵燹,殿宇化为焦土。光绪六年(1880),普云禅师云游到丫山,请来广州光孝寺福性、融光两禅师协助重建事宜,还得到马荣柏、戴如凤等信众的捐助,先行建成观音、祖师各堂及各厅僧寮库等。之后,又有普会禅师抵山住持灵岩寺,四方募化,承继寺院重建宏业,矢志不渝十年之久,终在光绪十六年(1890)建成。有山门、正殿、观音堂、伽蓝宝殿、祖师堂、云水客堂、韦陀亭及左右花园旁舍等建筑,依山势三进式排列,气势宏伟,据传有房舍99间,成为晚清及民国时期赣南颇具规模的十方丛林,僧徒日众。民国十八年(1929),寺院举行传戒大典,四方僧侣云集受戒,斋堂每顿开斋饭30席。

民国二十八至三十四年(1939—1945),蒋经国任江西省第四行政区(赣州)督察专员期间,多次到丫山寻幽探胜,在寺院举办过"赣南干部讲习班",参训人员达百余人。

1949年8月16日,本慧法师住持灵岩寺,时有僧侣20余人。"文革"时期,遭严重破坏,佛像被砸毁,僧侣被驱散,住持本慧被安置到农村劳动,只有殿宇因被丫山林场作场房使用才得以保存。1987年

丫山灵岩寺大雄宝殿

8月，为落实宗教政策，县政府批准开放灵岩寺。继定、继清、继茂等来灵岩寺，继定任住持。1989年继忠来山后成立寺院修复筹备小组，礼请广州广孝寺本智禅师任组长，一面恢复佛教事务，一面整修寺院。1987—1993年，省、县先后拨款5.3万元，省内外高僧及十方信众累计捐助70余万元，在残存殿宇基础上，依照清光绪十六年（1890）重建时的寺院格局，采用仿明代建筑风格，陆续修复了大雄宝殿、接引殿、伽蓝殿、祖师殿、天王殿等佛殿，修复建筑总面积达4531平方米，并重塑了各殿佛像。1998年，传昌法师驻锡灵岩寺后，对寺院进行了重新规划，在保持原建筑风貌的基础上，改建了在寺院中轴线上的天王殿、大雄宝殿等四大殿及与三圣殿并列的其他殿堂，大雄宝殿加升一层。2007年后，政府无偿划拨林地284亩归寺院。现在的寺院坐北朝南，依山势呈台阶式布局，由山门、山门殿、天王殿、大雄宝殿、钟楼、鼓楼、客堂、延生堂、功德堂、伽蓝殿、祖师殿、观音殿、三圣殿、地藏殿、方丈室、僧舍等仿明代建筑组成，建筑总面积1.2万平方米。

宁　都　县

永宁寺

永宁寺位于宁都县城南郊1千米处的水口塔南侧，东临梅江，西傍王屋山，北靠水口塔，南朝龟山，始建于明万历二十年（1592），初名永凝寺，清代改名为塔下寺。由黄石乡璜村郭唐贤捐田80亩护持。清康熙五年（1666），蔡诚宇重修。"文革"期间，寺庙被损毁。20世纪80年代重修后，改名永宁寺。

相传寺旁梅江河有一个旋涡翻滚的深潭，潭内潜藏一条孽龙。每到春夏季节，孽龙常常兴风作浪，引发洪灾，淹没两岸田园村庄。宁都北部乡的民众自发捐钱捐物，建寺庙、镇妖龙，以保佑一方平安。

1988年起，投资1.2亿元，对寺庙重新修缮扩建。20多年来，陆续新建山门、牌坊、大雄宝殿、祖师殿、地藏殿、藏经楼、钟鼓楼、观音堂、法堂、讲堂、功德堂、斋堂、客房、放生池等建筑，占地面积约3万平方米，建筑面积达9万平方米。寺内设有图书馆、展览室、宣传文化长廊等。并藏有《佛祖道影》《大藏经》，常住僧人百余人。整个庙宇布局依山傍塔，塔寺相衬，巍峨参差。

永宁寺全景

1998 年，赣州市（地区）佛教协会筹备小组在这里成立。2007 年末，永宁寺被评为江西省级重点寺院。2010 年，永宁寺获得"首届全国和谐寺观教堂先进集体"称号。

海莲寺

海莲寺原名海莲庵，位于宁都县城繁华路段的环西路长庚门右侧。据黄陂下坝村《廖氏族谱》载，海莲寺始建于元元贞二年（1296），由黄陂廖俞桢、廖俞松兄弟等人倡议兴建，是为黄陂籍廖姓学子赴县考而建的固定住所。清道光二十九年（1849），廖姓族氏后人在原住所的基础上，改建成庵堂。

民国二十六年（1937），海莲庵改名为海莲寺，时任民国中央考试院院长戴传贤（戴季陶）题写寺名门匾"海莲寺"，现仍珍藏在寺内。此后，该寺曾是宁都、广昌、石城、于都、瑞金、会昌、兴国等周边县市佛教协会驻地和佛教僧尼信众活动中心。"文革"期间，庙堂遭受严重损毁。

20 世纪 80 年代初，党的宗教政策得到落实。印慈和尚出任住持，他倾囊捐出自己的一生积蓄，重新整修海莲寺佛堂经室。1992 年以来，释常妙担任住持，她勤俭办寺，不辞辛苦，到处奔波寻求赞助，先后筹集资金1000 余万元，聘请中国古典园林建筑

海莲寺一角

海莲寺外景

公司，对寺庙做全面规划设计，大规模重修改建。修建大雄宝殿、千佛寺、钟鼓楼、经堂、斋室和山门等建筑，面积达2000多平方米，古寺面貌焕然一新。同时，从泰国请回玉佛6尊，从浙江请回铜佛像1106尊，从福建请回光明灯一对。海莲寺重现了当年的风采。

2003年12月，中国佛教协会会长一诚大师为该寺题写对联："到这里不许你七颠八倒，过此门莫管他五眼六通"。2006年6月被列为江西省级重点宗教寺庙和中国佛教百大名寺之一。

兴 国 县

大圣寺

大圣寺位于兴国县城滨江东大道东侧，寺正面为潋水，南距319国道兴国将军桥1千米、模范大桥120米，北离红军桥200米，距兴国火车站4千米。

大圣寺原名大乘寺，旧址在县城东门直廊（县衙门）后，建于唐武德二年（619）。初名万年寺，元至正八年（1348），敕赐"大乘寺"。原建有飞来殿石佛、铜钟，旁为东林、西竺二禅房。明中叶，以其址建学宫，后复寺。清乾隆三年（1738），知县徐大坤迁城隍庙于大乘寺，西竺仍存庙右，东林移于庙左。嘉庆十三年（1808）重修，分为内外二寺。民国二十五年（1936），成立的兴国县佛教理事会、监事会，会址设大乘寺。中华人民共和国成立后，该寺于20世纪50年代被拆。

随着国家宗教政策的落实，经政府宗教部门批准并邀请广东省韶关市南华寺堂主持传昌大和尚驻锡重新修建该寺。

2001 年 5 月开始策划重修大乘寺,同年改名为大圣寺。2002 年 1 月 8 日大雄宝殿奠基,到 2006 年 10 月主要殿堂及寮房全部竣工,总建筑面积 15244 平方米,总投资 6000 余万元,全寺占地面积 115 亩。

大门口矗立着一座四柱三门七楼山门,高 11 米,长 20 米,是仿清古建筑,四柱底座镶有福建惠安花岗岩八宝图,柱身是圆形镶贴着红色花岗岩。

寺内建筑秉承唐代寺院风格,呈两个"回"字形,四面走廊,布局合理,规范有序。天王殿、大雄宝殿、藏经楼三重殿建在同一中轴线上。南北两侧建有寮房

大圣寺外景

和其他殿堂,两侧走廊各 148.8 米。南侧设有钟楼、客堂、伽蓝殿、延生堂、地藏殿、文殊殿,北侧设有鼓楼、念佛堂、祖师殿、功德堂、观音殿、普贤殿。100 余间寮房内设有卫生间。斋堂、厨房、浴室等设施齐全。

寺内第一重殿是天王殿,建筑面积 275 平方米,殿前竖立着四根 4 米长的悬雕青石龙柱,柱前有一对石麒麟。殿内中央迎面的是笑颜常开、袒胸露腹、穿着和尚衣服的铜质金色塑像,这就是大肚"弥勒佛"。殿内两边分坐着"四大天王"。弥勒佛后面站着一位武将是韦陀菩萨,手里拿的宝杵是镇压魔军用的武器。

走出天王殿后门是大雄宝殿,建筑面积 670 平方米。门前站立着两只缅甸玉石象。殿内正中供奉着三尊高 4.5 米、重 2.5 吨的铜铸贴金佛像,即释迦牟尼佛、消灾延寿药师佛、阿弥陀佛,站着的两尊是释迦牟尼佛的两位大弟子阿难尊者、迦叶尊者。三尊佛像背后塑有海岛观音独占鳌头,两侧侍立着善财、龙女。四面墙上和后屏墙上塑的是 500 罗汉,每尊高 90 厘米不等,罗汉群规模宏大,造型生动。

大圣寺一角

大殿后面是藏经楼,高 15.39 米,第一层是卧佛殿,建筑面积 560 平方米,殿中供奉的释迦牟尼佛,缅甸玉雕制而成,长 6.8 米,重 19.8 吨。第二层是藏经阁,建筑面积 374 平方米,珍藏着 9 部大藏经。

大圣寺已建成为一座生态式园林,是融学佛修行、弘法利生为一体的佛教寺院。

2007年7月大圣寺成立了大圣寺中兴慈善功德会,积极开展助贫济困、敬老慰老、助残救孤等慈善活动。几年来为贫困山区的校园建设和开通公路捐资331760元;为202名贫困学生捐助136760元;走访慰问贫困户29户,救助人民币12000元;为四川汶川县、青海玉树县、四川雅安地区的受地震灾民捐助94100元。

石 城 县

宝福寺

宝福寺塔

宝福寺古称宝福院,位于石城县琴江镇梅福村与仙源村交界处,清道光四年(1824)《石城县志》载,宝福院宋大中祥符年间(1008—1016)建,崇宁年间(1102—1106)于寺后增建宝福塔,大观四年(1110),僧应可修。元至正二十年(1360)毁。明洪武三年(1370),僧明海重建。清顺治十二年(1655),知县郭尧京重修,乾隆六年(1741)知县马尹奇与典史柴文元、邑绅熊承统等倡率捐助,复行建造。民国初年于寺左侧增建玉皇坛。至此,成为佛寺、佛塔、神坛三位一体的建筑群。

民国二十年(1931)冬,县政府以修葺县城墙为名,拆毁院中佛寺。数年后由比丘尼释证芳倡导,十方信众募资重建,县长谢祖安为之作序。民国二十九年(1940),迎请印慈法师住持该寺,仍重新扩建殿宇,重塑诸佛菩萨宝像。未久又自上海迎取《大藏经》一部。民国三十二年(1943),请兴国县翰林谢远涵为其题书"大雄宝殿"匾额。

20世纪50年代,政府征用宝福寺,没收玉皇坛作为粮库,继后设东南乡政府、东风人民公社于此。此时,佛像尚存。"文革"时期,佛像被毁。1966年东风公社撤销后,观下公社于此建泥木厂,未久改建木螺钉厂。1984年县佛教协会始收回宝福寺产权，1985年设简易佛坛。县佛教协会多次向上级申报要求重建宝福寺，1992年得县统战部允许。1993年11月18日在大殿旧址举行奠基仪式。同时购买玉皇坛房产让僧人居住，设佛坛、做佛事，委托原迥澜寺常住僧释宽远负责管理。1994年4月动工建设大雄宝殿，占地347.79平方米。历时一年，于1995年2月16日举行上梁法会，由云居山达空老法师主法。

宝福寺正门

翌年9月落成，特请中国佛教协会会长赵朴初题写了"大雄宝殿"匾额。1996年续购木螺钉厂全部房屋，又向梅福村前进组购买余坪，改建观音殿、玉佛殿、地藏殿、西归堂、斋堂。塑观音、善财、龙女法像，并于大殿泥塑三宝佛像、阿难、迦叶、文殊、普贤、十八罗汉、海岛诸圣像、地藏菩萨像。1997年农历十月二十八日举行开光法会，由释照品、释常悲、释宽远主法，来自广州、潮汕、普宁、上海、赣州和邻县及当地信众2000余人参加法会。

1999年，本通法师赠来一尊白玉如来佛像，特设玉佛殿，殿门墨书一联语："白玉现如来，慈云遍覆三千界；青山围古刹，法雨宏施亿万春。"至2000年，计有常住人员8人，其中比丘、比丘尼共6人，沙弥尼2人，住持僧释宽远，法宗临济。全寺占地3000多平方米，有殿堂4座，西归堂1间，办公、接待、会议及生活用房20余间，生活设施一应俱全。

2007年，县委、县政府把宝福园暨宝福寺扩建工程纳入县城建设规划，并列为县重点工程，特请上海同济大学古建筑专家精心设计，欲建成丛林式佛教圣地和县城的休闲观光景点。8月请释印真法师回县担任宝福寺住持，领众僧建设新的宝福园。9月，宝福寺列为江西省级重点寺院。

2008年1月21日，在宝福寺广场举行石城县宝福园工程建设奠基仪式，宝福园建设工程正式启动。宝福园工程包括新建大雄宝殿、法堂、天王殿、万佛阁、念佛堂、斋堂、祖师殿、伽蓝殿、消灾堂、往生堂、钟鼓楼、佛教大楼、居士林办公室、素食大楼、东西厢房、休闲文化广场等设施。其中2009年12月佛教大楼落成，建成后占地面积660多平方米，建筑面积3350多平方米。宝福园其他工程今仍在筹建中。

普照禅寺

普照禅寺位于石城县城西北10千米的如日山，是石城县规模最大的禅林，为省级重点开放寺院。河南嵩山少林寺住持释永信曾在此受戒。寺名"如日山普照禅寺"和"大雄宝殿"匾额由全国政协原副主席、中国佛教协会会长赵朴初题写。

普照禅寺全景

如日山古名高寨,其山顶原名高灵峰。古有佛寺,名高灵峰庵。清乾隆十年《石城县志》载:高灵峰庵,城西二十余里高寨,明万历年间僧性期开创,康熙十七年(1678)僧寂俦重建,雍正九年(1731)僧照苏募新。明清时期,该处曾出过惠显、了凡、德勤三位佛门宗师,正静、慈惠、法登、修诚等名僧先后在此担任住持。

中华人民共和国成立后,寺中仍有常住数人,躬耕自给。"文革"时期,僧尼被逐下山,佛寺被毁。1979年7月,石城名僧仁善法师率徒来此,结茅而居,设坛弘法,同时四处奔走,广集资金,重建佛刹,影响日益扩大,全国每年到此观光、进香者不下10万人次。香客游人有来自香港、澳门、台湾地区的,还有来自日本及新加坡等国家的,甚至远及美国、加拿大等。

1981年7月15日至11月17日在仁善法师主持下,举行较具规模的三坛大戒法会,闻讯前来参加者数百人。1984年农历九月十二至二十九日,再次举行三坛大戒法会,全国有3个直辖市、17省、80余县(市)的名山长老、四众弟子1000余人参加,受戒弟子921人。此为中华人民共和国成立后石城佛教界举办的最具规模、最有影响的受戒法会。1988年5月10日,江西省佛教协会第一届三次常务理事扩大会议在此召开。12月15日,江西省宗教事务处在此召开全省寺庙生产自养会议。同年冬,举办复寺七周年纪念暨大雄宝殿佛像开光大典,有杭州、广州、香港及赣闽各名山长老、四众弟子,石城、宁都等有关人员1000余人前来参加。中国香港悲原法师、美国洛杉矶了知法师等外地名僧亦题赠、捐款表示庆贺与支持。

2005年起,在香港妙慧法师等热心筹资捐助下,对寺院环境和主要殿舍及设施进行大规模的整理、改建和翻新。是年6月,对大雄宝殿进行装修翻新,改土木结构为钢混结构,改建面积400平方米左右,总投资50万元。2006年,由香港林荣森、马美琴合家助捐8万余元,新建南山门。2007年,由香港妙慧法师发起,募得资金10余万元,对大殿原有释迦牟尼佛、药师佛、阿弥陀佛、观音菩萨、文殊菩萨、普贤菩萨、十八罗汉等佛像重新镀金。同年10月19日,大雄宝殿举行开光仪式。2008年冬,由妙慧法师暨香港众姓弟子捐赠80余万元,重修毗庐殿,改土木结构为钢混结构,所有佛像全部镀金,于毗庐殿前又新建两座凉亭,作游客休憩之用。2009年投资16万余元,新建北山门。同年10月21日,举行毗庐大佛、卧佛开光仪式。园乔法师、妙慧法师与该寺的明贤法师共同主持仪式,香港各界信众50余人组团抵寺参加,本地佛门弟子、信众亦有200余人参加。

普照禅寺院内

2013年,寺院占地34600平方米,建筑面积4600平方米,寺中有砖木结构殿式法堂9座,宿舍、接待等用房64间,厨房、膳厅各2间,功德堂一幢4间,普同塔1座,四大天王、十八罗汉、观音、地藏、文殊、普贤、弥勒、韦陀、伽蓝等各种木雕佛像数十尊。

玉盂寺

玉盂禅林史称玉盂寺,位于石城县城东南7.5千米通天寨上西侧小山窝内,因其地形如盂而得名。坐东南朝西北,为通天寨主庵,史载为明万历十年(1582)僧德存肇建。清乾隆十年《石城县志》载:"玉宇庵,城东十里,通天岩右。明万历十年壬子,僧德存开创。四围山脚颇广,皆官地。知县江统之批庵僧种植。国朝顺治己丑,寇毁。康熙癸亥,僧普聂同孙徒广登接理。至智识,积创田业,加扩寮舍。"这里所述的玉宇庵就是玉盂寺。寺院四周山地颇广,盛产茶叶,其中马栏茶品质极优,曾进贡朝廷。民国年间,僧印品来该寺担任住持后。时通天寨有大小石窟数十个,每窟均有僧尼住持。

玉盂寺远景

玉盂寺鸟瞰图

寺院自肇建至今,几经修葺。"文革"时期,佛像被毁,寺宇被山下生产大队占用,改作茶场,僧尼被迫下山。1978年各方信士集资修缮,重塑佛像。山下居士黄九成、尹九韶、温正良、范正荣等承包部分茶山制茶,借以护寺。1984年6月,江西省人民政府公布为全省十四所重点开放寺院之一。不久,省宗教事务局下拨经费在左侧增建念佛堂为寺产。至1997年,已复建有砖木结构民居式古建殿堂1座,新建念佛堂1座,天王殿1座,土木结构僧舍及起居、接待等用房8间,厨房、膳厅各1间,制茶工房1间,生活设施齐备。大殿上座有木质三宝大佛及观音、地藏、韦陀、伽蓝等塑像。寺内有蔬菜地约2亩,另有茶山约17亩,周边竹林少许,僧尼在礼佛之余种田制茶自给。

2010年县政府组织进行通天寨旅游开发,举办石城首届旅游文化节,拨款修缮了寺院左侧通天岩下的念佛堂和平房,作为常住人员住所,对原玉盂寺进行了整体拆除,进行重新规划建设。

寺院附近有许多著名的风景点,如通天岩、船舷崖、猴爬石、双龟石、仙人脚迹、仙人犁田等。此外通天寨还布有净土岩等岩寺,依岩就势,各具特色,与玉盂寺互为呼应。独特的地理位置,造就了玉盂寺宗教文化和山寨文化、岩洞文化相互交融的特点,历代文人雅士在此留下了大量咏寨、咏岩、咏峰、咏寺等诗词。

吉安市

吉州区

因果寺

　　因果寺又称因果院,位于吉安市吉州区兴桥镇丁塘村南的长乐山上,始建时间无考,清同治十二年刊本《庐陵县志》载:五代吴杨年间僧元感自浙江来此建庙。寺中现存的元至元六年(1340)南安路总管府推官刘时懋所作《庐陵横溪因果院记》碑文记载:因果寺建于后唐时期,来自浙江的元感禅师云游至此,见长乐山风景优美,便留在此处建庙修行。到了元皇庆年间,寺庙已初具规模,有大雄宝殿、观音殿、禅堂、讲经阁、乐群书院等主殿及挹秀、乐山两亭以及古塔、牌坊等附属建筑。规模宏大,殿宇互通,外有院墙相围,寺外阡陌纵横,林茂荫浓,寺内供奉有30余尊金身佛像,寺前的柱子上有一副名联:"长乐山山中长乐,因果寺寺里因果"。寺内的乐群书院闻名遐迩,造就了不少文学人士。欧阳修曾往该书院讲学,并为该寺挥毫题写"一枝栖"金匾;文天祥在山门前手植一棵垂柏;清代理学家贺世封就读该书院,一举考中进士,在康熙十年(1671)归省时,看望了当时的住持洞微方丈,并立碑颂念,所立碑至今保存于大雄宝殿中。

因果寺外观

因果古刹几经沧桑，多次损毁，历代都有修复。明洪武十七年(1384)，僧人永宁重建。清代理学家贺世封所撰《长乐洞微鼎建碑记》《长乐山因果院碑记》载：清顺治四年（1647）在因果寺住持洞微的努力下，开始大规模地重修，顺治五年（1648）完成寺内大士和诸天神像的彩绘描金，顺治十一年（1654）大雄宝殿建成，顺治十三年（1656）整个寺庙的修建全部完工。清道光五年（1825），进行重修，并置40多亩良田，雇工耕种以供寺内僧尼生活所需。1939年又曾修葺一新，《长乐山因果寺中兴碑记》载：1930年因果寺毁于兵匪，1933年在寺中避难的乡人王道生，自幼诚心向佛，看见寺庙菩萨被损毁，庙宇坍塌荒芜，便发善心邀集本寺施主八贤堂中父老乡绅一起来做善事，1938年，整个寺院及佛像全部修葺一新。1939年在因果寺住持、皈依弟子上稽下尘王道生带领下举办水陆法会，普度众生，祈祷世界和平，追悼阵亡将士。"文革"时期，拆除了讲经阁、乐群书院等建筑，仅存大雄宝殿、观音堂和禅室，寺内佛像遭到严重损坏。1983年，因果寺被列为吉安市（县级）文物保护单位。2002年被列为吉安市文物保护单位。2003年经吉安市宗教部门批准，当地信众自发组成修缮委员会，礼请释坚律法师担任住持，重修古刹。2005年在有关方面的支持和帮助下，将屋面倒塌的大雄宝殿修葺一新。2006年乡村公路直通到寺，2007年重建斋堂和厨房，2011年重建观音殿、藏经阁等主建筑。2012年，因果寺建筑总面积达2000平方米。

青 原 区

青原山净居寺

青原山净居寺位于吉安市青原区的青原山中，净居寺始建于唐神龙元年（705），初名安隐寺，至宋徽宗时，赐名"净居寺"，并沿用至今。

唐开元二年(714)，行思禅师得法于禅宗六祖慧能大师，后来到青原山安隐寺驻锡，开堂说法，招纳徒众，四方禅僧，纷纷来此，青原山遂成为著名的南派禅宗道场，声名远播，史有"青原行思"之称。唐开元二十八年（740），行思圆寂青原，第二年，唐玄宗敕建"七祖塔"，归停七祖真身于寺。唐末，僖宗又谥其号为"弘济"，并亲题"弘济禅师归真之塔"。后称行思为禅宗七祖。行思禅师在净居寺弘扬禅宗顿悟之说，使之宗风大盛，石头希迁，菏泽神会等当时的高僧纷纷诣青原参悟。青原山由此成为南方禅宗中心，开青原一系，为曹洞、法眼、云门之祖。

净居寺全景

元大历年间（766—779），李彤任吉州刺史，为安隐寺兴建了曼珠阁、雷泉亭、洗耳亭。贞元八年（792），姜公辅任吉州刺史，为安隐寺增建龙穴亭。元和年间（806—820），张劢、谢良弼、韦悦、韩衢相继任吉州刺史，先后为青原山安隐寺兴建了临涧阁、印水矶、茆亭、徘徊亭、百花亭等。

北宋景德二年（1005），太守孙航奏请更名，改赐"真寂"。治平三年（1066），赐额"安隐寺"，崇宁三年（1104）腊月，徽宗赐名"净居寺"，寺名沿用至今。宋代，青原山净居寺涌现了一批知名禅师，有惟信禅师、齐禅师、如禅师、立禅师等。北宋元丰四至六年（1081—1083），黄庭坚任泰和县令时，曾陪友人周元翁等人游青原山，写下《游青原次韵周元翁长韵》诗，并载入《北宋纪事》，还写下了多首诗篇。治平年间（1064—1067），蒋之奇游历青原山，作《青原寺碑》。蒋之奇是嘉祐进士，曾任翰林学士兼侍读。

胡铨、周必大、杨万里三人都拜谒过净居寺。胡铨、周必大在青原山筑屋建宅。杨万里分别写了《贺澹庵胡侍郎新居落成》《贺周益公三层百尺楼》等诗。

南宋绍兴二年（1132），名相李纲被贬岭南，途经庐陵，专门拜谒了青原祖庭，作《游青原》五言长诗。绍兴五年（1135），李纲重游青原，应住持禅师请，书此诗为赠。

元至正元年（1341），僧人惟坚修建转轮藏殿，碑文由青原山沙门止源楚定撰。

明弘治十四年（1501），净居寺遭焚毁，七祖塔独存。正德五年（1510），王阳明任庐陵知县，在青原山大倡良知之学，与其追随者在青原山大讲阳明心学，将青原山打造成了全国规模最大的讲会，史称"青原讲会"。从明嘉靖年间至万历末年，青原讲会每年春秋二季举行，是王门弟子在江西活动的中心，规模也最大。青原讲会，是佛学和儒学相互学习、相互渗透、相互影响的事例。青原讲会使青原山呈现出佛儒辐辏、荆杏双修的兴盛局面。

正德十五年（1520）10月，王阳明至吉安，游青原山，和黄山谷诗，为净居寺留下了“曹溪宗派”墨宝，落款为“乐山居士王守仁书”。天启四年（1624）修复后的七祖塔易柱为石，其门悬王阳明“曹溪宗派”额。

明正德十年（1515），为祭祀当山佛祖慈应、真寂、弘济禅师，铸青原净居禅寺大钟一口。其上铸有《青原净居禅寺钟铭》。

真元禅师（本寂），明万历四十三年（1615）入住净居寺。其时，青原讲会活动在寺内进行，真元禅师认为“儒佛不可慁（混），祖庭不可荒”，与主持讲会的郭子章、邹元标等名士谋划，将会馆移出寺内，而别建五贤祠及会馆，以寺还僧。至此，阳明心学的讲会活动移出寺庙，建五贤祠及青原会馆，使青原讲会活动进入了一个规范有序的发展时期。

明末崇祯十三年（1640），颛愚观衡禅师应刘晋卿太史之请，从永修云居寺入住青原山净居寺。

清顺治三年（1647），眉庵行秀禅师入住青原，开法七载。顺治十三年（1656）秋，眉庵行秀禅师从净居寺移居吉安县龙须山资国院。清顺治十四至十六年（1657—1659），笑峰大然禅师住持青原山净居寺。一是创修《青原志略》，二是募修净居寺毗卢阁。清康熙三年（1664），药地大智禅师，应庐陵县令于藻以及笑峰大然之子倪坚之请，入住青原法席，与湖西道守施闰章数次举行大规模的曹洞宗弘法讲学，祖庭名声重振。而且建鼎薪堂于净居寺，祀孟子、庄子、屈子，意在将“三子”中和。还建有药树堂、晚对轩。湖西道守施闰章与药地大智禅师交往甚深，倡导再兴青原讲会，并亲任主讲。康熙八年（1669），对传心堂、五贤祠进行整修扩建，并立“祖关”“圣域”二坊，建“见山”“仁树”二藏书楼，以示青原佛儒并列之意。清咸丰元年至同治三年（1851—1864），太平天国石达开部驻守吉安与清军反复搏杀，吉安成为太平天国主战场，遭受战火蹂躏，净居寺被烧毁。清宣统三年（1911），高光禅师住持寺务，陆续修葺了观心堂、斋醮堂、功德堂、七祖塔、药树堂、大雄宝殿和客堂等寺庙建筑，兴建念佛林，实践禅净双修。1930年，高光禅师离寺，居南昌东湖观音阁。1938年，重回净居寺住持，在彭大融等居士襄助下，募化巨金，重建大殿、山门、祖堂、念佛莲社、佛像等。同时，新建三圣殿，新塑西方三圣巨像。1944年，高光禅师在彭大融、刘子益、罗天镜等居士的襄助下，主持编纂了《青原山志》，同年告竣，刊刻付印。

1930年10月4日，中国工农红军红一方面军红一军团攻克吉安城，驻城45天，成立了江西省苏维埃政府等红色革命政权。在青原山净居寺开办了红一方面军红色总医院和红军学校第三分校。

1937年“七七”卢沟桥事变后，日本侵华战争全面展开，日军大肆南侵，华北、江浙一带相继沦陷，大批学生流亡后方。1939秋，陈颖春择地青原山，创办国立十三中学，以军事化管理学校，公费招收学生，收留流亡学子，1940年春正式开学。著名数学家王梓坤、著名诗人公刘、著名核能专家朱骥荣、经济学家王逵九等当时就读于此。

1957年7月1日,经江西省人民委员会批准,净居寺被列为江西省第一批省级文物保护单位。

20世纪50年代时,寺内有天王殿、大雄宝殿、毗卢阁三进,还有地藏殿、念佛堂、药树堂、藏经楼以及左右厢房等。"文革"时期,净居寺遭毁坏,只留下残垣断壁。至20世纪80年代初,青原山一带的居民,主动寻找散失的文物并送回寺里,颜真卿"祖关"书等青原墨宝得以保存。

净居寺天王殿

1982年9月5日,日本第四次驹泽大学佛教史记参观访问团来到吉安,瞻仰了青原山净居寺,虔诚地拜谒了七祖塔。1983年,经国务院批准,青原山净居寺被列为全国对外开放的重点寺庙之一。20世纪90年代初净居寺修复一新,中国佛教协会会长赵朴初先生手书"净居寺"和"大雄宝殿"匾额。

1990年冬,永修云居山真如寺释体光禅师住持青原净居寺祖庭,体光老和尚一生持戒绝俗,兴丛林,立教规,提倡农禅,劝导僧俗,开示讲说,谆谆不倦,受其感召教化者,遍及海内外。1992年释体光禅师重建"七祖行思和尚归真塔"(七祖塔)。2005年1月24日,释体光禅师圆寂,享年81岁。

净居寺先后有妙启法师、海显法师代理住持。2005年10月,妙安法师接任净居寺方丈。妙安法师号清乐,江西省广丰县人,1989年在云居山真如寺出家,同年在广东南华寺受戒,后在真如寺常住。1993年考入中国佛学院,2001年硕士研究生毕业。妙安禅师继承了五宗法脉,为本焕禅师临济宗法脉的第45代、一诚禅师沩仰宗法脉的第11代、传开禅师曹洞宗法脉的第52代、佛源禅师云门法脉的第14代、灵意禅师法眼宗法脉的第11代传人。此时的净居寺有30位常住僧人,往来参禅修行的挂单僧人平均每月有100多位,常年来寺庙做义工的居士有上千人之多。

2008年10月25至27日,青原山净居寺承办了净居寺建寺1300周年的佛事活动。活动期间举行了体光老和尚全身舍利宝塔落成典礼、妙安法师主持毗卢阁落成开光仪式,召开了"中国·青原山净居寺首届禅文化研讨会"。

2010年,净居寺被评为全国和谐寺院。现在的净居寺建筑占地面积12000平方米,建筑面积20000余平方米。2013年11月9日,成功举办了以"行思路、行思禅、行思赞"为主题的纪念青原行思诞辰1340周年暨"三宗禅堂"奠基法会等系列庆典活动。2014年,发起申请组建江西青原弘济慈善基金会。

吉 安 县

资国寺

资国寺位于吉安县梅塘镇龙须山东南麓。唐永泰二年(766),禅师法登(一名一登),在广东韶关曹溪六祖处参禅后,受六祖指派,来到庐陵县(今吉安县)布道弘法,在此建庙修禅。建庙费用由当地财主龙须捐出,于是给这座山取名龙须山。民国九年(1920)刊本《庐陵县志》记载,资国寺在历史上曾多次被废又重建。《江西通志·胜迹略》载:"'永兴寺'在庐陵县安平乡(今梅塘镇)。"法登在此建寺

资国寺外景

庙后,初名为法云禅院,后在山坡上发现唐太宗御赐的"永兴寺"匾,便请唐代宗改赐为"长兴寺",不久,唐代宗赐额"长兴寺",并作为宫廷御用祈雨求福祭坛。德宗时期,寺内建起佛塔。大和二年(828),改名为长兴禅院。北宋大中祥符二年(1009),改称资国寺。

宋祥兴二年(1279),南宋灭亡,爱国词人刘辰翁不愿为元朝官,挂印归隐家乡资国禅寺内,在乡人的支持下在寺的左侧辟"二都书院"(当时梅塘镇的栗塘、裴家等村为二十一、二十二都,故名)。他在这里边讲学边著书,其诗词《须集词》《须溪诗》《须集文集》就是在此完成的。

元末明初由于战争不断,香火不旺。当时寺内住持为人性贪,趁机卷走寺内财产,遂使众僧衣无着落、食不饱腹,众僧纷纷离寺而投奔青原寺。后来,又由青原山重新委派长老,重开业门。明弘治年间(1488—1505),寺中珍藏的佛经遭焚化所存无几。明嘉靖年间(1522—1566),一场大火将资国禅寺化为灰烬。清顺治二年(1645),由青原山净居禅寺派眉安秀禅师负责重建,顺治十六年(1659)又遭大火,顺治十七年(1660)复建。康熙二年(1663)由住持开一大师复建塔院及法堂,但其规模远比唐宋小。光绪十九年(1893),由乡人捐资重修寺门及右侧的地藏殿、左侧的二都书院。1927年,遭火灾,仅剩地藏殿,次年简单重建。民国时期常住僧人20余人,而且修行的和尚不少是国民党的军人。中华人民共和国成立后资国寺仅有圆通法师及一寺工看守,1958年此地曾辟为农业中学。"文革"时期,寺内菩萨全毁。圆通的师圆寂后,寺庙无人管理,大雄宝殿及禅师室全部倒塌,寺东西两侧以前曾有2处塔林,其数量达500座之多,但后来都被拆毁。寺内现还保存了很多文物古迹。其中有唐宋时期缠枝莲花石墩4个,明清时期莲瓣纹青石墩10个,以及清光绪十九年(1893)镌刻的青石"地藏殿""地藏阁"石刻2方。

资国寺大雄宝殿

1998年青原山净居寺方丈体光老和尚率领十余名弟子来到资国寺，为重修资国寺募集善款并亲自组织进行修缮工作；先后募得善款几百万元，修缮了大雄宝殿、山门殿等，2005年元月，体光老和尚圆寂。为完成体光大师生前夙愿，体光大师弟子释妙心法师正式接任资国禅寺的住持，集十方善信之功德善举，全力修缮资国寺。重修的资国寺按唐代传统建筑风格设计，中轴线建筑层叠而上，多个院落顺应地势，有机相连。整个建筑群落坐北向南，建有山门、山神殿、土地殿、天王殿、大雄宝殿、千手观音殿、弥勒殿、禅堂、寮房、居士寮，有铜塑、石雕、木雕、脱胎泥塑大小佛像2500余尊，占地面积54000平方米。牌坊式山门为三重挑檐，高12米，宽21米。四柱三门，翘角盖瓦，高大宏伟。山门前为半圆形放生池，面积1350平方米。进山门左、右两边设山神殿、土地殿。正门一条甬道直通天王殿。"天王殿"牌匾为木质，系宋庐陵名臣胡铨手迹。中门两边镌"龙在山水无滞，须增长法轮转"楹联。联首嵌"龙""须"二字。天王殿为一重挑檐，占地面积361.5平方米，殿内正面为弥勒佛塑像，背面为韦陀塑像；两边为"风、调、雨、顺"四大天王塑像；为脱胎泥塑。天王殿后为场地，场地北侧为一圆池，池内立汉白玉滴水观音雕像。天王殿两边为寮房，占地面积1072平方米。天王殿南为地藏殿；北为大雄宝殿。大雄宝殿高21米，占地面积983.5平方米，二重挑檐结构；殿内释迦牟尼佛塑像为铜质贴金，高4.5米，重20余吨；殿两边为泥塑十八罗汉；殿后为泥塑南海观音像。大雄宝殿南侧为禅房，占地面积893.5平方米。禅房北为千手千眼观音殿，殿内千手观音塑像慈眉善目，壁有佛龛1000余个，内存各施主捐赠的佛像。重建后的资国寺是吉安境内较大的佛教禅寺和重要的佛事活动场所之一，近年与全国各大名山寺院僧人频繁开展佛事交流，日本临济宗寺院僧人也曾来资国寺进行佛事交流。

清都观

清都观位于吉安县永和镇永和村桐木桥自然村的吉州窑遗址公园内，现存主体建筑为清光绪十年（1884）建，坐西朝东，砖木结构，单进，三开间，硬山顶，两侧有天姥宫、南海行宫，均为青砖外墙，总占地面积411.66平方米。据传南唐保大年间，当地有一块巨石，老百姓称为西台，遇有灾祸就到巨石前祈祷。据元至正二十六年（1366），吉安路永丰县丞吴师尹所撰《重修清都观三清殿记》所述："北宋太平兴国二年（977）道士萧德元，结宇修炼其中，请于朝赐号西台观。治平间，改赐清都之号。"清都观原名西台观，北宋治平年间（1064—1067），朝廷改赐名为"清都观"。元丰五年（1082），诗人黄庭坚被朝廷委为泰和县令，乘船沿赣江而上赴任，路过永和镇，下榻清都观逍遥堂，题诗一首，诗名为"豫章山谷黄庭坚题逍遥堂诗"，诗曰："犇车争利鱼千里，满世成功黍一炊。蔬食菜羹吾亦饱，逍遥堂下木辞枝。"诗人苏东坡两次遭贬黜，几度途经永和镇时都住在清都观，观中道士谢子和与东坡同庚，两人相谈甚欢。北宋建中靖国元年（1101），苏东坡为清都观题诗："镜潮敕赐老江东，未似西归玉局翁。羁枕未容春梦断，清都宛在默存中。每逢佳境携儿去，笑向行年与我同。自叹余生消底物，半篙清涨百滩空。"

清都观外观

又写一词称赞谢道士，词名为"眉山苏轼敬赞清都观谢道士真"，词曰："谢道士，生丙子，真一存，长不死。欲识清都面目，一江春水东流；滔滔直入江海，大至蓬莱顶头。"并挥毫写下"清都台"三个大字。不久，清都观道士在当地士绅富人支持下，将苏、黄二人的诗、词和"清都台"三个大字勒石刻碑树立于观中。南宋末年状元、丞相文天祥和苏东坡诗韵也题诗一首："江西诗祖早相逢，晚见儋州放此翁。烟雨冥鸿万里外，风霜遗像一堂中。归来铁汉论心好，惜不玉人携手同。江水悠悠川溯恨，斜阳燕子倚秋空。"南宋景炎二年（1277），清都观道士刘如鼎（号凝然），于观后建玉局堂，堂名就取苏东坡清都观题诗中"未似西归玉局翁"中的"玉局"二字。

清都观及其附属建筑屡毁屡建，明朝以后曾重修三次，分别为明洪武二十五年（1392）、清乾隆十七年（1752）和清光绪十年（1884）。1982年吉安县文物管理部门进行了维修。2007年，被列为省级文物保护单位。2011年，清都观列入吉州窑遗址公园重点项目之一，得到了全面修缮，并对外开放。

吉 水 县

大东山云隐寺

大东山云隐寺位于吉水县城文峰镇东面海拔860米的大东山上，因大东山林木茂密，云雾缠绕，故名云隐寺，距县城中心约12千米。据史料记载，云隐禅寺始建于梁大通三年（529），僧慧光大师（487—556）在此开山说法。大师在云隐禅寺任

云隐寺一角

住持时一边建寺院，一边潜心经著。慧光大师曾根据律家的口传，作《四分律疏》一百二十纸，并删订《羯磨戒本》，广为法侣传诵。慧光大师后往福建福鼎太姥山及各地弘化一方，所到之处，于专弘扬戒律为主，修行依戒律为准绳，后成为律宗派系的东塔宗的创始人。云隐寺因此成为较有影响的律宗道场。

唐朝僧人鉴真和尚，第五次东渡日本失败，由广州返回扬州，途中带随行弟子由青原山辗转来到云隐寺，也在寺内传经讲法一段时间。唐建中初年，天竺国有一位名叫般若的高僧，自海路来到广州，后于786年入住长安。般若大师从广州一路传法，途中折道来到吉水大东山云隐寺。1997年版的《吉安市志》载：般若大师住持云隐寺时，将《金刚经》《楞伽经》等佛文，尤其是将《信心铭》中的"空为道本，无心合道"等佛学思想，深入浅出地予以诠释，悉心教导信徒，使他们受益匪浅。

两宋时期，云隐寺香火旺盛。宋徽宗曾将其敕封为"般若古寺"。元至正十二年（1352），般若寺因元末农民战争的蔓延，被战火所毁。明初，云隐寺再次重建，寺名又改为般若庵。嘉靖年间（1522—1566），状元罗洪先（1504—1567）曾读书其中，作《般若庵记》，罗洪先曾两次到般若庵游览。明代煦杲禅师居此二载，僧众多达千人。

清初，兵部右侍郎李元鼎回家乡时，曾到般若庵游览，

云隐寺正门

并留在庵内用膳,题写了《饭般若禅林》一诗。

云隐寺几经沧桑,2007年7月29日大雄宝殿奠基,开始恢复重建云隐禅寺,目前,先后完成了大雄宝殿、天王殿、藏经楼主体工程、山门、放生池以及殿堂内五百罗汉佛像等工程的建设。总建筑占地面积100亩左右,总投资5000多万元。

新 干 县

东山寺

东山寺外景

东山寺原址位于县城东郊的东山西边,面对赣江,原名华光禅院,为东晋大兴元年（318）御赐钦准,由东晋平南大将军陶侃为其母湛氏夫人安度晚年虔诚信佛而主修的江南名寺。寺院盛于唐宋时期,唐代更名为永寿禅院。住持寺院的名师先后有普吉禅师、大慧杲禅师和应真禅师等。宋开宝二年（969）,以医术闻名京师的空寂大师来到新淦,凭着良药方剂,为新淦百姓治愈了很多疑难杂症,

东山寺大雄宝殿

得到数万元的赏钱,用来扩建永寿禅院,并改名为东山寺。宋代刘次庄在寺内兴建
"待月楼",堂前凿池为"戏鱼池",刘自号戏鱼翁,并有戏鱼堂法帖。明洪武年间
(1368—1398),非空上人为住持,谨守戒律,善诗、工书法,与右春坊大学士解缙是
朋友。明代名臣吏部左侍郎练子宁居士,幼年时在此读书,曾作《待月歌》。清康熙
四十八年(1709),九达禅师(湖北荆州人),云游到东山寺,邀请当地乡绅和佛教
信徒一起,重修东山寺,由获康熙皇帝赐"天下清官第一"的王言撰写重修碑记。
民国时期有妙凉法师在此任住持,领众静心修行,中华人民共和国成立后当选为县人
大代表。寺院几经兴毁,"文革"时期寺院被毁。党的十一届三中全会后,党的宗
教政策得到落实,经东山寺演圣法师倡导全县佛教四众弟子共商发起,呈请县人民
政府批准,于1995年冬开始重建新寺院,择址迁建于县城东北淦阳路中华山,占地
32000平方米,现已建好主要殿堂有:山门石牌坊、山门楼、天王殿、大雄宝殿、藏经楼。
东西两厢依次建好其附属殿堂,东边有客堂、五观堂、诵经堂、钟楼、观音殿、伽蓝殿、
维摩诘殿、延生堂,西边有西罗汉堂、三圣堂、西归堂、念佛堂、鼓楼、地藏殿、莲宗
十三祖师堂、果一老和尚纪念堂、往生堂。客堂后建有:大寮、库房、斋堂、上客堂等。
整个寺院规划为六进式净土宗道场,目前已完成一、二期建设,已投资达1600万余元,
建筑面积7800平方米。东山寺现任住持为释宽德法师。

永 丰 县

天台兰若寺

天台兰若寺又名香城院,位于永丰县陶唐乡黄泥垄西北天台山顶,与乐安县交
界,地势由东北向南倾斜,海拔802米,占地面积约4平方千米。唐贞观二年(628),
由碧云禅师创建。据传,寺宇建成之后,院内奇香不断,故称寺名为香城院。唐德宗年
间,慧空大师重修。元时,毁于兵焚。明洪武五年(1372),慈济法师开始将寺宇迁
建于今址,改寺名为天台兰若寺。至明正统年间(1436—1449),施主吴梅芳(中沙
洲上村人)再次重修,建有9栋27间,占地面积约1650平方米。左三栋为佛祖殿,
右三栋为书院,中三栋设燃灯古佛座。据传说,曾住过上百位和尚。明弘治年间(1488—
1505),像虚大师(又名真镜和尚)入住此寺,他是一位受御赐衣钵的高僧。天台兰
若寺当时有山林地约4平方千米,粮田50余亩。清咸丰年间(1851—1861),寺宇遭

天台兰若寺正门

太平军破坏，佛像被毁不少。同治年间（1862—1874），僧隆泰、僧德琇等相继修缮寺宇，重塑佛像，赎回被典当的山林田地。

第二次国内革命战争时期，国民党军队烧毁6栋18间。中华人民共和国成立后，因寺宇长期无人修缮，或倒或破，完好者只有中栋三间。"文革"时期，毁损严重。

天台兰若寺一角

中共十一届三中全会以后，国家恢复宗教信仰自由政策得到贯彻落实，释法福（俗名吴荷之，洲上村人）等出面负责重建。1985—1996年，先后建成大雄宝殿、天王殿、毗卢殿、燃灯阁、山神庙、祖堂、寮房、斋堂、厨房，占地面积约3500平方米。1998年，修成盘山公路；2000年建成客堂；2001年建成大山门及围墙；2003年建成千手观音殿；2006年开始在观音殿内增塑五百罗汉像。寺中还保留有1596年造的洪钟一座。

万安县

东华寺

东华寺原名玉华观,位于万安县枧头镇蕉源村香谷山之巅,海拔562米。据《万安县志》记载,东华寺创于元末。汉、晋时为道家张（名道陵,号天师）、葛（名洪,号仙翁）、许（名逊,号真君）炼丹处。宋嘉定时改名仙坛寺,为僧家修行处。元泰定元年（1324）,临济宗22世普现禅师在此弘扬佛教,普现圆寂后,先后由无碍、隐修继承衣钵。元末时,道士许月评在此修道,复更名东华观,清乾隆时改称为庵。康熙年间（1662—1722）,知县马之骅捐俸重修,嘉庆年间（1796—1820）,知县刘俊德复修。历代住持有:云影（1661—1741）、雪浪（号源贯,1670—1748）、广悟、广慎、继慧、继德、本礼、觉州、吕信等禅师。据记载,清乾隆年间（1736—1795）,该寺香火兴盛,和尚多达99人。

东华寺正门

　　东华山因其山高林密，人迹罕至，历来被道佛僧侣当作潜心经义、修炼正果的世外桃源。目前尚存古迹有山南雷坛、炼丹池，炼丹池附近有道士汲水时所挖的泉眼（又称马踩岘），仙人聚会的石桌、石凳，还有一副炼丹用的石药槽，后人称之为"石棺材"。几经历史变迁，原东华寺庙宇坍塌，人去楼空。20世纪80年代后，国家宗教政策逐渐落实。先是横路刘石秀邀四方信士高海平、肖宏钊、谢圣恩等成立"东华寺筹建理事会"，于1992年4月搭建临时佛堂三间。1993年，兴国钟鼓山寺融修派弟子坚禅法师前来住持，1994年经众信士和皈依弟子四方化缘，建大雄宝殿一栋、僧寮四间。6月坚禅离寺，融修派弟子坚圆前往主持法事，1996年5月动工兴建了斋堂和地藏殿，1997年8月开工兴建了天王殿、护法殿。2000年建集藏经楼、念佛堂和客房于一体的楼房一栋。2003年，在坚圆法师倡导下，修通了直达山顶的简易公路。

东华寺大雄宝殿

　　1985年被公布为县级文物保护单位，1995年12月1日万安县人民政府批准其为宗教活动场所，还被江西省民族宗教局评为"五好寺院"。2007年被列为江西省级重点寺院之一。

宜春市

袁 州 区

仰山栖隐禅寺

仰山栖隐禅寺位于宜春市城区西南20千米的洪江乡东南村殿上仰山集云峰下，是禅宗"五家七宗"之一沩仰宗的祖庭。寺院地处群山环抱的山谷之中，南面有白云山，东面有书堂山，西北为集云峰、狮子峰，古人称其形为"莲花盆"，是一块难得的风水宝地。

栖隐禅寺全景

仰山栖隐禅寺的开山祖师为慧寂禅师。唐会昌五年（845），慧寂禅师由郴州王莽山行脚至袁州城南的仰山一处幽谷之中，见四周山峰环峙，由近而远层层叠叠，形似莲花，是禅隐修真的好地方，于是在此诛茅立庵。大中年间（847—859），慧寂即在此聚徒说法，构建寺宇。大中十三年（859），江西观察使韦宙上报于朝，宣宗赐其道场名"栖隐寺"。宋初，仰山栖隐寺奉敕改称"太平兴国寺"。元大德七年冬（1303），毁于一场大火。希陵禅师矢志重建寺宇，元皇庆元年（1312），寺宇落成，有殿、阁、楼、亭、堂、祠等各类建筑28座，还在袁州的城南门外新建了一座"栖隐禅院"，作为"出入祝厘之所"。地方官员将新寺绘图上达于

栖隐禅寺大雄宝殿

朝廷，新登基的元仁宗欣然赐额"大仰山太平兴国禅寺"，并让廷臣程钜夫撰写《大仰山重建太平兴国禅寺碑铭》，由大书法家赵孟頫执笔书丹，勒石立碑于寺内。清初，一些明朝遗老不愿臣服于清廷，遁入仰山及周边山区隐居，其中不少人甚至削发为僧。康熙初年，经济宗三十四世闲云定禅师驻锡太平兴国寺弘法。不久，曹洞宗三十三世亦居仰山修行。后来寺庙失修，大部分残破。道光十一年（1831），寺僧在原寺后殿旧基上重建寺宇，改名兴国古寺。古寺分为上、下两殿，总面积约500平方米。清末民初，香火寥寥，栋宇残破。

中华人民共和国成立后，仰山寺院的田土屋宇被分配给当地村民。

1980年冬，兴国古寺被村民拆毁，所得木料被变卖。1989年，仰山墓塔群被列为省级文物保护单位。2004年8月，修复仰山慧寂禅师妙光塔暨重建塔院工程动工，历时3个多月竣工。2005年春，中国佛教协会会长一诚大师派其剃度兼接法弟子、沩仰宗第十一代传人养航法师前来主持修复仰山栖隐禅寺的各项工作。4月12日，宜春市政府举行仪式，聘请养航法师为仰山栖隐寺住持。5月15日，养航法师晋院入住仰山，修复工作随即展开。

新建后的仰山栖隐禅寺先后投资1亿多元，占地400余亩。寺院开阔宏大，建筑高低错落有致。主要有大雄宝殿、天王殿、山门殿、伽蓝殿、观音殿、祖师殿、钟楼、鼓楼、虚怀楼、藏经楼、聚贤阁、弘法堂、禅堂、祖堂、斋堂、方丈室、云水寮、万佛窟、广场、放生池等。整体风格为明清建筑样式，青瓦黄墙，与四周幽静竹林环抱的自然山水融为一体。重要历史文物有：仰山慧寂禅师塔、宋代佚名禅师塔、闲云定禅师塔、志朗和尚塔等。

沩仰宗的创始者为沩山灵祐与仰山慧寂。仰山是沩仰宗的发禅地之一，慧寂禅师开创的道场——栖隐寺，亦即沩仰宗祖庭。自咸通初年，开山祖师慧寂迁往洪州观音院后，仰山栖隐寺先后由西塔光穆禅师、东塔和尚、南塔光涌禅师住持，三人均为慧寂法嗣。沩仰宗创立并兴盛于晚唐、五代，影响遍及南北禅林，并播及海外。沩仰

宗现代基本形成三大支脉：第九世宣化渡轮远播于美国，为美国万佛城方丈；第九世进宣玄圣一弘传于中国香港、中国台湾，现为中国香港著名佛教领袖、大屿山宝莲禅寺方丈；第十世衍心一诚普及于我国大陆地区。

慈化寺

　　慈化寺位于袁州区慈化镇的集镇西南隅，距宜春市城区75千米。因明太祖朱元璋曾经为慈化寺御笔题额"天下第一禅林"，故有"天下大慈化"的美誉。

　　慈化寺的创建者是南宋的普庵印肃禅师。慈化寺的前身为慈化院，南宋绍兴二十三年（1153），印肃受帖住持慈化院。绍兴二十六年（1156），正贤和尚圆寂，印肃"奉檄兼管"寿隆院（旧址在慈化镇柳亭村鸭嘴岭，即印肃禅师落发拜师的禅院）。身兼两院方丈的印肃禅师不喜喧嚣，独自隐入南山筑室隐修，"忘怀于世"达两年。其室名为"普庵"，自后印肃便以普庵为号。乾道元年（1165），普庵的两位方外之友丁骥（时任袁州四县巡检，置司于黄圃市，即今慈化街）、刘汝明坚请普庵出山，并愿意资助普庵重建新寺。于是，普庵便在慈化院旧址以北的南泉山下另择新址，于乾道二年（1166）正月动工兴建，乾道四年（1168）十二月落成，名为南泉山慈化寺。

　　元世祖至元二十九年（1292）春，慈化寺遭遇火灾燃烧殆尽，正叟绍忠禅师主持再建寺宇。大德四年春（1300），慈化寺再遭火灾。翌年，明照慈昱禅师赴京觐见元成宗，钦奉敕命重建大慈化禅寺，大兴土木，历时十余年。整个工程计70余项，占地数百亩，寺宇堂阁百余幢，纳僧盈千，规模宏伟，耗费巨大。在元末农民大起义中，原慈化寺弟子彭莹玉影响很大，他既是白莲教的领袖又是南方红巾军的创始人，与朱元璋并肩打天下。明洪武十八年（1385），太祖朱元璋赐建龙亭、阙牌，并在阙牌御书"天下第一禅林"。正统十年（1445），英宗赐额"南泉山大护国慈化禅寺"。成化二年（1466），宪宗又赐额"广慈护国大慈化禅寺"。成化三年（1467）十月初六，慈化寺罹火灾，主要建筑被毁。弘治八年（1495），寺僧募捐重建慈化寺，至弘治十七年（1504）告成。建有莲沼池、敕赐坊、普光明殿、定光殿、禁钟亭、

慈化寺外景

藏经阁、雨华堂、达本堂、英雅堂、库院、斋阁、僧寮、方丈室、观心堂、东庵、宿觉坊、笑问坊、桂林书院、耆宿书院、月台、桂堂、宏明阁、施主寮等建筑。规模虽盛，然颇逊于前。万历四十四年（1616），寺僧闻秀赴京奏请经藏，因揭榜治愈了皇后的眼疾，被封为国师，赐经藏678函，又拨袁州所辖四县三年税银57万两，重建藏经阁，新建积善堂、斋堂，重建东西二十四寮。修建工程完工，寺中纳僧至500余名。清初，慈化寺历经战乱，毁坏殆尽。康熙三十一年（1692），重建寺宇，建有山门、二浮屠、普光明殿、定光殿、藏经阁、雨华堂、方丈、库院、僧寮等，但规模不及往昔的十分之一。乾隆二十年（1755）、嘉庆元年（1796）两度重修，基本保持了康熙年间的规制。

土地革命战争时期，慈化一带一度成为中共领导的红色苏区，慈化寺各殿成为苏区政府、地方武装机构及红军后方医院驻地。1933年10月，进攻慈化苏区的国民党拆毁慈化寺殿宇，用于修建碉堡。1949年，慈化寺仅存山门、普光明殿、无量佛殿、东七寮、定光灵瑞塔、圆通阁等建筑。

1984年1月，慈化寺被列为宜春县重点文物保护单位。1992年6月，当地政府开始修缮慈化寺。1998年12月25日，慈化寺正式开放，陆续有僧人入住寺中。1999年春，明夷法师来寺中修持，创办《慈化》佛教内部刊物。6月，新加坡印开法师来慈化寺拜普庵祖师遗迹，并为信众讲经。

2004年6月1日，慈化寺移交袁州区佛教协会管理。至2004年10月，共有僧人10余人，住持为江西省佛教协会副会长、宜春市佛教协会会长妙安法师。2006年2月，重修大雄宝殿，2008年1月，大雄宝殿落成。2012年3月15日，举行慈化禅寺万佛楼重建奠基法会。

化成寺

化成寺位于宜春市区城北西郊，袁河北岸，坐北向南，依山面水，化成寺因化成岩得名。化成岩洞幽石怪，自成岩壑。自唐以来，僧人就在化成岩上建佛寺。上岩佛寺曰开化院，下岩寺庙名惠明院。唐代名相李德裕贬为袁州长史时，曾寓居化成岩精舍，地方文人多得他指教。为纪念名贤，宋绍兴十九年（1149），州判立祠

化成寺外景

供奉。元朝袁州路总管那海刻李德裕像于岩石上，并建祠宇，题匾"知李"。清康熙初，僧人念融重建，知府李芳春题额"赞化裁成"，后遂称化成寺。清道光年间（1821—1850），袁州知府隆泰在寺的东侧石壁上题"李卫公读书处"，至今还有"李卫公读书处""天然图画"等8块摩崖题刻在古寺法堂边的石壁上。乾隆二十六年（1761），同知杨应瑶改建为清音阁，祀李卫公。嘉庆二十五年（1820），僧人募建关帝殿，增建敬业堂、面壁轩、额园曰介园。

中华人民共和国成立初期，化成寺正殿为古祠式建筑，宽12.7米，深20.1米。前后两栋，中有天井，白砖泥瓦，风火垛子墙。板门为油画绘彩，出檐短，前檐下有走廊。东侧敬业堂，四扇三直，普通民居式建筑。西首面壁轩，两层砖木结构，四扇三直，角攒天顶。紧靠面壁轩西头，有一六楞普同塔，是僧尼圆寂后贮放骨灰之处。

化成寺全景

1985年秋，宜春市政府拨款重修，恢复原貌，列为市级重点文物保护单位。1999年8月，政府两次拨款重修，将旧殿拆除，仿照晚清建筑重修寺院，共占地近2万平方米。寺院主体建筑分建于上下岩，以石级相连，浑然一体。上岩所建，为一栋五层大殿，题额为"法堂"。第一、二层供奉千手观音，佛像高5米；两旁有韦驮、伽蓝、文殊、普贤等菩萨；二层四周为僧侣寝室；第三层上楼进室就见达摩画像，中堂供南无昆卢遮那佛，左为药师菩萨，右为地藏王；第四层供阿弥陀佛；第五层为听经堂。下岩地面建有天王殿、地藏殿。天王殿内供弥勒佛，两边供四大天王。下岩中部建大雄宝殿,堂供释迦牟尼佛,佛像高6米左右;两边为十八罗汉。此外,在上岩左侧依山建有罗汉廊、卧佛、地藏王、土地庙、放生池;进东边山门处右侧一大石上,有一2米多见方的"佛"字,为清朝梁世隆所书。上岩的右侧有方丈室、普通塔。下岩地面上建有净土堂、般若门、山门殿。

1985年12月,化成寺被省政府批准为省级风景名胜区。1998年8月,聘请南昌显教寺方丈戒全老和尚为禅寺住持。

丰 城 市

大正法寺

江西丰城是沩仰宗第二代传人南塔光涌禅师的故里,大正法寺为沩仰宗祖庭,是我国历史悠久、规模宏大、影响深远的千年古刹之一。沩仰宗是中国佛教中禅宗五家之一,也即达摩祖师预言"一花五叶"中的第一叶,该宗由灵佑禅师与慧寂禅师共同创立。

大正法寺曾名大寺、正法寺,位于丰城市荣塘镇汕田村境内。该寺创建于唐代中期,距今已有1200多年。曾任主簿、赠官邑县令的傅士华将他在曲豆镇(今剑光镇)一片方圆65亩的地基捐出建集善寺,并另捐梅仙乡(今丽村镇一带)田租81石以供寺庙香火。寺院建成以后,第一位前来寺中弘扬佛法的高僧,是沩仰宗创立者慧寂的弟子、沩仰宗第二代传人南塔光涌禅师(850—938)。南塔光涌禅师,俗姓章,豫章丰城人,依仰山慧寂禅师剃度出家。后北游参学,曾礼谒过临济义玄禅师,不久又回到仰山座下,执侍仰山禅师。在光涌禅师住持期间,道场兴盛,禅风远播。宋大中祥符年间(1008—1022),集善寺改称大寺,至高宗绍兴二年(1132)正式定名为正法寺,故名大正法寺,寓意为弘传正法眼藏之道场。

大正法寺历经元、明两代,多次修葺。明嘉靖时,僧人大庸、圆祥重振寺风。清顺治十七年(1660),知县何士锦重创师表堂,高僧如初购置《金藏经》。乾隆三十年(1765)以后,多次重修,其时寺内分十院。1943年,县立工厂设于寺内,1948年,改为县医院。中华人民共和国成立后,在此处建县人民医院,2014年,市中医院搬迁至此。作为丰城最知名的佛教圣地之一,大正法寺留下了许多传说和典故。

1996年,大正法寺在尚庄街道赣江大桥公园内恢复重建。2003年9月,大正法

寺迁至荣塘镇汕田村仙龙山,同时,聘请江西省佛教协会副会长纯一法师修复禅宗祖庭大正法寺。2007年,大正法寺搬迁重建正式启动。2013年11月4日,举行大正法寺天王殿奠基庆典法会,来自省内外的法师、居士参加了奠基庆典。

大正法寺隆重举行大雄宝殿、钟鼓楼上梁暨天王殿奠基庆典

剑邑万寿宫

　　剑邑万寿宫位于丰城赣江大桥桥头西侧的大桥公园内,建于清雍正十年(1732),为祀奉晋代许逊(许旌阳)治水有功,由县尹刘象贤将康熙年间(1662—1722)建造的"知县蔡毓华讲堂"改建而成。剑邑万寿宫的前身乃丰城万寿宫。县志记载:万寿宫共一殿二院,正殿八架八十四楹。宫院占地面积780平方米。1940年,日本飞机炸毁正殿和后殿一部分,后修复。1950年改为县文化馆。"文革"时期,部分建筑遭损毁。1983年,按原貌修复,为博物馆办公地。1984年,列为县级文物保护单位。

剑邑万寿宫高明殿

1994年3月在大桥公园内新建剑邑万寿宫,1995年9月重建了高明殿,1998年9月再筹资重建三清殿,2007年列为省级重点寺院。2010年又新建了玉皇殿。高明殿、三清殿、玉皇殿并排而立,建筑面积均400余平方米。高明殿正中塑有许仙真君神像,左右两侧塑有十二尊真人神像。三清殿正中塑有元始天尊、灵宝天尊和道德天尊三清神像,左右两侧塑有财神、雷神像。

樟 树 市

大万寿崇真宫

大万寿崇真宫位于樟树市阁皂山国家森林公园景区东峰南麓,其前身为孙吴嘉禾二年(233),葛玄再次入山时所结的卧云庵。自汉以来,张道陵、葛玄、丁令威等道长都在阁皂山上设有坛井。至隋,仙馆被毁。唐道士程信然,在仙馆遗址处掘得铜钟一座,钟内覆有玉石像三尊。程信然便在此地盖起草堂修道。唐先天元年(712),孙道士在草堂边筑起台殿,名阁皂观。咸通时(860—872),观被焚,仅存玉像,后经修整,改名玄都观。宋天禧四年(1020)、熙宁九年(1076),凡经修葺。至宋政和年间(1111—1117)赐号崇真后,宫观面貌为之一新。

大万寿崇真宫一角

崇真宫前对凌云峰,后倚东西两山,两山之巅均有坛。宫后有水名葛憩源,宫北面有丁令威修仙馆的遗址。宫中有屋1500间,高峰时有道士500余人在此修炼,是当时国内最大的宫观之一。南宋宰相周必大《阁皂山崇真宫记》云:"江湖宫观未有盛于此者。"自后屡经兵火，明初稍修整，旋又毁。清嘉庆二十二年（1817），道士周步云重修。清末，仅存灵祖、万寿、三宫、东岳四座殿宇，道士四散。

民国初年，住持欧阳明性道人重建宫观，以大万寿崇真宫正殿为中心，分列三排，依山面上，前置山门，额书"崇真观"，周以围墙，把各建筑罗为一体，殿中正面葛玄坐像高一丈；两旁列四大天将塑像，亦高丈余；靠墙两侧，分列20尊诸天神立像。左架巨鼓，右悬大钟，宫观巍峨肃穆，气势非凡。除崇真宫外，欧阳明性道人还修复了燮元殿、关帝殿、玉皇殿、文昌殿、道德宫、观音堂、地田庵等。历时15年，至民国二十年(1931)完工。欧阳明性道人重振宫观后，崇真宫一度再兴，道徒增至数十人。抗日战争中，宫观又日渐衰落。中华人民共和国成立前夕，只剩道士3人。中华人民共和国成立后，大万寿真宫只保留有正殿殿堂与庭院一所及偏殿一栋，道士均回家务农。1957年，江西省人民政府公布此宫为省级重点文物保护单位。1958年建阁山垦殖场，崇真宫改为阁山垦殖场场部。偏殿为阁山垦殖场竹木车间，正殿曾为垦殖场招待所和食堂。

崇真宫有"洗药池"，传说是葛玄洗涤草药的地方。明顾应祥有"洗药池存草莽中"之诗句。"洗药池"原是从高到低"一泉三井"的泉池，后改为饮水井。泉水仍由岸底渗出，注入放生池。池边原有唐代大书法家颜真卿手书"阁皂山放生池"碑。崇真宫旧址内有800年白果树1株、古桂树4株。

崇真宫，历史上闻名遐迩。苏轼、曾巩、周必大、朱熹、文天祥、陶弼、解缙等均写有游历诗文。南宋理学家朱熹有《崇真宫》诗云："磴道千寻风满林，洞门无锁下秋阴。紫台风去天关远，丹井龙归地轴深。野老寻真浑有意，道人谢客亦何心。一樽底处酬佳节，俯仰山林慨古今。"

崇真宫于1991年重建，由朝阶、宫门、正殿三部分组成，占地2000余平方米，前对阁皂山主峰凌云峰，后倚东西两山。正殿坐北朝南，为混合结构建筑，重门深院，翼以修廊、歇山顶、琉璃瓦、飞檐高脊、彩壁丹墙、拼条花窗。殿中供奉葛仙翁、张天师、许真君塑像三尊。

大万寿崇真宫内现建有灵宫殿、灵宝法坛、钟彭楼、祖师殿、祖师殿左右配殿、昊天殿及昊天殿左右配殿。

通慧寺

通慧寺位于樟树市城区西南隅淦阳路侧，是原樟树镇建筑年代最早而且主殿栋宇迄今尚存的唯一寺院，旧有"十方禅林"之称。

通慧寺寺始创于唐初年间，当时京城高僧道宣律师途经此地，见当地民风淳朴，遂开田建寺名曰通慧寺。通慧寺历史悠久，高僧辈出，宣祖之后，有黄檗希运禅师、

通慧寺规划图

黄梅归云禅师、慧僧了明禅师；宋有了常禅师；元有法净禅师；明有谌然、道如禅师、无相大智禅师；清有法通禅师；民国有了空禅师、圆光禅师；中华人民共和国成立初期有大仁禅师、海莲禅师。

诸多文人墨客曾来通慧寺，留下许多墨宝华章。如殿内有文天祥题"功德堂"，还有清高宗所书"公立十方碑"和清乾隆帝所书"大雄宝殿"匾额。清乾隆二十年（1755）、同治五年（1866）两度大修。

原寺有正殿、三宫殿、地藏殿、观音堂、功德堂等六个殿，55尊菩萨，还有方丈、禅堂、库房、园圃等，面积约计2000平方米，正殿进深44.6米，宽13.6米，高5.8米。昌盛时，有寺僧近百名。清时，仍有和尚30余名，水田74亩。民国时期，常住寺僧七八人。中华人民共和国成立时，只剩大仁、海莲两僧。1958年、1983年，二僧相继病故。"文革"时期，樟树市泥炉厂曾设在寺内，正殿三进改为港务局搬运工人宿舍，右侧殿宇拆除，建成清江福利院，左侧殿堂成民居。

现通慧寺坐落在樟树市店下镇药王山，于2005年重建，建有般若桥、山门、停车场、放生池、

通慧寺外景

天王殿、卧佛殿、法堂、藏经阁、钟鼓楼、客堂、斋堂、千人念佛堂、僧房、客房、禅堂、药师塔、海会塔等,整个工程长达10年之久,现大部分建筑已经完工。

高 安 市

大愚寺

大愚寺原名真如寺,始建于晚唐,是中国禅宗著名五大宗派之一临济宗的祖庭,历来被称为高安佛教圣地,是中国禅宗临济宗祖义玄禅师悟道之处,位于高安城朝阳门外。因大愚禅师曾在此住持,后又称大愚寺。南宋庆元元年(1195),大府寺丞吕祖俭因上书得罪宰相韩侂胄,被贬韶州,后移居高安,即借住大愚寺,自称大愚叟,常穿草鞋翻山采药,以卖药为生,大愚叟死后安葬在寺后,墓称吕公堆。陆游曾因审理陈彦通反座案来高安,也曾游大愚寺,留下千古名句:"二苏梦后堂名幻,一吕灵前墓碣长。占卜荣萎知有主,行人莫便吊凄凉"。大愚寺古为"筠阳八景"之一,历来为高安的游览胜地,"文革"时期被毁。

大愚寺全景

1998年,大愚寺易地重建,先后建起了天王殿及部分附殿。2002年大雄宝殿奠基,大愚寺日臻完善,初具规模,由当初的占地面积6亩扩展到现在的近30亩,建筑面积1万余平方米。

大愚寺佛像

奉 新 县

百丈寺

百丈寺位于距奉新县城西65千米的百丈山大雄峰下。唐大历年间（766—779），邑人甘贞施山建庵，初名乡导庵。唐贞元十年（794），邑人甘贞延请怀海至此住持并更名百丈寺，怀海禅师首创"禅门规式"，亦称"天下清规"。

唐朝李忱为光王时，为武宗所忌，晦迹云游奉新百丈寺为僧，后即帝位，立年号为大中。大中元年（847），宣宗敕赐"大智寿圣禅寺"匾额。当时的大书法家柳公权、邵孟虎也为百丈寺题写了碑文。南唐时，百丈寺被毁。北宋元丰年间（1078—1085），在原址重建，丞相张无尽作记。明洪武年间（1368—1398），百丈寺香火极盛，附近禅寺林立，有"三寺五庙四十八庵"之说。正统十三年（1448），僧忠智奏准本寺前后荒址许开垦赡寺。万历二十二年（1594），县令冯烒躬至山巅，为本寺减荒抵饷。明末清初，百丈寺经多次整修，寺后有凌云亭、师表阁，"师表阁"三字系明崇祯时乐安王所书，后均被毁。清康熙年间（1622—1722），南昌知府叶舟重建。雍正十二年（1734），奉旨敕修，内府颁图改造，咸丰六年（1856），石达开率太平军踞寺十余日，佛像、僧房均被焚毁。咸丰十一年（1861），李秀成率太平军途经奉新，再次焚毁百丈寺，所有经卷连同师表阁均付之一炬。同治六年（1867）僧清德等修

百丈寺新貌

葺佛殿,装修佛像。民国八年(1919),百丈寺寺主自成法师请先勤和尚担任住持。民国十二年(1923),了然法师继任住持,重修了祖师塔殿、献殿。1949年,百丈寺仅存大雄宝殿及右侧的两栋客房。殿内正中的如来佛像在"文革"期间被毁,只留下巨石砌成的佛像座及东侧地藏菩萨座基。

2009年9月,重建的百丈寺竣工。新建的百丈寺,按照临济宗"前松后紧"的特点,新建了山门、天王殿(虚怀楼、云海楼)、大雄宝殿、祖师殿、法堂、斋堂、大寮、禅堂、方丈楼、贵宾楼等。寺庙占地1200余亩,建筑面积4万余平方米。

百丈寺是中国佛教"禅林清规"发祥地,中国佛教禅宗古寺庙之一,唐、宋、元、明、清都曾有许多高僧在此住持弘法。临济宗鼻祖黄檗禅师,沩仰宗鼻祖灵佑禅师

百丈寺金佛像

也曾追随怀海大师在百丈寺参禅学佛。唐朝惟政,宋代道恒、道震、智映、净司,元代大昕、德辉等,明代明雪禅师,清代云堂、德清、石兰等高僧都曾在此住持弘法。明代诗人毛蕴德曾有一首诗这样赞誉百丈山:"雄风高百丈,香火镇千秋。名誉魁多士,清规遍九州。"可见百丈清规对全国佛坛影响之大,也奠定了百丈寺禅宗祖庭的地位。

华林寺

华林寺位于奉新县城华林书院风景区耿氏林园内。华林寺又名临湖院、隆教寺、九皋庙,原址位于九皋山。初为胡氏族人祭祖栖息之所,后香火隆盛,且寺中供奉有佛像及观音菩萨像,逐渐成为奉新佛教丛林之一。旧版《奉新县志》载:九皋庙,宋大中祥符年间,初名"临湖院",僧如琏住持。碑记云:"南枥王珣国施地九皋,王振清重修。"明洪武二十一年(1388),寺僧会净扩建。明洪武二十六年(1393)临湖院正式升格为隆教寺,成为奉新佛教丛林之一。明正统年间,寺僧观古再募增修,不久因失火而被焚。明弘治年间,奉新越王山宝莲院僧智宏、智宽又募资重建。明正德五至八年(1510—1513),华林胡雪二率二万多农民起义,"华林军"扎寨数十里,而缘于耿氏太婆之墓地于九皋山,隆教寺得免战火。

明末,隆教寺不知何故坍没。清康熙五十四年(1715),寺僧波定、子皓募资再

建。清乾隆三十四年（1769），邑绅邹朴裔捐资重修罗汉堂。清嘉庆二十五年（1820），寺僧乘舟募资增建寺亭。清咸丰年间（1851—1861），太平军驻扎奉新，隆教寺毁于战火。民国至"文革"前，隆教寺已规模不大，后无人管理而毁没。

2006年，当代高僧本焕老和尚之弟子、河南籍胡氏后裔印演法师于此搭建"无住茅蓬"修行。2007年，印演法师在奉新县委、县政府的支持下，在广大佛门信众的要求下，开始重建隆教寺，更名为华林寺。

华林寺正门

印演法师奔走广东、香港等地募捐善款1600余万元。2008年12月，华林寺举行开工典礼，依据山势地形，移土5000多立方米，填平寺前低谷凹地，以寺院中轴线完善了天王殿、大雄宝殿、法堂的

华林寺内

建设，左、右分别为华宇楼（含客堂、般若堂、祖师殿、普贤殿、延寿堂、鼓楼、圣贤殿、寮房一体化）、林岚楼（含云水堂、爱惜堂、圣祖殿、文殊殿、功德堂、钟楼、伽蓝殿、寮房、华林佛艺馆、华林禅茶馆一体化）以及观音殿、地藏殿；其他建筑部分包括念佛堂、化生亭、声闻亭、说法台、停车场等，建筑面积4500多平方米。

2013年10月28日（农历九月二十四日），华林寺举行寺院落成暨诸佛菩萨像开光庆典。全国政协常委、原中华全国工商业联合会第一副主席、中共中央统战部原副部长胡德平致电祝贺。

华林寺创建人、住持印演法师为弘扬佛教文化，编辑、印刷各种宣传资料、弘法书籍3万余册，还为四川地震、南方冰灾、尼泊尔地震帮助、救助困难群众捐资20多万元。印演法师也多次被邀参加我国香港、内地以及新加坡佛教团体举办的各种佛教法务活动。

万 载 县

城隍庙

城隍庙位于万载县龙河东岸集贤坊（今城隍庙路），坐东北朝西南，六进大殿，占地4600平方米。据《万载县志》记载，该庙始建于明洪武三年（1370），县丞冯厚礼以红巾太平军刘仁旧居改建，迄今已有630多年。

城隍庙在其630多年的历史中，曾经历过十毁十修的遭遇。《万载县志》对此有着详细的记载。自明洪武三年（1370）建成后，旋即于永乐年间（1403—1424）毁。正统十年（1445）县丞周济重建。景泰三年（1452）典史朱选修葺，弘治年间（1488—1505）颓废，知县张文谋复新。正德九年（1514）邑人辛润出资重建，前殿后寝，东西两廊，中外二门，规制略如县衙。崇祯十年（1637）、清康熙二十七年（1688）、乾隆三十八年（1773）邑人又3次捐资修建。道光十八年（1838）拓基重修，添建头门外站亭两廊。咸丰五年（1855）太平军进攻县城，与官军交战，庙毁。咸丰八年（1858）、咸丰十年（1860）、同治九年（1870）绅民迭次修复。

清末与民国时期，城隍庙进门数米宽的风雨走廊围成了一个200平方米的院落，呈"品"字形摆下三张戏台，中间一个主台，两旁设副台各一，每逢农历四月十七的城隍诞辰，便有驻在城隍庙的万载商会募捐请戏班前来给城隍爷助兴。渐渐地便成了万载县城的一大盛事，四周乡民争相趋之，故本地有谚云："四月十七，扁担伸腰"，意谓到了城隍爷的生日，终日劳碌奔波的乡民总算可以喘口气了。戏台开锣之时，三个戏台同场竞技，谓之"斗戏"。另外，每年农历三月十五，是万载县城隍庙的庙会之日，此日古庙内外香客如云。

"文革"时期，城隍庙内诸多神祇塑像悉数尽毁，自此庙貌颓败，年久失修。直到20世纪90年代中期，万载县人民政府对城隍庙进行了修复，并在旧址上增加了部分佛教建筑，定名为万佛寺。

进入第一进大殿，只见弥勒佛像居中而坐，身后是护法韦陀菩萨像，四大天王分立两厢。这座殿堂即为万佛寺的前殿。

古庙的第二进是一座雕花彩绘牌楼，正门高耸八根木柱，两侧为钟鼓楼。门楼上书一木质竖匾"城隍庙"。在城隍庙匾额之下还悬挂了万佛寺的庙额，佛道两教

万佛寺外景

在此同时接受尘世的香火,倒颇有些和谐共襄的意味。庙廊外青石立柱上刻有楹联一副,曰:"庙宇巍巍长此金汤资保障,台门奕奕时维出入肃观瞻"。整座牌楼下方则是石雕基座,以中间过道为界,东西两厢分别雕刻了代表春夏秋冬四季的牡丹、芙蓉、金菊、腊梅。第二进大殿尚存彩雕燕窝状藻井,上面镂刻着形态各异的蝙蝠,似飞似舞,寓意百福吉祥。

第三进是大雄宝殿。殿内金碧辉煌,释迦牟尼宝相庄严,文殊、普贤等菩萨侍立两旁,十八罗汉或坐或立,骑龙驾虎。沿两旁的游廊横穿一个过道,只见过道中的大殿外墙上钉有一块牌子,上书:"日本哑弹着落处"。据了解,抗日战争期间,曾有数架日机飞临万载县城进行空袭,不少房子纷纷中弹起火,一时屋倒人伤,血肉横飞。街道店铺关张不及,情急之下有数百平民躲进城隍庙内寻求庇护。突然,一枚炸弹从天而降,落入大雄宝殿原址的左边天井中。时间一分一秒地过去,不料炸弹竟未爆炸,原来是个哑弹!惊魂稍定的众人大难不死,这虽只是一个巧合,但"城隍显灵"的消息从此不胫而走,广为流传。

紧接着大雄宝殿的即为古庙的第四进观音殿。该殿四周有石雕栏杆围绕,拜亭内则由十数根石柱支撑,每根石柱上镌有捐资修建的信士名字和商家铺号。观音殿正中藻井内雕刻有二百龙头,围成环状,镏金重彩,俗称为"龙窝",这是几经劫难保存下来的百年工艺品。观音殿的正面尚高悬一块彩雕镶嵌的匾额,上书"敕封显佑伯"五个镏金大字。《万载县志》记载:"咸丰六年,粤匪据城,官军交仗,屡彰灵异,今皇上颁赐宣威遏寇匾额。"

由观音殿向后,便来到第五进的城隍殿正厅。作为原城隍庙的核心建筑,该殿参照官衙规制,整个大殿顶高 15 米,抬梁式木质结构。

第六进的寝殿亦称夫人殿。据说元文宗天历年间（1328—1330），朝廷让城隍爷配享夫人，从此城隍庙里就有了寝殿，专门供奉城隍夫人。相传万载城隍夫人是一位叫玉莲的民间女子修行而成。

经有关专家实地考察论证：万载城隍庙是江西省县城内唯一幸存的、明代风格浓郁的古建筑，具有较大的研究价值。

上 高 县

九峰禅寺

九峰禅寺位于上高县九峰山，因山而得名。九峰山坐落在上高县西南35千米处，属末山山脉，有香炉、天竺、芙蓉、云末、峨眉、清流、翠霞、苍玉、飞云九座奇峰，故名九峰山。

九峰禅寺大雄宝殿

九峰禅寺（崇福寺）始建于唐代，是唐代著名僧尼了然道场，她是大愚禅师的法嗣，道高精深，威信很高，当时聚在了然门下的僧徒有500人之多。寺旁古枫参天，寺后树石虎踞龙盘，浓荫蔽日。禅寺前后两进，两侧厢房，占地2000平方米。《上高县志》记载：九峰禅寺原是南平王钟传的故宅。唐末时期，钟传聚兵于九峰平乱，镇抚一方，澄清六郡，名振江西，官至中书令，被封为南平王。唐乾宁年间（894—897），钟传考虑到自己一生杀戮太多，故捐出住宅改作寺庙，聘请高僧普满元禅师开山，昭宗皇帝赐名"宏济寺"。普满之后由大觉道虔禅师接替，成为著名道场。当时的九峰山与宜丰的洞山、黄檗、五峰和高安的真如并称"五大道场"。北宋文学家苏辙尝用文学笔调说五大道场："洞山有价，黄檗有运，真如有遇，九峰有虔，五峰有观。"这里所说的"价"即良价，"运"即希运，"遇"即大愚，"虔"即道虔，"观"即常观，均为一代名僧。天复年间（901—903），昭宗又改为"崇福寺"，并赐匾额"崇福禅林"。明洪武十年（1377），住持悟空禅师增建堂宇15间。清初，被火烧毁。康熙十年（1671），有僧灵石从宜丰洞山来到九峰，在崇福寺旧址，诛茅剪棘，重建佛殿寺宇，寺院占地1800多平方米，殿堂为前后二进一天井、砖木结构，门额镂刻"崇福禅林"。两侧上下有双重厢房17间。

九峰禅寺观音泉

　　崇福寺几度兴废，但每次都是在原址上重建。仅有史可查的有元延祐年间（1314—1320）、明洪武十年（1377）、清康熙十年（1671）及1997年四次重建。后改名为九峰禅寺。

　　九峰禅寺，从唐朝末年至今历经1100余年，造就了一批大德高僧。佛教重典《五灯会元》中，以"九峰"冠以名号的高僧就有："九峰普满、九峰通玄、九峰义淦、九峰虔、九峰勤、九峰希广"，等等。同时，九峰还有"了然道场""七祖遗塔"等古迹。了然尼，中国尼姑第一人；七祖了无禅师，创"一指禅"功。这些历史久远的遗迹，为九峰禅寺增添了些神秘色彩。

　　1982年，九峰禅寺被载入《中国名胜词典》。1983年，九峰禅寺被列为县级重点文物保护单位。

宜 丰 县

黄檗禅寺

　　黄檗禅寺位于宜丰县黄岗乡黄檗村黄檗山上，距县城48千米。唐开成年间（836—840），希运禅师在百丈怀海座下承嗣洪州宗风后，遵师嘱外出弘法，驻锡于此，创黄檗禅寺，并与弟子义玄一道，创立临济宗。

　　自希运之后，黄檗禅寺一直被奉为临济祖寺，唐晚期十分兴盛，有千余僧居于此，小庵堂十多座，田地上千亩。

　　进入北宋，黄檗禅寺香火依旧。宋皇祐年间（1049—1053），黄龙慧南移锡黄檗禅寺,并在寺侧搭建茅棚,名曰"积翠",独自禅修习静,在此光大临济宗风,展示"三关"之法,接引学人,启临济宗黄龙派之端倪。驻锡黄檗禅寺期间,弟子有数十人,以晦堂祖心、宝峰克文、东林常总、云居元祐、隆庆庆闲、泐潭洪英等数十人最为突出。而后,各人开化一方。

北宋末年,释佛智住持黄檗禅寺,以德行出众,奉诏进京觐上,其弟子也得领受紫衣袈裟。宋绍兴九年(1139),高宗赐名将黄檗禅寺更名为"报恩光孝寺",并在寺中祀奉宋徽宗赵佶牌位。两宋期间,黄檗禅寺香火不断,代有名僧住持。

明中叶,报恩光孝寺因年久失修。崇祯二年(1629),虔信佛教的隆兴府(府治在今江西南昌)文学甘维理、副使朱以仪等倡议捐款重建黄檗禅寺,请一庵月禅师由杭州慈济寺迁锡黄檗,为第三十二代住持。一庵月率众重振黄檗宗风,重建殿堂。数年后,黄檗禅寺香火复盛。清康熙三十四年(1695),一庵月在黄檗禅寺圆寂。徒嗣为之建塔寺侧,塔碑有"黄檗中兴祖师"之尊。清光绪二十六年(1900),黄檗禅寺又遭火灾所毁,仅存旁殿数楹。残砖断楹上仍有"黄檗寺""报恩寺""性道"字样。

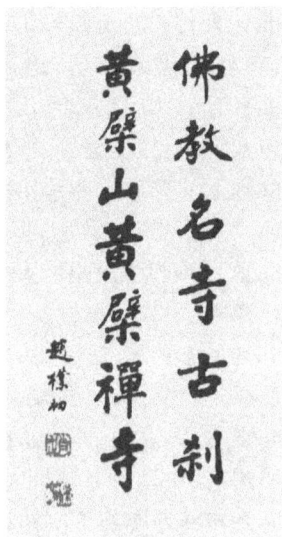

"文革"期间,古寺建筑毁坏大半。20世纪80年代初修路,古寺地面建筑全部拆除。1982年以后,宜丰县有关部门开始对黄檗禅寺及其周围佛教遗迹、遗址进行修复。经过数年努力,黄檗禅寺附近的希运祖师塔、皇叔塔、亦苇岸禅师塔、湛虚禅师塔、达慧禅师塔等均得到一定的修复。

黄檗禅寺一角

2002年3月,台湾慈光禅学院惠空法师捐资重建黄檗寺,征地110亩,山林350亩。投资3000万元,第一期开工建设项目为天王殿,占地面积2000平方米,建筑面积为1500平方米。

2004年9月,县政府聘请江西省佛教协会会长、南昌佑民寺住持纯一大师为黄檗寺住持,开始主持黄檗禅寺的整体复建工程,并对唐代以来延存的几十座祖师灵塔进行了抢救性保护。

2005 年 10 月,在一诚大师的亲自主持下,举行了黄檗寺复建暨大雄宝殿奠基法会。

2012 年 5 月 30 日,黄檗禅寺举行钟鼓楼奠基法会,纯一法师奠基培土。

目前,黄檗禅寺的整体建筑工程已现雏形,天王殿、大雄宝殿、钟楼、伽蓝殿、香房等主体建筑基本完工。

普利寺

普利寺位于宜丰县同安乡洞山村,是中国佛教禅宗五大宗之一的曹洞宗创始地。唐大中十三年(859),高僧良价云游到洞山,在涉葛溪时,睹影悟道,于是就在洞山募邑民雷衡之地建寺,名广福。雷衡旋以环山肥田 3000 余亩作寺产。良价在广福寺弘扬佛法,创新教义,开堂宣讲他的"五位君臣,偏正回互"的禅学思想,由是创建南宗禅五宗之一的曹洞宗。

普利寺大雄宝殿

唐末,淮南节度使杨行密捐资扩大洞山寺宇。北宋咸平年间(998—1003),广福寺易名为"功德禅寺"。天禧三年(1019),宋真宗赵恒在京城汴梁召开道、释万人大会,赐天下大寺以寺名匾额。洞山寺由他手书"功德禅寺"四字为额。宋仁宗亲书"崇先隆报禅寺"额。元初,县人胡俊孚施资扩修洞山寺宇,并铸大报钟一只。可惜元末洞山寺毁于兵火,仅保留有后法堂(藏经阁)及僧房丈室两幢。

明景泰年间(1450—1456),宜丰太平乡池溪人汪暄 82 岁回到洞山,倾其积蓄,捐资修复洞山寺院,先后建梵王殿、地藏殿、禅堂、清风亭、钟鼓楼各一所。明嘉靖十八年(1539)初,池源汪氏后裔又应洞山僧之募化,捐资修建了洞山观音堂,并塑观音玉像于其中。明崇祯年间（1628—1644），宜丰举人戴国士再倡修复，特延请庐山高僧净聪到洞山作功德禅寺住持。净聪在此重整寺宇，弘扬曹洞正宗，四方僧侣自远而至者日众，净聪也因之誉为洞山"中兴第一祖"。

清康熙十一年（1672），洞山功德禅寺更名为普利寺，四方信众捐资重建后法堂（即藏经阁）及僧房。到了近代，由于战乱，加上"文革"时期"破四旧"，寺院堂宇倾塌殆尽。20世纪80年代初，江西省文化局、省宗教事务部门先后拨出专款，维修了洞山逢渠桥和普利寺后法堂。1983年9月9日，洞山禅林被列为宜丰县第一批重点文物保护单位。1984年，洞山又被列为省级文物保护单位。此后，宜丰县政府积极落实党的宗教政策，把恢复重建曹洞宗祖庭建设列为全县重点工程，先后搬迁了寺院周围的6户农民，征用划拨山林225亩、水田67亩给寺院管理使用，铺设了自来水管线，开通了电话，更新了供电线路，新修了旅游公路和步游道路。1990年7月，县政府再次筹集资金15万元，在洞山普利寺原址重建起大雄宝殿和天王殿各1栋，占地面积700平方米，并在寺内塑置四大天王、八大金刚、释迦牟尼金身像和良价禅师坐像。同时建起了进入洞山的第一道山门（由香港豪德集团董事局主席王再兴先生捐建）。2001年5月3日，洞山普利寺举行圆通殿上梁法会。2003年11月，鉴于洞山普利寺妙忠法师年事已高，另聘请江西省佛教协会会长、南昌佑民寺住持纯一法师接任洞山普利禅寺住持。2010年1月12日，县政府聘请国学大师南怀瑾先生的弟子古道法师为洞山普利禅寺住持，由古道主持重修、复建洞山寺宇。8月30日，普利禅寺再次举行复建奠基，将20世纪90年代初修建的寺宇全部拆除重建，仅保留旧有的后法堂和大殿右侧的部分僧寮，至2014年8月复建竣工。

普利寺全景

复建后的普利禅寺保留了唐代建筑风格，面积规模均比原先扩大数倍。仅殿前广场即达 1000 余平方米，全用条形花岗石铺就。天王殿、大雄宝殿、藏经阁在整体建筑的中轴线上。

天王殿为单檐殿庑式建筑，翘角飞檐，气势雄伟，占地 337.6 平方米，整体建在高高的台基上，进殿有 9 级台阶。殿前有红漆立柱 6 根。天王殿左设钟楼，右设鼓楼，且高出天王殿数米，更显出全寺的威武雄壮。钟鼓两楼占地 241 平方米，且建筑容量、占地面积、风格一模一样，互成犄角。大雄宝殿坐北朝南，占地 488.8 平方米，整体建在高高的台基上，进殿有 17 级台阶。殿前后有花岗石围栏，殿前有 8 根红漆立柱，合抱围粗。屋顶为双重檐歇山顶，灰瓦屋面，镂空花脊。上、下檐四周设置斗拱，使屋檐出挑，成翘角飞檐，更显庄重威严。上、下檐之间正中挂"大雄宝殿"横匾，为南怀瑾先生题写。大雄宝殿左侧偏殿为大法堂，此为韩国僧众捐资建造，2014 年 4 月 7 日开光，上挂韩文"大法堂"横匾，左右挂有 3 副韩文楹联。大雄宝殿右侧偏殿为客堂，与大法堂对称。

整个普利禅寺复建后的总建筑面积达 2.7 万平方米，总投资 1 亿元。其规模、形式、用工、投资金额均超过普利寺历次复建。2014 年 9 月 6 日，洞山普利禅寺举行了复建落成暨佛像开光典礼。

净觉寺

净觉寺亦名五峰寺，坐落于宜丰黄岗镇境内的五峰山，距今已有 1500 年。据《中国古今地名大辞典》载，南朝开国皇帝刘裕（420—422）敕建五峰寺。史书上把它与洞山、黄檗山同称为释家三祖庭。五峰寺后改称净觉寺。唐大中年间（847—859），奉新百丈怀海禅师的弟子常观来五峰山住持净觉寺。柳公权曾为该寺书额，黄庭坚等有咏同诗，苏辙尝为寺僧撰塔铭并舍经于寺。

唐宋时，净觉寺僧众云集。明成化年间（1465—1487），寺废为民产。清顺治十三年（1656），县庠生熊瑛夫出资赎回，迎释济诏修复。清康熙年间（1662—1722），临济三十二世法嗣煦杲照和三十六世法嗣慈念等重振临济于五峰山林，净觉寺得以重兴。清中期，净觉寺再次毁于兵火。现仅存有一块六尺来长书有

五峰山净觉寺遗址
（人立处为山门，两棵柏树系后人所栽）

"净觉禅林"的石匾,石匾上的字是净觉寺住持、临济宗三十二世法嗣煦杲照的手笔。

净觉寺匾额

韩国著名汉学家、禅宗史学家卞麟锡教授曾多次千里迢迢到五峰山朝觐临济圣地,在常观墓前捧土而归。厦门大学历史系教授刘泽亮参观五峰山之后,在《赣文化研究》出版十周年座谈会上说:"常观是盛唐时一代宗师。五峰山净觉寺不仅仅是宜丰的,也是全国的,更是世界的!"

靖 安 县

宝峰寺

宝峰寺位于靖安县城以北20千米的宝峰镇宝珠峰下、泐潭之滨。据史料记载,宝峰寺原名泐潭寺,又名法林寺,始建于唐朝中期,距今已1200余年。因其地处泐潭之滨得名,又因寺建在石门山内,所以民间又有"石门古刹"之称。唐宰相裴休有诗赞此地是"灵胜地"。宝峰寺背倚宝珠峰而立,崇山逶迤而远,之中忽突起半圆形山峰,极像一颗硕大无比的佛顶珠。周边有七条山岭,连绵起伏,聚首宝珠峰,左右又有二山环抱山门,整个山形好似九龙竞珠。清代文人舒慕芳誉此地为"洞天福地非人间"。宋代高僧善权大师曾赋诗赞宝峰山势云:"兹山甲天下,葱翠自开辟。石磴空自清,峰峦映金碧。"

唐天宝年间(742—755),一位来自钟陵开元寺(今南昌佑民寺)的水潦和尚偕师弟道通法师游方至此,他们行走多日,不免乏累,寻一块溪边巨石安坐小憩,饮罢甘泉,进斋饭毕,抬头见"诸峰蜿若龙蟠者,爱而筑室居之",这即宝峰禅寺之始。水潦和尚师承马祖道一。

宝峰寺全景

水潦和尚自建庵于宝峰后，礼请师尊马祖道一至宝峰禅寺。自唐贞元元年（785）起，马祖道一曾多次率徒来此弘法。马祖道一回钟陵开元寺不久，染疾卧床而逝，享寿八十。弟子们遵其生前遗嘱，灵骨归葬宝峰。时任江西观察使的李兼是马祖道一的皈依弟，举办了盛大的归葬仪式。《宋高僧传》载，马祖道一的葬礼是继华严宗法藏大师归骨嵩山、净土宗善导大师瘗塔秦岭之后的佛门第三次盛大葬礼。唐贞元七年（791），国相左仆射权德舆奉唐德宗旨意，主建石门马祖塔，并亲撰塔铭。唐元和年间（806—820），唐宪宗赐马祖道一谥号"大寂禅师"。唐大中四年（850），江西观察使裴休奉旨主持重修马祖塔，赐塔名为"大庄严塔"，又颁赐"宝峰"匾额。清雍正十三年（1735），又加封马祖道一为"普照大寂禅师"。马祖道一的葬礼毕，百丈怀海法师即傍墓结庐，以报恩守教之心修行，并主持宝峰佛事。十方衲子闻风而至，参禅问道者络绎不绝，如沩山灵鹫，参禅于怀海，后居湖南沩山，成为禅宗沩仰宗开创者。耽源应真禅师，曾与怀海大师论道于宝峰，后出居吉州（今吉安）耽源山，与慧寂禅师说法，传"圆相"给慧寂，后慧寂居袁州（今宜春）仰山，开"仰山门风"，成为沩仰宗另一开创者。云岩昙晟法师，幼时即在宝峰出家，后至修水云岩寺传法，收良价和尚为徒，良价又回宝峰习禅，后至宜丰洞山建寺，成为禅宗曹洞宗祖师之一。黄龙慧南法师，曾在宝峰参禅悟道，后迁修水黄龙寺，成为禅宗黄龙宗之祖。另外，如九峰道虔、东林常总、宝峰克文、觉范慧洪、大慧宗杲等，这些在中国佛教史、中国禅宗史上赫赫有名的法师，都曾在宝峰习禅修道，尔后才开宗立派，宝峰于斯大盛，名扬天下，影响深远。

宝峰寺自创建1200余年来，几度兴废，历尽沧桑，"文革"时期列蒙厄运，香火中断。1992年秋，江西省佛教协会副会长、真如寺方丈一诚法师倡议修复宝峰寺，得到靖安县人民政府的鼎力支持。1993年开始兴工重建。一诚法师亲自设计，所有资金也由他向海内外募化而得。不久江西省佛学院设于此。

抚州市

临川区

正觉古寺

正觉古寺原址在抚州城外犀牛山（今临川区第六小学内），始建于唐代，相传由马祖道一开基立寺，唐代正觉寺景况现已不可考。宋代，南丰人曾季貍游寺后，赋《正觉寺诗》"正觉江边寺，风烟篙画然。庭罗合抱柏，门泊钓鱼船。"谢逸游寺后，以诗记曰："有寺临江皋，门户颇幽邃，野径深蓬蒿。"王安石曾多次到寺观赏，留有《篝龙轩诗》3首。明代汤显祖、李贽也曾到正觉寺礼佛观景。

清代，太平军转战抚州时，正觉寺毁于战火，僧众四散。咸丰十年（1860），太平军石达开部一员战将兵败后在此剃度出家，取法名法果。法果出任正觉古寺住持后，发愿重振，四处募缘，并到湖北礼请清源至寺弘法，指导重建。数年后，正觉寺得到恢复，香火复盛。法果圆寂后，圆光、圆明、汤月、化月、观庵等先后执掌法席。在合力弘法的同时，不断募缘修葺寺宇，规模不断扩大。到观庵任住持时，有天王殿、大雄宝殿、观音殿、地母殿、祖师殿等19幢，僧寮房舍300余间，全寺占地面积2万平方米，还有寺田200多亩。寺中建有4层千佛楼1幢。一楼为方丈寮，其上3层塑有千尊佛像，每尊高约2尺，贴金饰彩，形态各异。千佛楼西有将军殿，

正觉古寺外景

供奉青蛙将军 3 尊,俗称蛤蟆菩萨。正觉寺每隔 5 年启坛授戒 1 次,远近戒子慕名而来。同时,聘请金溪浒湾数名刻工,在寺中刻印经书,数量十分可观。

民国以后,正觉寺香火渐弱。民国十五年(1926),部分寺舍被军队和学校占用。民国十六年(1927),中国佛教总会临川分会成立,设在正觉寺中,住持汉度任理事长。民国二十四年(1935),正觉寺增设马家山、孔家街上大士殿两座下院。民国三十一年(1942),日军入侵抚州,正觉寺惨遭破坏,法器文物被抢掠一空,有数位寺僧竟被日军推入文昌桥下溺死。抗日战争胜利后,正觉寺得到修复,汉度继续执法席。民国三十七年(1948),汉度主持启坛在正觉寺传授三坛大戒,戒期 30 天,为 230 多名戒子圆具足戒。

中华人民共和国成立后,正觉寺仅余僧数人,大部分房舍为抚州市第一小学所用。"文革"时期,正觉寺佛像遭砸,殿宇被拆,僧众被驱赶离寺。中国佛学院毕业的寺负责人戒慧被强令至火葬场工作,寺内所藏经书悉当柴烧,荡然无存。1974 年,寺舍全部划归抚州市第一小学。

正觉古寺新貌

由于正觉寺原址被占用,1984 年抚州地区行署和抚州市政府将原址侧旁建昌会馆(今抚州城外桥东横街 143 号)划作正觉寺,戒全、戒慧相继任住持主持重建。经过数年艰辛努力,到 2000 年寺院占地面积 7000 多平方米,寺内建有殿堂 7 栋,各种用房 90 余间,建筑面积 6000 平方米。2004 年抚州市政府决定扩大正觉寺规模,同年 3 月,拆建、拆迁项目正式实施,至 2006 年底,拆迁安置工作完毕,共拆除公私房屋 8050.53 平方米,腾出土地 12989 平方米,投入经费 600 万元。随后扩建工作全面铺开,至 2011 年先后建成山门、放生池、天王殿、大雄宝殿、万佛金刚塔、箬龙轩和东西配殿等。整座寺庙布局合理,功能齐备,寺内佛事活动频繁,游人香客终年不绝,是抚州城区内住寺僧众最多、建筑规模最大的佛教道场。2012 年 11 月 29 日,举行全寺落成暨全堂佛像开光圣典。先后还举办了大安法师讲坛、佛教音乐晚会和法界圣凡水陆普度大斋胜会。

大金山寺

大金山寺位于临川区云山镇内的金山岭海拔269.5米的临川、东乡、进贤界山之巅。该寺属赣东三大名寺之一,始建于唐代。鼎盛时期,寺内僧侣达500余众,沧桑变幻,寺名也曾一度更改。明代末年寺庙被毁。直至1936年由云游至此的南湘普净法师,搭棚重建。不久日寇侵华战火烧至赣东,大金山寺内僧人躲进深山避难,只剩法福师太独守寺门。1938年出生于临川县云山乡岗胡家村的少女胡瑞兰,初上金山,弘法礼佛。1940年拜湖北新洲报恩堂本焕大和尚为师,剃度出家,法名印空。1987年9月19日再度得法于本焕大师,为临济宗第四十五世法嗣。1946年,印空法师主持修复殿宇工程,曾得到李渡乡绅、三宝弟子桂汝丹助缘,历尽艰辛,于1947年,扩建庙宇,大殿落成开光之日,恭请西藏贡噶活佛登坛说法,故更名为"中华贡噶寺"。中华人民共和国成立之初,为响应政府号召,印空法师率众尼下山,在长山安阳寺创办金山尼众织布厂,一边念佛一边织布,自供自养。"文革"时期,寺毁僧散。1985年拨乱反正,县政府邀请印空老法师重回金山寺,年逾七旬的印空老法师经过十余年的艰苦创业,终于重建了规模宏大、道场庄严、超越历代的大金山寺。1987年经临川县人民政府批准开放。

大金山寺

1994年9月1日,由江西省佛教协会主办、大金山寺承办的江西省尼众佛学院开学,开设初级班、中级班,面向全国招收学员培育佛门弟子,是中国佛教第二大重点教育基地,至今招生1000人左右。1999年7月6日,印空法师创办金山寺慈善事业协会,亲任会长,其会员遍及全国各地。2000年,在政府和本焕老法师及香港旭日集团的大力支持下,大金山寺工程得以实施,于2001年6月3日举行大金山寺大雄宝殿奠基法会,揭开了大金山寺历史上崭新的一页,扩建殿宇,先后完成大雄宝殿、特大斋堂、佛学院教学楼、天王殿和禅堂等主体工程,建筑面积达6000余平方米。2004年4月30日,国家宗教局局长叶小文亲临金山寺视察。2007年12月,大金山寺被国家旅游景区质量评定委员会评为国家 2A 级旅游景区，2010 年 11 月金刚万佛塔在金山寺落成。寺宇恢复后，本焕、明旸、圣一等知名高僧多次来寺讲经传道，并慷慨解囊，支持建寺，远近弟子、信士鼎力相助，五年间建成观音堂、金刚寺、报恩寺、地藏殿、大雄宝殿等，建筑面积 3000 余平方米。金山寺还先后建有数座下院，如云山百瑞庵、长山安阳寺、文昌隆兴寺、罗湖双林寺和抚州讲经堂等。

大金山寺内景

2012 年 6 月 24 日，在临川区政府的大力支持下，大金山寺举行了慈光安养院动工庆典法会。安养院占地面积 93 亩，项目投资 2 亿元，竣工后可容纳千余老人。

明白古寺

明白古寺位于临川湖南乡嘉溪村委会瑶溪村的山野，由北宋名僧慧洪创建。慧洪（1071—1128），亦作"惠洪"，又名"德洪"，字觉范，号冷斋、寂音尊者，俗家姓喻，北宋筠州新昌（今江西宜丰县）人，为宝峰克文禅师之法嗣，临济宗黄龙系传人。慧洪既是北宋名僧又是享有盛名的诗人、散文家、诗论家、僧史家、佛学家。传世之作有：《禅林僧宝传》《林间录》《石门文字禅》《冷斋夜话》《天厨禁脔》《甘露集》《金刚》《楞严》《园觉》《法华》等。大观元年（1107）冬，慧洪在临川湖南乡肇建明白庵。宋政和元年（1111），慧洪禅师因受牵连遭流放至海南琼崖，直至政和三年（1113）五月遇赦北归。次年四月返赣，入住明白庵，参禅之余，感慨万分，撰《明白庵铭》以示自悔，

明白古寺一角

明白古寺外观

决心今后要"一庵收身,以时卧起。语默不昧,丝毫弗差"。从此,慧洪常居明白庵修行,有时来往于九峰、洞山,偶至建昌石门、新吴百丈寺、湘州岳麓山等处参禅习定。直至晚年归里,住持建石台寺,后名清凉禅寺。南宋建炎二年(1128),慧洪禅师圆寂,世寿58岁,获赐"宝觉圆明禅师"之号。

南宋期间,明白庵日渐式微,香火断续。至明代,易名为净土庵,明末清初毁于战火。清康熙年间(1662—1722),嗣僧愚溪兴修,复名明白庵,并书其铭于碑碣,香火重旺。鼎盛时寺庙占地面积4万平方米,建筑面积万余平方米,有僧百余人,声名远播。咸丰六年(1856),明白庵遭兵燹,后经乡人捐资重修,但规模远不如前。民国时,由于兵荒马乱,明白庵风光不再,曾一度作为长仁中学校舍。中华人民共和国成立后,明白庵庙宇颓废,香火熄灭,僧人散尽。1954年被全部拆除。

改革开放后,党的宗教政策得以贯彻落实,湖南乡瑶溪村民纷纷自发捐资献款修复明白庵,1998年10月大雄宝殿竣工开光,嗣后相继落成观音堂、地藏殿及僧寮、斋堂等,建筑面积达1300余平方米,新寺取名为明白古寺。2005年,明白古寺由正觉寺接管。

开山古寺

开山古寺位于临川区云山镇中部西侧,距云山镇约2千米。开山古寺始建于唐天宝年间(742—755),由藏传佛教贡噶活佛在此开山修行,故名开山古寺,因其头戴鹅头帽,因而又被人称为鹅头禅师。明嘉靖年间(1522—1566),开山古寺开办了书院,历史名臣陈都爷(字队炌,临川水田人),在开山古寺书院读书成名,后官至都察院左都御史。鼎盛时,住寺僧众达300余名,还有日本高僧慕名来寺修行,圆寂后亦葬在寺旁的尼姑坟山。

开山古寺正门

清乾隆皇帝御笔赐书"开山古寺"匾额。抗日战争时期,开山古寺被日军烧毁,乾隆亲书匾额也未能幸免。中华人民共和国成立后,先后有法莲、邱义、惠池、慧眼、火印等出家人在此修行。"文革"时期,寺中文物古迹被毁,出家人还俗,寺庙改成垦殖场农业中学。

中共十一届三中全会以后,当地百姓自发地组织起来,出

开山古寺一角

钱出力开始重建开山古寺,修建了简陋的殿堂等。2001年初,在金山寺印空法师的引荐下,台湾惠空法师及弟子觉理、觉真等入住开山古寺,并筹措资金68万元建大雄宝殿。2006年4月,戒全大和尚门下弟子圣行法师应当地信众之请入住开山古寺。在其带领下,先后兴建了客堂、观音堂、伽蓝殿、地藏殿、斋堂、山门、天王殿、放生池、钟鼓楼、寮房、万佛殿等,完成了大雄宝殿及其他新建殿堂内佛像雕塑,还修筑了入寺公路。

笔山禅寺

笔山禅寺

笔山禅寺位于临川区云山镇境内望村,罗市巷口街北隅。远在李唐末年就始建有寺庙,为白玉蟾法师修炼之处。白玉蟾师,据《高僧传》续记:乃福建福清地方人氏,原名葛长庚,字晦如,号海琼子,幼曾居琼州(即今海南岛地)、雷州,过继白氏为子,改姓白。法师工诗善画,学识渊博,长隐于武夷山,弘法传道,被授予道教南派五世祖。到南宋宁宗期间(1195—1224),征诏至都,管理太乙宫,封紫清明道真人,著有《海橘词集》《琼海集》《罗浮志》以及《全宋词》40余首传于世。

鼎盛时期,上下庙宇,总面积5000多平方米。曾有多个帝王,如宋太宗、宋真宗、宋宁宗等皆赐御书匾额。至于文人墨客,接踵而至,常游此地。王安石、曾巩、陆游、陆象山、艾南英、汤显祖、辛好礼等均上过笔架山，并留下许多著名的诗章。

民国初期，有儒僧禅光大师（俗名聂普显，人皆称禅公）来到笔架住持多年，在白玉蟾修炼并建禅师寺，当时僧尼50多名，临川名贤桂汝丹、朱仙舫、陈元慎、桂瑞藩、汤茗苏等亦拜其门下参学。20世纪50年代，禅光大师被选为临川县第一届政协委员，于1968年圆寂。

"文革"时期，笔山禅寺被毁。中共十一届三中全会后，宗教政策落实，比丘尼释慧桂，将自己多年积累的资金，在笔架山结草为庐，坐禅念佛，修行弘法。1996年，云居山真如寺受戒和尚释果静（俗名龚早生）及女居士李通慧来到笔架山以庙为家，苦心修行。

雷峰古寺

雷峰古寺位于临川城东南28千米的河埠乡曾陆村委会里坊罗家村境内的雷峰山主峰。据考证，雷峰山原名雷公山，历史上为临川宗教名山，与井山（黄令微修炼处）、凌云山（戚姑修炼处）相峙。南唐时期，一位名为法显的和尚云游到此，见雷公山古木参天，溪水环绕，山势"魁大秀伟，雄视一方"，似人间仙境，即萌生在此结庐修行之法心。此后他收纳弟子，广扬

雷峰古寺远景

佛法，四处募化，先后在山上修建了大雄宝殿、天王殿、观音堂、斋堂、僧舍等，定名为雷公山保国寺。法显和尚圆寂后，其弟子圆真继任，寺院面积不断扩大，香火日旺。鼎盛时，寺院建筑面积达3000多平方米，僧侣逾百人。

千余年来，古寺饱经风霜，几度兴废。1942年6月，日寇入侵临川，古寺被烧毁殆尽，仅剩残垣断壁。

中共十一届三中全会以后，宗教政策得到落实。20世纪末，当地信众自发在古寺原址上砌了一个石龛，龛内供佛祖。2005年初，出生于雷峰山下罗家村的青年企业家罗建清，积极倡建雷峰古寺，成立寺院重建筹备组，并礼请金山寺住持印空法师的弟子悟缘尼师前来主持重建工作。此时，雷公山已易名为雷峰山，保国寺也淡出人们记忆，因而新寺以山为名称雷峰古寺。2006年吉日在原寺庙基础上举行了隆重的大雄宝殿奠基仪式。2009年大殿内诸佛菩萨开光；2010年2千米的上山水泥路修通；

2012年11月，多功能仿古尊孝楼建成并投入使用，该楼上下四层，建筑面积1600余平方米，集讲经堂、方丈室、僧寮、接待室、会议室、贵宾室、客房于一体。

南 城 县

宝方禅寺

　　宝方禅寺位于南城县严和乡上蓝村，始建于唐高宗麟德二年（665），已有1300多年的历史。该寺初名上蓝院，是曹洞宗二世祖禅锡别院，旧址在今上蓝村委会东张家窠村，后改为宝方院。宋英宗治平元年（1064），敕封为宝方禅寺，一直沿用至今。宝方禅寺几成废墟。直至南宋嘉定元年（1208），经禅师的努力，宝方禅寺才恢复旧貌。

　　明神宗万历年间（1573—1619），寺院又遭焚毁，无明禅师不畏艰难，于万历二十九年（1602），重建大殿、天王殿、禅堂、僧房等。宝方禅寺占地面积为4681平方米，共有水田、旱地、山林40.5亩。该寺坐北向南偏东，三面环山，气候宜人，风景优美。寺前翠竹掩映，溪水潺潺；寺后松林葱郁，古树参天，云雾缭绕。寺后侧有保留完整的化身窑、佛塔林〔其中有清康熙年间（1662—1722）所建云净禅寺塔、母女塔〕。整个寺院建筑雄伟，工艺精巧，其中的法堂、禅堂、斋堂、观音殿、大雄宝殿等建筑均红墙绿瓦，雕梁画栋，是南城保存比较完整的一座古佛寺。现寺内的天王殿（前殿）、大雄宝殿（中殿）、观音殿（后殿）以及禅房、厨库等均为清乾隆二十八年（1763）重修的寺院建筑，至今保存完好。大雄宝殿为九脊重檐硬山式建筑。正面廊房立有两根穿斗老檐柱，两侧山墙平于屋面，三间并列相通，进深11米，井格式窗门，大殿台明高1米，左右为禅房，厨库走廊相连，环殿而立。前殿面对山门，低于大殿。山门面南坐北，地势

宝方禅寺外观

宽阔平坦,花树围绕,碧翠芬芳。后殿依山傍坡,茂林修竹,整个寺院隐于古朴雅静的美景之中。

宝方禅寺现保存下来的六块宋、明、清铭碑,至今字迹清晰,完整无损。1983年被列为省级重点文物保护单位。

"文革"期间,寺庙一度被改为洪门库区移民、插队知青的居所和生产队仓库。1983年,宗教政策得以落实,宝方禅寺重新开放,政府拨款修葺,再加上各方资助,终于使它恢复昔日面貌,现被列为省级重点寺庙。

宝方禅寺一角

麻姑山仙都观

麻姑山仙都观位于南城县西约5千米的麻姑山,亦名麻姑庙,简称"仙坛",相传古时麻姑女于此修炼并得道成仙。唐开元二十七年(739),道士邓紫阳建麻姑庙,赐号"仙都观"。天宝五年(746),玄宗又复命在麻姑山"增修仙宇,塑立诸像,显耀祠宇",使仙都观名声大噪。特别是唐大历六年(771),大书法家颜真卿登游麻姑山,书《麻姑仙坛记》后,仙都观香火鼎盛,朝拜民众络绎不绝。

仙都观正门

宋代,地方官员重修仙都观中的三清殿、老君殿、玉皇殿。从宋真宗到宋高宗,八代帝王对麻姑仙女及仙都观都有诰封或赏赐,其中真宗赐御书百余轴,高宗赐御书法帖十轴，神宗、哲宗、徽宗、宁宗和理宗先后封麻姑仙女为"清真夫人""妙寂真人""真寂冲应元君"和"真寂冲应仁佑妙济元君"等。朝廷规定，每年七月初七，当地官员军民等都要携带供品进山朝拜麻姑，此时，仙都观发展到鼎盛时期。

元代延祐初，请诏改仙都观为"万寿宫"。元末，由于战乱迭起，仙都观毁于战火。明洪武初，朱元璋诏示天下修复名山大川，提举雷振远、都监刘碧渊发动郡民重修仙都观。明末，又因战乱被毁。清初，多次修缮仙都观。民国时期，战事频繁，仙都观受到严重破坏。

仙都观远景

1992年，南城县筹集资金，重建仙都观，整个园林建筑占地万余平方米，主要建筑有三清殿、元君殿、偏殿，还建有被誉为"天下第一楷书"的颜真卿《麻姑山仙坛记》碑亭及200米长的书法碑廊。

黎 川 县

寿昌寺

寿昌寺位于黎川县东北角的洵口镇（旧名石硖）下寨行政村香炉山自然村近旁。《新城县志》载：该寺为唐咸通年间（860—873），由高僧泉南桂琛住持筹资始建，初名永居院。寺院占地60余亩，建有佛殿18幢，前有寿昌桥、青烛岩，后置明眼井，寺周山麓古舍利石塔林立。

北宋治平年间（1064—1067），宋英宗赵曙赐名"寿昌院"。宋代末年，该寺遭战火所毁。元皇庆元年（1312），释日云了心率众募缘重修。明洪武二十六年（1393），住持释宏将寺迁建于黄龙山下，并请西竺禅师住持。明永乐初，寺僧释元偕同弟子在荆山上重建寿昌寺，永乐十三年（1415），僧越善再次重建于此。正统十二年（1447），明英宗朱祁镇赠赐"寿昌禅寺",后又建沉香楼于寺中,并由当朝礼部尚书胡濙撰写了碑记。万历三十六年(1608),有曹洞宗中兴祖师之尊的无明惠经自南城宝方寺迁锡于此,重修寺宇。无明慧经驻锡长达20余载,成为曹洞宗下一大法系,史称"曹洞宗寿昌法系"。明万历四十六年(1618),无明慧经在寿昌圆寂,塔葬寺侧。无明慧经驻锡之时,是寿昌寺的鼎盛时期,基建面积达4万平方米,有大小殿堂18幢,寺内有大雄宝殿、天王殿、罗汉殿、沉香楼等。罗汉殿里便塑有罗汉500尊。沉香楼的观音坐像为风火铜铸造,重600余斤。还有一尊汉白玉观音佛像,高一丈余。

清顺治十年(1653),寺院毁于火,顺治十一年(1654)修复。

寿昌禅寺历代高僧辈出。有无明慧经禅师及弟子元来禅师、元贤禅师、元镜禅师、元谧禅师等,并著有《慧经禅师语录》《元来禅师语录》《元贤禅师语录》《元镜禅师语录》《元谧禅师语录》等禅语留传至今。

寿昌寺历经风霜,至20世纪40年代初,由于兵燹火患及年久失修,该寺绝大部分建筑已荡然无存,所剩佛殿两幢,亦已瓦断墙颓,破败不堪。其时,福州鼓山涌泉寺兴证大师毅然来到寿昌寺,主持重修盛事。经数载劳碌奔波,多方筹募,建成大雄宝殿、法堂及天王殿各一幢,殿内大佛、菩萨、金刚及五百罗汉、僧舍、炊房等修葺一新。20世纪50年代开始,寺内僧人离散,佛事随之暂停。"文革"时期被毁。

寿昌寺外景

寿昌寺大殿

中共十一届三中全会后,黎川境内佛门弟子及信教群众积极筹措,开始重建,1992年3月,寿昌寺正式开放。50多年前主持过寿昌寺重建的兴证大师之嫡传弟子、福州鼓山涌泉寺缘因法师及寿昌寺住持空秒法师,为寿昌寺的此次清基重建倾注了大量心血。1996年12月29日,寿昌禅寺举行了大殿落成暨佛像开光典礼,并引接台湾基金会赠送的《大藏经》。

在黎川县政协常委、县佛教协会会长、寿昌禅寺住持空秒法师的主持下,寺院的增建、扩建和环境改造工程一直未间断。目前寿昌寺建筑群包括大雄宝殿、天王殿、观音堂、地藏殿、法堂、祖堂、念佛堂、藏经楼、方丈室、客堂、祖师塔、僧舍、膳房等十余幢，还建有面积 2000 平方米的大型放生池和塑有 4 米多高露天弥陀佛立像的水泥广场，总占地面积达 3 万平方米。

福山寺

　　福山寺位于黎川县城正南 20 千米的社苹乡竹山村境内之福山九叠谷正北。福山原称覆船山，山体方圆数十里，因其外形轮廓仿佛一倒扣之渡船而得名。唐咸通年间（860—873），懿宗李漼因忌"覆船"二字不吉利，遂赐名"福船山"。宋真宗大中祥符年间（1008—1016）改称"福山"。福山寺始建于唐广明元年（880），原名双林寺。当时名僧释绍隆大师曾栖隐于此，广结善缘，筹集资金，于福山诸峰交峙的景致最佳的九叠谷北麓创建寺庙，成为双林寺的开山鼻祖。宋大中祥符年间（1008—1016），真宗赵恒赐额"福山寺"。元延祐年间（1314—1320），寺庙重建，颇具规模。寺院中轴区为大雄宝殿、天王殿，左右分列观音堂、藏经阁和僧舍、膳房。至清代，福山寺又增建精舍六幢，均为雕梁画栋，翘角飞檐，打磨方砖铺地，花岗条石砌阶，其规模之恢宏，装饰之堂皇，堪称当时黎川寺庙之冠。此时为福山寺最鼎盛时期，寺内殿堂十来幢，大小房室近千间，常住僧众百余人。该寺还拥有水田、旱地 300 余亩，山林面积达 200 余亩。寺内僧众在诵经参佛之余，力行务农治山，劳作成习。

福山寺一角

　　福山寺所处的福山，层峦叠翠，林木葱茏，流涧飞瀑，怪石嶙峋，云飞雾绕，景色特佳，古往今来，吸引过许多名人雅士前来，或观光览胜，或读书讲学，因而寺庙的名气更加彰显。宋代著名理学家朱熹就曾在寺侧建武夷堂授徒讲学。他与当时该寺住持宇光和尚相交甚厚,曾有诗相赠。北宋学者、诗人危固曾游福山寺,其曾作七绝:"覆船山色翠峨峨,栽石藏云不厌多。达理禅师超彼岸,莫疑身外有风波"赠给寺中住持宇光。明代永丰籍状元罗伦曾由当时新城知县吕赞陪同,于成化十年(1474)游访福山寺,亦题《福山寺》诗二首:"云和草树拂天香,无尽光中见紫阳(注:"紫阳"为朱熹之号)。万籁一空天似水,满船风月武夷堂。""洗天雷雨过南山,佳气无边紫翠间。长啸一声空浩劫,白云飞尽老僧闲。"明崇祯九年(1636),著名地理学家徐霞客在游历考察福山期间,也莅临福山寺朝佛,并曾作诗数首赠予方丈。明末县籍进士、抗清名士、"烈汉诗人"黄端伯也曾于福山最高峰海拔1045米的箫曲峰建"箫曲山亭"设坛讲学,该山亭即在福山寺近旁,黄端伯在此几年间,常在该寺进行佛学研究。旧时,寺内大雄宝殿前曾建有一条数十米的长廊,廊两侧嵌有十余块青石碑刻,镌刻着历代名人来访时留下的诗文手迹,惜年代久远,或碑文模糊不清,或只剩残缺碑座。清末以来,福山寺多次因香火不慎被焚,又历经风雨剥蚀,年久失修。寺庙殿堂建筑,逐渐衰颓破败,僧侣离散殆尽,佛事停歇多年。

20世纪50年代末期,福山寺被当时的德胜关垦殖场社苹分场划为下放干部的生产基地。"文革"期间,又遭劫难,佛事设施及历史古迹均荡然无存。

福山寺其他设施正在建设中

20世纪80年代初,落实宗教政策后,福山寺于1986年获得黎川县人民政府批准开放。在远近寺庙僧人及四方信众的关心和支持下,筹集了大量资金,在原庙宇旧址上清基复建。建成了大雄宝殿、观音堂、天王殿及僧舍、膳堂等多幢。重建的福山寺,虽暂不如鼎盛时般殿堂群列、规模宏大,但增建工程正待继续,佛事设施正在进一步完善,其沉积千年的历史文化底蕴也正在挖掘。

妙法寺（禄山寺）

妙法寺外观

妙法寺位于黎川县湖坊乡妙法村，始建于宋太平兴国元年（976）。宋咸淳二年（1266），妙法寺不幸遭火焚被毁。尔后，由无住大师重建，改名咸鸿寺。此后由智满、春玄二位禅师相继住持，二位禅师圆寂后，肉身不腐，寺僧按照宗教仪式，进行香汤沐浴，重塑金身供奉，成为当时寺内一大神奇景观。后被毁，明洪武年间（1368—1398），寺

妙法寺大雄宝殿

庙重建，寺内有僧、尼二百多人，为全县寺庙之冠。明正统年间（1436—1449），皇上赐乃明高僧谥号"真空圆悟大岸禅师"。禅师圆寂之后，亦留肉身供奉，后被毁。万历末年，僧桂载重建，清顺治七年（1650），寺庙遭严重毁坏。康熙五年（1666），僧元杰住持该寺，募资重建庙宇。民国三十六年（1947），由宝光禅师住持。"文革"期间，庙内"皮篾吊千斤大钟"等文物及佛像一毁而尽，僧人四散。中共十一届三中全会后，落实党的宗教政策，经黎川县人民政府批准开放，聘请妙如法师为住持。妙如法师募化经费，将该寺按原状重新修建，寺庙焕然一新。湖坊乡政府还拨给该寺耕地20亩，竹山、茶山500亩。现有常住僧众及居士10余人。

南丰县

地藏寺

　　地藏寺位于南丰县城胜利路西门龙首山下，民国三十二年（1943），黄鹏孚居士（后为智照法师）为首兴建，经费由菩萨戒弟子曾圣悟居士（即曾非与）独捐。黄鹏孚请该县艺人邹东仔等20人在龙首山石壁上凿一尊巨大的地藏菩萨，历时一年六个月完成。1945年秋，寺庙建筑全部竣工。寺内供奉的主要是地藏王菩萨。地藏寺依岩而建，地势高峻。山门红墙石垒，高大巍峨。沿石板台阶拾级而上。山门左右两边刻有对联："因何度尽众生，劝善男信女但存一点仁心，便是修行道路；只是名为教主，论人间地狱，不用百般诡计，顿超解脱法门"。

　　地藏寺内有地藏王殿、大雄宝殿、五百罗汉殿等建筑。地藏王殿依山而建，大殿正中是紧贴石壁的地藏菩萨雕像，地藏菩萨左右两边的石壁上还刻有"西林""佑民"等字。大雄宝殿中央端坐的是阿弥陀佛、释迦牟尼佛、药师佛，两旁的是十八罗汉、普贤、

地藏寺正门

地藏寺地藏菩萨

文殊;右侧罗汉前有一尊禅林护法神伽蓝。五百罗汉殿正中央雕塑一尊巨大的释迦佛结跏趺坐像,两旁侍立的则是老成持重的迦叶和温顺虔诚的阿难。高大宽敞的殿内擦肩挤背地排列着五百罗汉,众多的罗汉或坐或立,或笑或怒,或思考或说话,或赤膊或举手,或挽肩搭背,或闭目诵经,五百个罗汉、五百个形象,姿态迥异,煞费苦心。

"文革"期间,该寺被改为石油仓库,严禁外人出入,故寺庙建筑及石雕地藏菩萨得以保存完好。1984年,该寺被列为省级重点开放寺庙。1987年,该寺在龙首山腰建有一座大雄宝殿,占地面积400平方米。1996年在后山顶新建五百罗汉堂。至2010年,地藏寺占地3000平方米,建筑面积近1万平方米,有大小塑像千余尊。

南台寺

南台寺原名南台山、南岱山、南台道院,坐落在县城盱江东岸的南台山上。1995年12月经批准登记为佛教活动场所,为南丰历代著名风景区(塔寺双晖),也是省级首批重点寺院之一。唐太和年间(827—835)开始建寺,曰南台,宋仁宗赐名宝岩寺,徽宗赐名祥光寺。相传,北宋官员曾布回乡探亲,在乡邻、官宦的引领下游览南台山,在进香礼佛时求了上上签后,风运隆起,仕途显赫,历神宗、哲宗、徽宗三朝重臣,官至参知政事(宰相),从此南台香火也兴旺起来。明嘉靖年间(1522—1566),建许旌阳真君祠于南台山上以镇水患,从唐太和年间至今千余年历史中,除南台寺和许旌阳真君祠外,在南台山上还建有宝岩塔院、南台道院、碧霞宫、江山览胜亭、观澜亭、仰高亭等建筑,这些建筑随时代的变迁屡兴屡圮,原貌均不复存在,历史悠久的南台寺也是如此。中华人民共和国成立初仅存的南台寺是道光十二年(1832)于原许旌阳真君祠的基础上重建的。"文革"时期,改为公产,先后改为生产大队、水南(红卫)公社驻地和县水泥厂职工宿舍。1986年10月释果即比丘尼开始主持教务活动和修复重建事宜,荒废了30余年的南台寺得到恢复,现大雄宝殿建筑于1990年由香港圣一法师鼎力资助重建,占地面积360平方米。

南台寺全景

县政府分别于 1999 年 12 月、2000 年 6 月,先后两次将宝岩塔及其旁边 6278.9 平方米的国有土地划归南台寺使用,南台寺的发展从此进入"黄金"时期,但因 2012 年 7 月突如其来的特大暴雨,途经南台寺长 100 余米、宽 10 米、深近 10 米的地下水渠倒塌,地面塌陷,南台寺多处遭受严重破坏,天王殿、禅住楼、膳堂房屋墙体出现多条裂缝,在县政府的高度重视及各界人士的支持下,通过政府拨付 30 万元的

南台寺近景

防洪基金与信众的援助修复了寺庙。同年,县政府又将寺院正门前的 2000 余平方米的土地划归南台寺,即由 1986 年占地面积不足 200 平方米扩大到占地面积万余平方米。30 余载,寺院建设规模不断扩大,寺中有山门、天王殿、大雄宝殿、钟鼓楼、膳堂、禅堂、长廊、海会塔、念佛堂、四合院等建筑配套,功能齐全。大殿正面匾额有原全国佛教协会会长赵朴初先生书写的"大雄宝殿"四个镏金大字。

寺院拥有南丰标志性建筑——七层宝塔,宝塔俗称"宝岩塔",始建于北宋嘉祐三年(1058),由圆觉禅师创导,仿照古泗州宝塔原貌建造的七级大圣僧伽舍利塔,当时,全国仅有两座。宋治平年间赐名"宝岩塔",南宋淳祐三年(1243)雷火焚塔,元至正九年(1349)在原塔基上重建,自基至顶,上下如一,清康熙十九年(1680)塔顶被大风吹落。"文革"时期,拆毁五层,并在残存的 2 层上建一水塔。现存的宝岩塔是 1985 年 7 月由县委、县政府筹资重建的,1987 年 7 月竣工,塔身为钢筋混凝土框架结构。重建清基时,发现原塔地宫窖室,出土碑志 3 方、文物 109 件、宋以前钱币 4 万余枚,另有舍利子 19 颗。此塔高 44.7 米,塔身直径 12 米,建筑面积 578.12 平方米,6 面 7 层,上下等宽,中有旋梯直通塔顶,每层 6 边都有外廊供游人凭栏远眺,塔外每层翘角上都悬挂 15 斤重的铜铃,微风吹动,发出浑厚深沉的声音,塔内墙壁绘有彩色五百罗汉图大型壁画。

南台寺佛道合一,以其历史悠久、宗教文化底蕴深厚、环境优雅以及独特的塔寺双晖景观形成集自然景观、宗教景观、人文景观三者融为一体的佛教旅游地。20 世纪 90 年代,被列为抚州地区开放寺院,2007 年,被列为江西省级重点寺院。中华人民共和国成立后,南台寺住持为释松柏法师,1986 至 2013 年住持为释果即,2013 年至今住持为释学信。

寿昌古寺

　　寿昌古寺原名永安禅院,清代改称永安山寿昌寺,位于南丰县城直钟巷18号,是1995年12月经批准登记的佛教活动场所,是南丰最早的一座佛教寺院。唐高祖武德二年(619),如石大师云游南丰时在永安山(今直钟巷)创建,相传初建时的禅院规模很大,山门面水,方丈背山。南宋绍定年间(1228—1233)毁,咸淳年间(1265—1274)由邑人张友闻修复。元代文学家刘埙于元贞元年(1295)为寿昌寺新铸大钟撰名,明正德六年(1511)又毁。清嘉庆二年(1797)重建,易名为永安山寿昌寺,咸丰年间(1851—1861)再毁,民国初期复修。1940年,怀崑老和尚为避日寇从南昌来到寿昌寺并任住持,得包钧台、包老八、曾非忕、黄朋孚等地方名人资助。抗日战争胜利后,怀公回昌,由其徒法亮住持,1947年,法亮去广东南华寺求罗汉戒,交善华师住持。"文革"时期,佛像被毁,寺院改作他用,善华师亦被逐出寺院。"文革"后,由吴可住持;1981年,由演成比丘(原中国佛教协会理事、江西省佛教协会常务理事)来寺住持教务活动,在有关部门的关心和支持下,又得该寺前当家法亮大师(旅居美国)及信士赞助,1983年开始修复,近30载,耗资600余万元。目前,该寺占地面积近3000平方米,建筑面积1万多平方米,寺院塑有西方三圣、文殊、普贤、观音、立佛、卧佛、十八罗汉等大小菩萨2万余尊,寺内菩萨数量之多,堪称赣东佛界一绝,寺内有接引亭、大雄宝殿、藏经楼、舍利殿、立(卧)佛殿、观音殿、万佛殿、斋堂等建筑。最有特色的是舍利塔、立佛、卧佛和万佛楼。

寿昌古寺正门

寿昌古寺观音显圣像

舍利塔位于舍利殿内,该塔七级八角,高 7.2 米,直径 5 米。每层都塑有若干个小佛,每个小佛高约 20 厘米。全塔共塑佛像千尊,故又称千佛塔,堪称艺术珍品。立、卧两尊大佛于 1992 年同期塑成,立佛像(无量寿佛像)高 5.2 米,卧佛像(释迦牟尼佛像)长 5.3 米,按北京香山寺佛像的形态和大小制作。万佛楼又称观音显圣殿,2002 年初始建,2002 年农历九月十九竣工,建有斋堂、观音殿、万佛殿,占地面积 840 平方米,建筑面积 1152 平方米,塑像 2003 年农历九月十九完工,殿内有一丈六尺高的泥塑跻龙驾云洒露观音、高 5.33 米的树脂塑西方三圣,共有 20488 尊大小不一、形态迥异的佛像,堪称一绝。

20 世纪 90 年代,被列为抚州地区开放寺院,2007 年,被列为江西省级重点寺院。2012 年后住持为释宽坚。

乐　安　县

大华山道观

大华山道观位于乐安县城东南方,在南村和谷岗两乡间的大华山中。大华山,是江西著名的道教圣地。据史料记载,大华山早于西晋元康二年(292)就兴建了道观。至宋庆元年间(1195—1200),进行大规模的重修,整整花了十年的时间。主要重修三仙殿、玉皇阁、三官殿、九皇宫、天官坛、宾仙阁、圆光亭等。

大华山道观全景

大华山倍受历代朝廷和官员的重视。宋熙宁八年（1075），宋神宗赵顼敕赐"华盖山"及"崇仙观"匾额，加封三仙为"佑圣真君"。明太祖朱元璋和宪宗朱见琛先后赍降御香；洪武二十六年（1393），天师张宇初奉敕建二天门，匾写"敕赐崇仙观"；明嘉靖二十四年（1545），世宗朱厚熜敕谕保护华盖山，文曰："凡一应官员军民诸色人等，敢有不遵敕旨，肆行其毁搅扰损作践者，必罪不宥。"嘉靖二十年（1541），龙虎山少师夏言，在华盖山建一天门，匾曰"大华山"。万历三十九年（1611），崇仁大学士吴道南改书"大华盖山"匾。

从崇仙观到峰顶10千米，依次有"大华盖山""崇仙观""蓬莱仙境"三门。山顶建有"三仙正殿"一栋，门匾有"大华山"三字，附近有圆光亭、憩霞轩、天官坛、宾仙阁、南真观、玉亭观、林仙观等。三仙正殿内，设有三仙塑像。

1982年，随着宗教政策的落实，大华山道观获得新生。道长陈芳泰率领十方信士捐献钱物，修建了浮邱观、九皇宫、观音殿、万寿宫和二天门等，总面积800余平方米，泥塑木雕神像62尊。自2007年始新建了三仙殿、观音堂、仙女峰、办公楼、住宿大楼、厨房、殿前广场等，建筑面积近2300平方米，共计房间60余间。现大华山道观有道士15人。

石桥寺

石桥寺位于乐安县鳌溪镇白竹村，距县城18千米，始建于唐天宝三年（744）。原寺分天王殿、大雄宝殿、念佛堂和钟鼓室，有泥塑或雕刻的各种菩萨。寺前建有二层方丈楼和焚塔。石桥寺建于天然石拱之下，这座石拱，高15米，长58米，左宽20米，右宽14米，拱下平坦宽阔，整个石拱颇似天桥横架两山之间，故被称为"石桥"或"仙人桥"，地势甚为壮观奇特。据县志记载：南宋理学家朱熹曾在此讲学，南宋淳祐年间（1241—1252）民族英雄文天祥在此读过书。宝祐年间，文天祥在好友乐安籍同榜进士何时（鳌溪西杭人）、张浚（南村人）、黄文枫（潭港巴塘人）、张桂龙（望仙人）、张子实（增田鉴元人）、曾惠迪（望仙水西人）六人的陪同下，故地重游，见往昔兴盛寺庙破败不堪，年久失修，即独力捐资重新修建了天王殿、大雄宝殿、膳宿房和围墙。当时奠基

石桥寺全景

石上还刻有"文天祥"三字。民国十七年（1928），被毁。

中共十一届三中全会后，随着党的宗教政策的落实，1984 年 5 月，当时天仙寺住持金保法师在其弟子的邀请下，来到石桥寺察看。见千年古寺虽已荒废，但其石拱依然坚固，加之山下还有荒芜田园可供开垦，确是一块佛教圣地，遂下决心，于此重建。当年 5 月，金保法师率弟子到此，披荆斩棘，修路清基。重建的石桥寺由西而进，有砖铺水泥坡道直通山门，山门 5.4 米高，7 米宽。前墙开有三扇大门，中门内是大雄宝殿，该殿面积 120 平方米，三面砌有 3 米高的腰墙，正面砌有 1 米高的神座，塑有释迦牟尼、阿弥陀佛和药师佛西方三圣金盘莲花座。前墙内左右设铸铁钟和木鼓，右门内为聚客厅，后设延寿堂。后石墙上开一木门，由此通往后山，直至天桥顶上，寺内共塑有佛像 118 尊。之后陆续兴建了天王殿、千手观音殿、膳食厅、客宿厅、送子观音殿、普众塔等设施，建筑面积 1000 多平方米。2008 年重新翻建的山门，高 7.4 米，宽 7 米。寺庙现购置山林 95 亩，栽种桐、竹、松、杉、油茶各类树木近万株，开垦荒地 10 余亩，种植稻谷和蔬菜，做到粮食、蔬菜自给有余。

石桥寺景点甚多，除石桥天然奇观外，还有石罗汉、石娘娘等，它们形态逼真，以形命名。

该寺于 1986 年 3 月 11 日经县政府批准为开放佛教活动场所，列为县政府历史文物保护单位。

观性寺

观性寺原名浚源庵，位于乐安县望仙乡（2001 年 11 月并入招携镇）三湾村信元村小组的信元山麓，距县城 22 千米。《三湾村何氏族谱》记载：该寺是三湾人氏何从言于北宋乾德五年（967）始建。浚源庵为三合院的布局，中间是大雄宝殿，两侧建有"宴安"和"望月"阁楼。这座寺庙兼作何氏子孙读书场所。

观性寺外景

南宋建炎三年（1129）十月前后，金兵再次南侵，高宗急遣人送隆祐太后往洪州（今南昌），自启跸临安（今杭州）。金兀术闻高宗趋向临安，一路自滁州、和州进入江东，紧追宋高宗；一路自蕲州、黄州（今湖北黄冈）入江西，直逼隆祐太后。在金兵的追捕下，元祐皇后一行七月逃至洪州，十月行至吉州（今吉安）。江西制置使王子献也弃城而逃，洪、抚、袁三州相继失陷。元祐皇后的侍卫参军何维贞是乐安县望仙乡人，他建议太后到观性寺避难，征得了元祐皇后同意。

元祐皇后来此庵后，该庵名声大振，香客不绝，香火不断。由此，何氏又扩建了浚源庵，增建了天王和观音两殿，同时把"浚源庵"改名为"观性寺"。

建炎四年（1130），宋高宗赵构平息了金兵之乱，亲驾乐安县望仙乡，接祖母元祐皇后回皇宫。宋高宗和元祐皇后上、下马辇的地方，如今还被当地群众称为"天子门"，今为望仙林管所的大门口［以上史实，清同治八年（1869）的《乐安县志》和望仙乡的《何氏家谱》均有记载］。元、明两代，该寺都由何氏家族捐资修葺。清代，由当地何、曾两氏共同修葺。"文革"时期被毁。

1988年，住持比丘尼释银文率十方信徒，在原址上重建观性寺。新观性寺建筑面积310平方米，寺内有二层仿古式大雄宝殿，殿内有佛像43尊。寺有毛竹、杉木和油茶30余亩，耕地5亩。1991年8月6日，经县人民政府批准，该寺被确定为佛教开放场所。

宜 黄 县

曹山宝积寺

曹山宝积寺简称曹山寺，位于宜黄县城西13千米处的陈坊桥村后曹山山麓，占地52亩，山林380多亩，唐咸通年间（860—874），佛教禅宗南岳青源法系弟子本寂禅师所创，是中国佛教禅宗五大派系之一的曹洞宗祖庭。本寂，福建莆田黄氏人，名崇精，19岁入福州云名山当和尚，25岁受具足戒。不久即到江西宜丰县的洞山普利寺，参谒良价禅师，受良价器重。《五灯会元》载，"山（洞山）问：'门阁黎名甚么？'师（本寂）曰：'本寂'。山问：'哪个䔍？'师曰：'不名本寂。'山深器之。从此入室，密印所解。盘桓数载，欲辞去。洞山问：'什么去处？'曰：'不变异处去。'洞山曰：'不变异岂有去耶？'师曰：'去亦不变异。'山遂密授洞上宗旨。"

曹山宝积寺全景

曹山宝积寺落成典礼及法会

唐咸通十一年（870），本寂辞师洞山，拜别良价，遂前住广东曲江曹溪礼禅宗六祖墓塔，决心寻找新的曹溪以广佛法。相传他返赣后一路风餐露宿，磨破了许多双僧鞋，脚上也打起了血泡，找了好些地方也未找到新的曹溪。有一夜梦见六祖在他手心写了"心坚石穿"四字，遥指东北方向，本寂会意而行，终于在宜黄找到这个圣地。居士王若一见本寂志诚心坚，遂将何玉观相予。本寂更何玉观为荷玉观，后因观堂扩建，曹山环抱，曹水长流，同时为纪念曹溪六祖慧能的功德，将扩建的荷玉观改名为曹山寺。本寂在曹山潜心修行，并广开山门，课徒说法，阐释良价禅师的五位君臣法要，大振洞门禅风，学者云集。当时，南平王钟传多次请他去洪州（南昌）弘法，本寂不为心动，仅以大梅和尚山居颂"摧残枯木倚寒林，几度逢春不变心。樵客遇之犹不顾，郢人那解苦追寻"作答，谢绝钟传之请。本寂住山30年，由是禅法大成，四方参者颇众。"洞山之宗，至即为盛""家风细密，言行相应，随机应变，就语接大"的禅宗五家之一的曹洞宗即此始成。唐天复元年（901），62岁的本寂禅师圆寂，葬全身于寺西百步的凤形坊，塔名福园。由于他对曹洞宗形成和发展贡献甚大，因而被敕谥为"元证禅师"。清雍正十二年（1734）被加封为"宝藏元证大师"，南岳玄泰撰铭。本寂"文辞遒丽，富有法才"，著有《解释洞山五位显诀》《注寒山子诗》，后人又辑得《抚州曹山本寂禅师语录》《抚州曹山元证禅师语录》存世。法嗣洞山道延、金峰从志、曹山慧霞、光慧、智炬、鹿门处真、草庵法义、育王弘通、华光范、布水岩、小溪行传，四川西禅、韶州华严以及匡仁、慧敏、智隆、行因、智净、慧忠、知俨、法显等名僧遍布祖国各大名山。而良价、本寂同被尊为创宗祖师，洞山、曹山均为曹洞祖庭。

南宋嘉定十六年（1223），日本承阳大师（通元）来华参禅，师事曹洞宗第十三世代祖、宁波天童寺如净法师三年，受曹洞宗禅法和法衣而归，建永平寺作为日本传播曹洞宗的根本道场，至今教徒数以百万计，朝鲜、东南亚等地亦有不少曹洞宗信徒。

本寂当年的荷玉观规模已不可知，但有记载说本寂来后"法席大兴，学者云萃"，其貌当可想见。本寂身后，慧霞了悟、光慧元悟、羌慧智炬及法眼宗慧济法安禅师相继住持。宋大中祥符二年（1009）改观为寺，称号宝积，因地处曹山，善信俱称曹山寺。黄龙宗雅禅师、道震禅师相继住持。绍兴年间（1131—1162），寺中方丈楼被陨石震坏，住持了如禅师和邑人邓经出力修葺一新。后金兵南侵，众多庙宇变为废墟，曹山寺因偏僻幸存，可了如禅师大开山门，接纳四方落难僧人，宝积寺僧徒倍增，曹山之名更为远播。

元末，寺遭兵毁。明洪武初僧显化（俗姓廖）修佛殿，建法堂，把曹山寺修整得更为壮观，据传僧尼多达300余人。明洪武六年（1373），显化将寺内积蓄的1000多担稻谷，用来赈济灾荒。明太祖知道后，特敕封显化为"斯道禅师"，并赐寺额为"宝积禅林"。后临济宗31世万如禅师、32世行秀禅师相继住持。崇祯后期（1640年左右），观心禅师应张知府、蔡县令之请，从崇仁龙济寺迁主曹山寺（兼主黄山寺，自号"曹黄耦叟"）。

清初，本寂墓塔被毁。顺治十三年（1656），时为博山寺方丈的曹洞宗33世宗匠觉浪道盛禅师，偕徒墨历大智（方以智）禅师与诸山长老、地方缙绅和护法多人，主持重葬本寂灵骨，并建塔碑，大智撰写塔铭。康熙、乾隆年间（1662—1795），仙源、智胜、明敏等禅师相继住持。道光时，曹山宝积寺逐渐衰落，"殿宇荒凉，香销烛灭"。民国以来，仅存部分殿堂和少数佛像。中华人民共和国成立初，殿堂破旧，无僧尼住持。1958年佛像被毁，"文革"时期庙宇全被拆除。

1982年，宜黄县人民政府决定将本寂墓塔列为县级重点文物保护单位。1983年，重修本寂禅师墓塔。1985年，本寂墓塔及其四周的祖师当年面壁参禅的雨花崖，清甜甘洌、千年不枯的卓锡泉，以及显圣崖、回龙洞诸灵迹等被江西省人民政府列为省级重点风景名胜之一。嗣后，中国佛教协会副会长净慧法师、一诚法师等国内高僧、居士、善信先后来到曹山礼祖、考察。国内外有关媒体发表了有关报道。

1993年春，为贯彻落实党的宗教政策，弘扬佛教历史文化，满足信教群众宗教信仰的愿望，宜黄县人民政府决定批准修复曹山宝积寺，并成立曹山寺修复委员会。此举得到中国佛教协会的大力支持，赵朴初会长亲笔题写了"曹山宝积寺"和"大雄宝殿"匾额。原江西省佛教协会常务理事（现副会长）怀善法师任寺庙住持。1994年6月，进山公路、高压电线、施工工棚先后建成。1995年6月，一座占地240平方米、建筑面积为630平方米的三层仿古式客堂竣工。1996年7月正式批准为开放寺庙。

1999年始，为加快曹山宝积寺的恢复重建筹备工作，县政府筹资300多万元，先后从缅甸迎请玉佛13尊。2003年12月，县政府礼请全国佛教协会理事心亮法师亲任寺院住持。2004年5月，香港旭日集团董事长、大德居士杨钊先生捐资重建曹山寺。同年9月重建奠基，先后修建三学堂、斋堂、藏经阁、大雄宝殿及两侧走廊、配殿、天王殿、钟鼓楼、客堂、养净院等建筑。2009年11月12日举行重建落成和佛殿开光典礼。2013年礼请养立法师住持曹山宝积寺，养立法师募集各方善款超过4000万元，兴建5000平方米新僧寮、讲堂、流通处、消防楼，改建广场，绿化、维修寺院，承办江西省佛教协会第十九次传授二部僧三坛大戒法会，开通了曹山微信公众号的服务号与订阅号，为公众第一时间了解寺院各种资讯提供便捷，制作"大美曹山""三学之路"等视频，向社会传递正能量，使千年古刹重放异彩，曹洞祖庭再现庄严。

石巩寺

石巩寺位于宜黄县二都镇二都村。清同治《宜黄县志》载：唐肃宗（756—761）时，马祖道一"自建阳（属福建）佛迹岭迁至宜黄石巩，结庵巩下"，开坛说法，广招门徒。时宜黄有一猎者，手持弓箭，逐鹿庵前。马祖道一相机接语，晓以禅理。猎者顿

石巩寺全景

悟，掷下弓箭，投其座下，剃度出家，随侍左右，终成大器，此即为慧藏禅师。马祖道一迁赣州，慧藏遂主石巩，"领徒四百，住山三十年"，常以弓箭接引后人。有问道者见其张弓挟矢，辄惧而走，独三平和尚以胸示之，师乃掷弓，授以道要。"慧藏逐鹿""三平受箭"，这是禅宗佛教史上一段著名史话。巩洞坐北朝南，跨经40余米，东壁高15米左右。巩洞之四周十八石峰，各具神态。有所谓狮、象、虎、马、狗五山，钟、鼓、木鱼三山，以及二山一体的铁牛推磨、鲤鱼挽水、金钟盖龟、老鸦抱（孵）蛋、二龙戏珠等。而巩洞则雄踞中央，世有"十八罗汉拱如来""十八罗汉伴观音"之说。自古以来，有不少高僧慕名而来，结庐面壁，建寺弘法。巩洞西壁高处有"马祖法窟""百丈清规"两块方砖的印迹，其旁有宋郡守张百宗亲书的"石巩"二字，字大三米见方，至今依稀可辨。

寺庙兴旺了若干年后被废。宋元祐二年（1087）秋，至庠禅师自贵池杖锡而来，

于巩洞之东北滴油岩下，编荆棘避风雨，昼处夜卧，净修佛法，远近趋赴者日众。元祐七年（1094），邹极开始建庙。后来，至庠遂为住持，寺名改为石巩义泉禅院。后寺院日盛，僧人多达700多人，皇帝曾敕封为"石巩义泉古寺""马祖第一道场"，赐匾石巩为"江西第一名山"。

明万历年间（1573—1619），寺僧智鄯重建殿宇及藏经阁、法堂，并于巩洞之附近分别建有义云庵、义泉庵、会源庵、松筠庵等静所。明末崇祯年间（1628—1644），兰城和尚住持，新砌普同塔于巩洞北。塔三层，上层坊牌曰"万派归源"，有马祖、慧藏、戒明等碑刻；下七级石阶，有大石化钱炉，是为中层；再下七级，为普同塔，安放历代比丘骨灰罐，四周栏柱花板，雕刻精致。三层正面左右石柱分别刻有"一梦不回，千秋永别""一堵铿空诸色相，千秋灯发大光明""千秋巩石有月长明，五夜灵钟无风自扣"等对联；又下十三级石阶，有石雕狮、象左右守护，古枫数棵环绕塔旁。其后兴废更迭，无籍可考。

民国十年（1921），年仅十四岁的清规从宁都来到石巩寺。当时石巩寺大殿虽存，但已破败，巩洞中的建筑荡然无存，仅有一名原灯和尚住持佛事。清规遂与同来的海良、会仙师兄宿于石巩内，卖柴度日。四年后，清规到南城深山寺受戒，后又投参宜黄桃华山寺。1929年会同竹意等重返石巩寺，决心修复碧内佛殿。于是四处奔波，八方募化，终于在1930年建成巩内太极岩、石巩寺二殿连体的三层寺庙，塑各种佛像120多尊。当时，寺内有僧尼18人，水田73亩，耕牛8只，年收稻谷4万多斤。1934年，国民党孙连仲部为修筑碉堡"围剿"红军，拆除下殿40多间。

"文革"时期，又拆除巩内二殿，佛像均毁。中共十一届三中全会后，宗教政策得到全面落实，清规法师重返石巩寺。1985年，于巩洞内先后建成法堂、客堂、僧舍、斋堂，恢复正常的佛事活动。

1996年5月，修建大雄宝殿。新建的大雄宝殿为砖木仿古结构，占地480平方米，高15米，面阔五间，进深五间，五十六柱落地，四周回廊环绕。重檐歇山顶，琉璃瓦，彩色漆，气势雄伟。之后，又先后重建普同塔、清规墓塔、观音堂、天王殿、藏经楼和祖堂。2000年始，修建了景区游步道、防护栏等景点基础设施。1996年4月，该寺正式批准为开放寺庙。

石巩寺丹霞飞梁

石门寺

石门寺位于宜黄县中港镇店下行政村章角排村，又名"石门庵"，始建于宋。清乾隆、嘉庆年间（1736—1820），相继有尔南、武闻、松杵、德尊、伦瑞等禅师住持。道光年间（1821—1850），一场大火把石门寺烧为灰烬。百余年后，桃华山住持明海及其首徒竹慧（宜黄井坑人，俗姓刘）邀及同志道友，四处募化，经过几年努力，终于复旧如初。

民国十二至十四年（1923—1925），明海、竹慧和尚募化重修。寺院分上、中、下三栋。下栋为山门，面阔9间，正中为大门穿堂，左边为客厅，右边为僧房。中栋面阔亦为9间，中间为大雄宝殿，左边为大彻堂，右边为观音堂。两栋左端有冰心堂，右端由祖堂相连，各有侧门通寺外。上栋依山而建，三层歇山顶，一楼傍山，二楼为三仙殿，三楼为一大间，四周回廊。各殿堂有佛像160多尊，山门外有古井、化坛及墓塔等。当时寺院有僧尼20余名。民国十六年（1927），南京佛教协会会长欧阳谦（欧阳竟无）撰、吴瑞堂书"复兴石门古寺碑记"石碑。山门左狮子岭上保存有民国三十一年（1942）修建的塔院一所，右侧路旁有普同塔。

石门寺全景

中华人民共和国成立初期，该寺有僧尼8名。1954年，僧尼增至13名。"文革"时期，县鹿冈公社杨坊大队林场设于寺院，僧尼成为林场成员，参加劳动，按劳动分配。1974年，林场将寺院及其他财产归还给僧尼，嗣后，寺殿经过重修，恢复原貌。

1984年，江西省人民政府批准石门寺为省级重点寺观之一。1985年，寺内有僧尼、居士10名。有水稻田25亩、竹林100亩、杉木林180亩、油茶林50亩。

仙洞古寺

仙洞古寺位于宜黄县城西北郊2千米处的黄陂桥村，有一通体紫色的巨大石山耸然而峙，横亘东西。在山腰有一奇特的天然岩洞南北对穿，俗称"仙洞"。据说洞前有四时不谢之花，八节常熟之果；树木茂密参天，修竹亭亭玉立；泉自地心涌，水从石上流。此水取之焙茗，则茶味清纯；酿酒，则酒香扑鼻。洞内有天然仙石床、石桌、石棋盘，相传是当年陈博老祖下棋的棋盘。真可谓洞天福地，故又名"仙洞山"。仙洞北端有石碑，碑上写有"读书堂"三个苍劲有力的大字。据说是北宋大文学家王安石少年时曾在此洞读过书，至今还流传着王安石读书入迷的故事。

仙洞古寺大雄宝殿

仙洞古寺正门

清同治《宜黄县志》载：北宋年间（1034年前后），王安石才13岁，自临川肩挑竹制书箱，慕名来到仙洞古寺向宜黄饱学隐儒杜子野（又称梦周先生）拜学。在仙岩山东端北侧的石窟中，王安石接受了先生"自立、自治"的教育主张，常与先生"赏奇析疑"。有一次，他读书通宵达旦，直到旭日临窗，桌上依然一灯如豆。这天，王安石竟把值日煮饭之事忘得一干二净。当先生前来查问时，王安石才从书中醒悟过来，急忙跑到山下村里去借火。当他取火回洞后，先生又气又笑地说："你怎么会去舍近求远，难道桌上读书灯不能点火？"并罚他以"误炊"为题，赋五绝诗一首。王安石应声吟咏："苦读天已晓，日高竟忘饥。早知灯是火，饭熟几多时。"这个动人的故事流传至今，而王安石当年面壁苦读的这个石窟，从北宋至今一直被人们称为王安石"读书堂"。在石窟内壁上，还可看到"读书堂"三个颜体大字，为南宋右谏议大夫李郗石刻遗迹。

在仙岩山北壁左向，有一个小山坡，登上60多米长的石阶，有一个六角彩色凉亭，名为红龙亭。明崇祯九年（1636），徐霞客慕名游览仙洞寺，他兴致勃勃地赞颂仙洞寺："……入山，得仙岩，高峙锦屏，上穹下通，其西垂忽透壁为门。穿石而入，则众山内阒，若一另一世界。是岩其薄，南面壁立，北面穹覆，其穿透多隙，正如虔之通天岩，岩之最奇者"，并载入他的《徐霞客游记》。

明宣宗时（1426—1435），有一个叫慧明的和尚云游至此，见这里山清水秀，环境幽静，是传经讲佛的胜地。遂四出募化，修成南、北二庙。南庙二层，塑十八罗汉、雷公、电母诸神；北庙三层，塑如来、观音等佛。两庙均有画栋而无雕梁。因庙宇建在空洞内，洞顶石壁即为屋顶，无须盖瓦，在建筑上别具一格。庙修成后，招来不少善男信女到此祈求来生之福；也引来众多的骚人墨客到此游山赏景，题诗作赋。庙宇虽屡遭兵火之灾，却几经修复。"文革"时期，"仙洞"庙宇遭摧毁，佛像被砸烂，树木被砍伐。但"仙洞"内仍存石床、石桌、石棋盘，《读书堂》石碑犹存，尚能供人们凭吊玩赏。近年来，在信众的资助下，寺庙得以恢复，建成了占地500平方米的大雄宝殿、天王殿、三圣殿、卧佛殿、藏经楼等，还建了84尊菩萨、约100米长的佛像长廊。2006年2月正式批准为开放寺庙。

桃华山寺

桃华山寺位于宜黄县棠阴镇鹿源村、白竹村和中港镇上坪村交界处的桃华山上，距县城30余千米。始建于宋，为寂庵和尚所创。寂庵和尚俗名余一心，江西玉山县人，曾为知县，因不满朝政，挂冠出家。先至庐山东林寺，后来到宜黄曹山寺，为曹洞宗本寂系下弟子。据说当时有大雄宝殿、大仙祖师殿等，僧众达100多人，耕耘土地100余亩。寂庵和尚九十岁圆寂，徒众于寺前建"寂庵老和尚塔"以葬，并从佛殿东上辟出一室，立像加以祭祀。清康熙三十八年（1709）夏，山寺遭火灾，寂庵五世徒未也禅师捐资修葺。光绪年间（1821—1908），明海禅师从建昌（今南城）寿昌禅寺来桃华山住持，增建观音堂、祖堂及僧寮，建筑面积达800多平方米，时有僧众60余人。之后，明心、竹伸、清规、悟玄等相继住持，不断修葺、扩充，占地千余平方米。现保存有大雄宝殿、观音堂、西方三圣殿、灵照塔、客厅、斋堂、僧寮等建筑。寺院高踞山顶，清静幽雅。寺前寂庵老和尚及海山、雷震、未也、灵源等历代禅师墓塔保存完好。寺内还收集保存了《本山二十八世祖步仙禅师、莲修禅师碑记》《本山中兴监院明海禅师、化主性顺禅师碑记》等碑刻。前山有"五龙聚会"，后山有"双龙戏珠"等景点。

桃华山寺塔墓

桃华山寺正门

1986年后，寺庙又增塑佛像20余尊，新建六柱三层瞭望塔，2014年修通了鹿源山庄到寺院4千米的水泥马路。现任住持法闻法师，是抚州市佛教协会常务理事，领僧众4人，农禅并重，1996年4月正式批准为开放寺庙。

金 溪 县

疏山寺

疏山寺位于金溪县浒湾镇疏山群岭之中，原名白云寺，唐中和二年（882），由匡仁创建。唐中和三年（883），唐僖宗御笔亲书"敕建疏山寺"，该匾额至今仍高悬于天王殿门前。后成为佛教曹洞宗传教胜地之一，宋太宗、真宋、仁宗、高宗皆赐御书寺额。

明时该寺重建，明洪武二十八年（1395），钦命北京龙虎寺道性禅师来寺住持。清初，朝廷又派杭州云隐戒显大法师为本寺方丈。

疏山寺外观

疏山寺高僧辈出。创始人匡仁，又名白云矮佛、圆照禅师，号"曹家女"，吉州新淦人，先从曹山本寂剃度，后又承洞山法嗣，弘扬慧能学说，著有《四大等颂略》《华严长者论》；宋代有了常禅师、启东明归云禅师、慧僧了如禅师，元代有嗣宁禅师，明代有道性湛然、道本、道如禅师、无像、大智禅师；清有戒显、曹洞正宗三十五世道生禅师、临济宗三十四世顺西元器禅师，民国有了尘、圆光禅师，1949年以后有善道禅师。以上禅师中，慧僧了如禅师颇负盛名，其俗名张澄（？—1143），字达明，官至尚书右丞，建炎南渡，"自解朝衣蘸佛香"，升座疏山寺方丈，领疏山之众10余年，制经书5040卷，造楼台殿宇百余幢，积钱两千万。

疏山寺历经沧桑，20世纪60年代，一场大火烧毁了该寺禅堂和僧舍。

疏山寺内景

　　1978年,曹洞宗第47代传人善道禅师重返疏山寺任住持并担起复修重任,仅用4年时间,颇具规模的疏山寺就展现在世人面前。大雄宝殿前正中央设有宝鼎一尊;两边是大方坪,西边方坪中曾有一株罗汉松,高10余米,绿荫如盖,三人难以合抱,相传为白云长老手植。大殿长廊上有楹联若干副,大殿西侧是禅堂,立柱上刻有"门前青猿来献果,屋后黄鸟听谈经"楹联。拾级而上是法堂。疏山寺内有参公塔院,为历代高僧骨灰存放之地,共有五座普同石塔。疏山寺留下不少名人墨宝,唐僖宗、宋太宗、宋真宗均书写有御匾,还有王安石、曾巩、汤显祖、晏殊父子、陆游、陆象山等墨迹。

　　复建后的疏山寺内有天王殿、大雄宝殿、罗汉堂、藏经阁、东西厢客房、签房、潜省居等,建筑面积约6000平方米。疏山寺现被列为江西省重点开放的寺观之一。

上饶市

信州区

东岳护国寺

东岳护国寺又名东岳庙，历史上曾为道教宫观。位于上饶市信州区信江南岸的琅琊山文笔峰下。始建于宋绍兴年间（1131—1162），后经明、清修葺扩建。庙内供奉"东岳大帝"（执掌一方人间生死荣枯、兴衰祸福）"圣母娘娘"。

寺院坐南朝北，建筑面积近3000平方米。除正殿外，右有睢阳祠，左有圣母殿，后有文昌阁。正殿为前后进，双天井，硬山屋顶，抬梁式砖木结构，进深20.8米，高8.2米。殿门前设3重台阶，墀嵌大幅浮雕九龙壁。明代首辅夏言曾在此留下名篇《东岳祀记》。民国初年，由于僧人的进入及管理，佛寺的氛围逐渐浓厚。

东岳护国寺大殿，殿前台阶中间为九龙丹墀

中华人民共和国成立初期,仅存东岳大殿（正殿）、圣母殿（观音阁）和正殿门前的三重台阶九龙丹墀等建筑。"文革"期间,庙被毁,僧人被赶走,佛像被捣毁。改革开放后,党的宗教信仰自由政策得到贯彻,东岳庙得以恢复。1983年,上饶市（县级）人民政府将其列为上饶市文物保护单位。1990年,在寺内发现临济正宗第三十七世怡山师祖的灵位牌。1991年6月,上饶市政府批准东岳庙为佛教活动场所。1994年,更名为"东岳护国寺",由方丈圣修老和尚募化,动工修复东岳殿,并新建大雄宝殿。1996年5月,由圣修老和尚举荐,经上饶市民族宗教事务局同意,佛教协会聘释净明任东岳护国寺住持。1997年,东岳护国寺的总体设计规划通过政府审定。净明法师带领该寺僧众,募捐兴建了居士楼、斋堂、僧寮等,建筑总面积有3000多平方米。还专门建了钟楼,用以保护五代吴顺义三年（923）信州刺史周本铸的鸡应寺铜钟。鸡应寺铜钟又名天宁铜钟,呈圆桶状,高2.83米,直径1.7米,厚0.12米,重4.12吨,顶部有双龙装饰的挂首,下部外撇,底沿呈倒莲花瓣形,周身刻有铭文及捐助者姓氏和款物。1998年农历四月初八（释迦牟尼佛生日）,举行了大雄宝殿落成、佛像开光庆典及上饶市佛教史上首堂水陆大法会。

鸡应寺铜钟

东岳护国寺多次被评为省、市两级"五好"宗教活动场所。2007年被江西省民族宗教事务局定为全省首批重点寺院。

广 丰 区

灵鹫寺

灵鹫寺原名宝积禅院,位于广丰区东阳乡境内,始建于唐元和年间（806—820）。唐代灵隐寺僧明道、智开两法师从杭州来江西,沿途寻访名山胜地,进入灵鹫山时,见风光优美,环境幽雅,遂开山建宝积禅院。北宋熙宁五年（1072）,高僧景祥驻锡于此,其后释慧觉住持灵鹫寺,其佛学知识渊博,经常用通俗教义上堂说法。南宋淳熙六年（1179），著名诗人杨万里从京都临安（今杭州）弃官还乡，由浙西江山进入江西广丰，宿于灵鹫寺，深夜听到山泉叮咚作响，作《宿灵鹫寺》两首，其中一首："初疑夜雨忽朝晴，乃是山泉终夜鸣。流到前溪无半语，在山做得许多声。"

灵鹫寺全景

元皇庆年间（1312—1313），废僧司、定住持，由僧人自己管理释教事务，宝积禅院更名为"灵鹫寺"，寺名沿用至今。明洪武十五年（1382），县设僧会司于灵鹫寺，管理全县僧尼事务，后因撤销寺院，灵鹫寺成为全县唯一的佛教活动场所。清咸丰八年（1858），灵鹫寺遭兵燹，所有殿堂九栋十三厅尽为焦土，仅存大士栖真一处未全毁。同治五年（1866），僧禅福重建观音堂。光绪元年（1875），广丰县永丰镇人法香禅师住持灵鹫寺。民国初期，法香任赣省佛教支部副会长，继续住持灵鹫寺，结茅以居，托钵募化，经30余年努力，先后建成大雄宝殿、玉皇殿、天王殿、地藏殿、客厅，修葺观音堂，重新给佛像贴金，举行49天法会，有《灵鹫寺遗景录》传世。民国十一年（1922），法香弟子智忠接任住持，驻锡25年，建净土堂、斋堂、韦陀殿、五观堂，创办莲宗念佛社，倡导禅净双修。

中华人民共和国成立后，静礼继任灵鹫寺住持，带领僧众17人参加土地改革，分田分山，农僧并重、自食其力，曾任第一、第二、第三届广丰县政协委员。"文革"期间，寺宇遭到严重破坏，僧走寺空，停止了宗教活动，住持僧静礼回原籍保存佛经。中共十一届三中全会后，灵鹫寺房产、山塘、田地等全面交还僧人管理。1983年，该寺被列为广丰县重点开放寺庙。1984年，被列为江西省级重点开放寺庙，僧侣陆续回寺，恢复了正常的宗教活动。同年10月，释守元接任住持，先后修建大雄宝殿、净土堂、寮房、库房、扩建天王殿，重新塑佛像、建客堂。1987年，僧妙祝接任住持，任第五、第六届广丰县政协委员，广丰县佛教协会副会长、会长等职，先后建海汇塔、膳堂和迎客亭，重修张叔夜衣冠墓。1995年，释定善继任住持，并任第八届广丰县政协委员、首届上饶市政协委员，重建大雄宝殿、观音堂、地藏殿、念佛堂、延生堂、功德堂，新塑佛像，并重新规划、拓宽空间。2002年7月，中国版画家协会副主席吴俊发先生回广丰家乡时，为灵鹫寺题书"灵鹫禅寺"匾额。

能仁禅寺

能仁禅寺原名能仁院、博山寺，位于广丰区洋口镇境内。五代时期，天台德韶国师建寺。德韶（891—972），处州龙泉（今属浙江省丽水市）人，十五岁出家。后唐同光年间（923—926）去各地参访，遍游名山大川，见博山风光秀丽，驻锡于此，开山建寺，名能仁院。当时，南唐主赐绣佛罗汉像二十有一，被奉为镇寺之宝。北宋宣和二年（1120），临济宗黄龙派无隐子经禅师主持博山，传黄龙禅法，整修寺宇路桥，以其师灵源之名命名小桥为"灵源桥"。南宋绍兴后期（1157—1162），大慧、吾本等八人至博山，传宗杲禅法，宗风大乘。大慧作书传世。自淳熙八年（1181）后，著名词人辛弃疾在博山筑"稼轩书舍"，常读书于此，寄情于山水，饱览博山景色，作词20多首，并为寺手撰碑记。元皇庆年间（1312—1313），释仔法任住持，重建法堂、佛阁、祖师殿、大殿、钟楼、佛像和碓房，置田300亩，寺院又复兴盛。明隆庆元年（1567），一场大火将殿阁堂楼烧为灰烬。万历三十年（1602），无异元来至博山，传曹洞宗风，法事日隆，后其弟子将博山法系分传于岭南和江北。无异元来著有《无异元来禅师广录》35卷和《博山无异大师语录集要》6卷流传于世。当时，重建大殿、两庑、藏经楼、钟鼓楼、东西禅堂、斋堂、库房、安乐堂等计16栋、24厅，置田1000余亩，铜铸释迦牟尼像、韦陀像、大钟，被誉为"天下第二丛林"。清乾隆九年（1744），能仁寺再遭火灾，寺宇焚毁近半，住持一征聚弟子500余人，重建寺宇。咸丰八年（1858），遭兵燹。同治年间（1862—1874），释月享重建，但规模不及以往。民国二十七年（1938），海珊重建大殿、禅堂、藏经楼等殿堂7栋，住僧38人。

能仁禅寺全景

中华人民共和国成立后，有僧6人，参加土地改革，分田分山，农禅并重，自食其力。"文革"期间，寺宇遭破坏，佛像被毁，僧众下山，宗教活动被迫停止。中共十一届三中全会后，归还寺院的房产、山塘和田地，僧侣陆续回博山。1986年，被列为广丰县开放寺庙，由道开任住持。1989年，全国政协副主席、中国佛教协会会长赵朴初为博山寺题书"能仁禅寺"。同年，聘请云居山真如寺一诚大和尚为能仁禅寺名誉方丈。是时，建成了大雄宝殿、天王殿、祖师殿、伽蓝殿、韦陀殿、钟鼓楼、虚怀楼、云海楼、大寮房、斋堂和香积厨等。1996，释寂祥住持博山，先后又建东西客堂、库房、藏经楼、法堂、圆通殿、念佛堂、影堂、方丈寮、关房、五观堂、放生池、接引桥等，并从缅甸运来3米高、8吨重的白玉毗庐遮那佛一尊。1999年，中国佛学院教务长白光法师为能仁禅寺题书柱联。2000年，真如寺、宝峰寺方丈一诚大和尚为能仁禅寺题书"南无阿弥陀佛"。

德 兴 市

三清宫

三清宫原名三清观，位于德兴市三清山玉京峰北，总体建筑面积518平方米，周围占地2300平方米。

唐乾符年间（874—879），紫金光禄大夫、信州太守王鉴（山西太原人），暮年携家隐居三清山下的大源坞（今德兴市昄大乡引浆村），分支住延溪（今德兴市昄大乡早禾田村）和泸田（今德兴市昄大乡汾水村）。宋乾道六年（1170），王鉴的第十代孙王霖始创三清道观，后因世乱荒芜，遂毁。王鉴二十八代孙王祜，于明景泰年间（1450—1456），在旧基上再建三清宫，并沿途布景，增设殿宇，延请全真道士詹碧云住山治观，三清山从此被称为"无双福地"。

三清宫的正殿，三间二进，依山势而建，前低后高，梁柱和外墙均为花岗岩结构。

三清宫一角

正面有三樘大门，中门上方挂有青石竖匾，上书"三清福地"四个大字。大门两旁刻有"殿开白昼风来扫，门到黄昏云自封"的联文。大殿正中神龛奉有玉清元始天尊、上清灵宝道君、太清太上老君三尊神像。正殿的花岗岩献柱上分别镌有"一统大明祝皇祚于百世千世万世，三天无极存道气于玉清上清太清"的楹联。大殿后堂一排石级，拾级而上就是后殿。后殿为观音堂,中间奉有观音,两侧供有十八罗汉。殿堂有对联"三清殿内大阐慈悲之教,妙法堂中广开普济之门"。

三清宫正殿门前有一长形水池,池中安有一形似香炉的方石,四周分别刻有"清净常矣"四字。池底两侧有一就天然山石刻成的龙头。池中原有泉水,现已干涸。殿前是一片花岗岩铺的平院,中间有一座1米多高的石雕大香炉,炉腿为兽头花纹,造型古朴大方。殿的东侧墙下有一座2米多高的石构亭式焚箔炉。两边炉柱上刻有"德兴县南乡十三都"和清咸丰年号。

正殿前有一石牌坊,即三清宫的大门坊。牌坊为单开间花岗岩结构,横跨在入口大路上,牌坊的两根抹角方柱上,刻有"登殿步虚升太虚上之无上,入门求道悟真道玄之又玄"和"云路迢迢入门尽鞠躬之敬,天颜咫尺登坛皆俯首之恭"的对联。柱下巨大的云纹抱鼓石,一对很小的雀替。上下额枋之间嵌一青石板横匾,双面镌刻"三清宫"三个正楷大字,两头分别刻有"资政大夫兵部尚书孙原贞书"和"大明景泰七年龙集丙子九月吉日开山,德兴延溪帽峰费隐永禔王祜玄正立"数行小字。额枋上座有四组一斗三升大斗拱,上架横梁和椽子。顶盖由两块整石构成悬山形式,凿有象征性的瓦垅,无沟头滴水,石脊用刻花鱼形鸱尾收头,脊中放着一个宝葫芦,造型浑厚,雕刻精细,保存完整。牌坊前下方左右两边各有小庙一座,内供灵官、魁神石像,造型威武。

穿过牌坊是一天然龟状巨石,石下有窟清泉长年涓流不息。石上有一花岗岩结构的方形香亭,亭高3米余,4根石柱上盖庑殿石顶,古朴粗犷。巨石左右两边各有一排弯转而上的石级,登上石级就是殿前平院。

三清宫后面是一片茂密的古松林,葱茏幽静;前面是三口梯级水池,泉水涓流。三清宫不仅是道教古建筑群的"露天博物馆",也是三清山人文景观的集萃地。

上 饶 县

七峰岩古刹

七峰岩古刹位于上饶市上饶县黄市乡牛皮滩村七峰自然村东北方向约600米处的七峰岩山上。古刹是岩洞寺庙,因岩洞周围有七个山峰而得名,七峰岩背负鹤山,前眺信水,有龙井、神岩毗连其东,山林幽静,古木参天。岩宽24米,深19米,高8米,可容千人。清同治十一年《上饶县志》记载,唐开元年间（713—741）,四川峨眉山松月禅师云游途经此处,见此岩空旷,岩前风光旖旎,群山环绕,遂在此结草堂修道,收徒传经。松月禅师属禅宗临济宗支派,他苦心孤诣,弘扬临济宗风,使七峰岩寺院名声大振,得到唐玄宗的赞赏和扶助。后由尘空禅师住持,置田产,建庙堂,塑佛像。此后,七峰寺名噪一时,历代名人纷至沓来,明朝大学士郑以伟来此览胜,作"丘壑川原,去住底迥,妙在一石补天""风云雪月,吞吐浮沉,廓然三千世界"等诗。

七峰岩古刹正门

民国二十六年（1937）,在旧址重修庙宇"七峰禅寺",坐南朝北,砖、木混合结构,抬梁式、穿斗式构架并用,硬山顶封火墙与悬山顶并用,阴阳瓦屋面。依山势而

七峰岩古刹一角

建,前低后高,以山门的前坪为最低,向后依次升高。由山门、前院、天井、天王殿、左右厢房、大雄宝殿（岩穴）、偏房组成。山门为砖砌门楼,通面阔约10.50米。前院不规则布置,天王殿通面阔7间,21.58米;通进深四间,6.60米;明间面阔4.08米,次间面阔2.38米,梢间面阔3.19米,尽间面阔3.18米。民国三十六年（1947）,苏州灵岩山寺宽圆大师重新修缮寺院,整饰佛像,大肆弘扬佛法,接收皈依弟子,一时香火旺盛。"文革"时期,七峰寺同样罹祸,佛像均被捣毁,僧众全部遣散下山。

1982年,随着宗教信仰政策的落实,被下放到农村种田已有17年的宽圆大师又重新回到七峰寺主持寺务。1986年,建念佛堂一栋,面积400多平方米。1996年,建圆通殿一栋,面积350多平方米,内有四面观音三十二应身塑像一尊;另有斋堂一栋,占地130多平方米。

1941年3月,国民党顽固派将从"皖南事变"中被俘的新四军高级将领及骨干人士囚禁于此,其中被关押的有叶挺军长、新四军三支队司令员张正坤、教导总队副队长冯达飞、军政治部组织部部长李子芳等新四军高级军官。1988年被列为全国重点文物保护单位。

石人殿

　　石人殿位于上饶县灵山国家风景名胜石人峰下吕家墩，西晋太康元年（280），奉诏建祠祀胡昭，称石人峰祠。唐贞元六年（790），刑部侍郎刘太真、信州刺史李德胜去世后入祠享祀，后人称胡昭公祠、刘将军庙、李将军庙。宋宣和年间（1119—1125），御赐"鹰护"庙额，封李德胜为"灵助将军"。明嘉靖二十一年（1542），大学士夏言请封李德胜为"灵山鹰武将军"。万历年间（1573—1619），封李德胜为"西济宏道护国崇兴真君"，扩建道院，改称石人殿。明天顺元年（1457）部分殿宇被焚，成化年间（1465—1487）重建。清道光二十六年（1846）部分殿阁被焚，道光二十九年（1849）重建。

石人殿外景

　　石人殿分老殿和新殿。老殿有统雷殿、大高元殿。统雷殿北南向，殿门有民国五年（1916）上饶县知事袁延闿所题"石人殿"匾额，统雷殿现存建筑为清道光年间所建。大高元殿东西向，祭祀胡昭、李德胜、刘太真三神，殿中神龛下有石井，俗称龙井，神位右侧有石球，俗称龙珠。新殿是民国四年（1915）建，

石人殿一角

位于大高元殿右后侧。统雷殿前左侧为道院,右前侧为集会官公署,右后侧为戏台。山门前有牌坊、碑亭、文昌阁、敕建亭、万安桥、观音阁等建筑群。殿后有古樟树一株。沿墙有罗汉松两株,为宋元时期所种。石人殿门前有宽阔石铺古道,殿左下有500米的"弓"字形明清古街。

石人殿现存建筑面积1668平方米,砖、石、木混合结构,老殿有石柱40根,石柱刻有明大学士夏言所题"秀水奇山信郡无双福地,佑民护国江南第一名神"和大学士郑以伟所题"鞠躬而立千秋鹰武气如生,北面而朝万古石人心不朽"楹联。石人殿庙会农历九月初一至初十为期。自唐至今,庙会期间,进香者众多。

1984年,石人殿被列为县级文物保护单位。1992年,乡民募资重建统雷殿,恢复原貌。1999年2月,大高元殿及统雷殿后殿毁于火。2000年,乡民又募资重修,新建部分改为钢筋泥土结构,仿古建筑,2001年9月全面完工。2003年被列为省级文物保护单位。

玉 山 县

普宁寺

普宁寺又名水南寺,位于玉山县城南国家森林公园武安山北麓,前临冰溪河,远远望去,一片黄墙红瓦在葱绿的森林里显得格外醒目。

普宁寺始建于唐总章元年(668),是中国佛教禅宗六祖惠能大师法嗣智常禅师的古道场。此地原为唐朝右丞相、著名画家阎立本的家宅,初名普宁禅院。宋皇祐二年(1050),由徐沔出资重修,改为普宁寺。治平年间(1064—1067),寺内有天王殿、大雄宝殿等殿堂房舍百余间,占地百余亩,住僧众160余人。元末毁于战火。明永乐年间(1403—1424)、宣德年间(1426—1435),先后有徐昶重修中兴。崇祯年间,复失火损毁。清康熙年间(1662—1722),由高僧慈引和尚住持修复;乾隆年间(1736—1795),由沙门心田住持寺务;道光二年(1822),僧人宇珍大师重加修葺,清末由静观大师住持。民国十三年(1924)寺宇倒塌,由法森和尚重建;民国二十三年(1934),因修建浙赣铁路,路基横贯寺中,寺院遭破坏,范围缩小;民国三十一年(1942),日军侵占玉山,寺院又遭焚毁,后由永修大师重修;民国三十四年(1945)由僧人永明大师主管。

普宁寺正门

普宁寺藏经万佛楼

"文革"期间,寺院被毁,僧人离散。1991年,重建普宁寺。2002年,照荣法师为住持,照荣法师接寺后,扩大规模,重修殿宇,先后修建了山门、天王殿、大雄宝殿、斋堂、藏经万佛楼、智慧堂、钟鼓楼和僧寮等。

现在的普宁寺占地40亩,四周有围墙,整座寺院为仿清建筑。前面是山门,上嵌原中国佛教协会会长一诚大师亲笔题写的"普宁寺"匾额。寺院内有天王殿、大雄宝殿、藏经万佛楼、钟楼斋堂、鼓楼、智慧楼(属多功能殿堂)。院内有阎立本墓(省级文物保护单位)。2007年,普宁寺被江西省民族宗教事务局定为省级重点寺院。

铅　山　县

慈济寺

慈济寺又名峰顶寺、大义道场、峰顶院,位于铅山县鹅湖镇鹅湖村峰顶山上。唐大历十一年(776),大义率徒兴建佛宇僧寮,名峰顶禅院。元和二年(807),大义应宪宗之召赴京都参加麟德殿大德论道返山后,利用宪宗拨赐的银两对峰顶禅院进行扩建。扩建中,大义将寺南的山泉引入寺中,入寺之后,曲折回环,穿行于各幢主要建筑的阶下,最后从山门地下流出,注入门口的田野中,僧众以"回龙水"命名。五代时期(907—960),成为东南诸省的佛教重心之地。大义圆寂后,朝廷敕建大义

慈济寺外景

禅师殿，内供大义骨像。唐德宗、宪宗先后两次赐额"鹅湖峰顶禅院"。宋真宗先后赐额"慈济禅院""仁寿禅院"；宋太宗、真宗、仁宗相继赐诗。明洪武年间（1368—1398），被立为"鹅湖禅林"。明代养庵住持峰顶寺期间，修整原有殿宇，并在山门前掘地为池，将寺东、寺西的山泉水和从寺宇中流出的"回龙水"引入池内，名"养公池"。为迎信众僧尼，峰顶寺特置大铁锅营办斋菜，铁锅直径逾丈，人称"千僧锅"，被视为峰顶寺兴旺发达、富足有余的标志物。

自明万历二十八年（1600）至1949年，慈济寺曾进行过多次修葺。1949年铅山得到中华人民共和国成立后，寺中有僧人65人、山林数百亩，水田遍布福建、浙江、江西各处，总计近2000亩，殿宇寮舍占地面积约22000万平方米，房近200间。大雄宝殿、大义禅师殿、韦陀殿等建筑，宏制巧构，十分壮观精美。寺内供佛130余尊，其中大雄宝殿中的如来佛祖像高达5米以上；寺周有龙井、石井、瀑布泉、太义泉、罗汉塘、养公池、毕敬桥、缨桥、舍身崖、涅窑、听松林、欢喜林、登峰亭、蹑云亭等古迹；千年银杏、罗汉松、柳杉等名贵古木达100余棵，为全国"八大丛林"之一。1966年前寺内珍藏着唐宪宗赐予大义的锡杖、玉杯、朝珠和唐、宋、明历代数位皇帝御笔亲书的题额等珍贵文物。

"文革"时期，慈济寺遭受严重冲击。1979年，原峰顶寺僧应开、慧光等人返峰顶建茅茨重修佛事。经县人民政府批准，慈济寺正式对外开放。1996年，俗居鹅湖镇长港村的浙江兰溪市白露山慧教禅寺释圣修弟子释果冬驻锡峰顶山，在原慈济寺南约200米处的里棚建庙修禅。2007年，被列为省级重点寺院。2008年，位于原峰顶寺南约200米处重建慈济寺，主体建筑有山门、大雄宝殿、天王殿、藏经楼、斋堂、客堂、钟楼、鼓楼、法师楼、方丈室、药师室、地藏殿、禅堂、念佛堂、主师殿、伽蓝殿等。占地面积74100平方米，其中建筑物占地8096平方米，建筑面积11317平方米。2011年末，大雄宝殿、天王殿、斋堂已建成并投入使用。

葛仙祠

葛仙祠位于铅山县葛仙山,主祀葛仙翁葛玄,始建于北宋元祐七年(1092),南宋绍兴年间(1131—1162)、淳熙年间(1174—1189),曾重修扩建。元至正年间(1341—1367)又重构更新。清嘉庆二年(1797),毁于大火,后修复。民国十七年(1928),再次毁于大火,次年再度重建。2007年,葛仙祠被确定为首批省级重点宫观。

葛玄(164—244),字孝先,江苏句容人,从左慈学道,居葛仙山炼丹修道。著有《修真四要》《九训》等。道教尊其为"葛仙翁",又称"太极仙翁"。

葛仙祠外景

葛仙祠周围建有3座山门,祠内有17座殿宇,依山而建,层层递进,古朴端庄。其中太极殿长约30米,宽为17米,占地面积496.4平方米。正门为石砌八卦形拱门。大殿前后三进,正中有24根朱红圆柱落地,柱础为八角形石雕,"人"字形递进式五层木板倒壁。大殿屋顶系铸铁瓦,铁瓦长方形翘头。殿内祀葛玄塑像,悬历代地方官吏士绅所赠匾额六块。太极殿左侧为老君殿,右侧为观音殿。1994年,两殿侧各建两层飞檐八角荷叶形歇山式钟鼓楼,楼高10.5米。在太极殿西侧,与大殿毗连处是三官殿。该殿建于20世纪40年代后期,4榀,画栋雕梁,有朱柱23根,朱红穹形椽架顶棚,八卦形镂空藻井,青石神台,青石浮雕福、禄、寿三星及文房四宝等图案。中塑天官,左为地官,右为水官。出三官殿顺山势而下即至灵官殿。该殿木石结构,石门,朱扉,殿前有画梁雕柱走廊,殿正中塑王灵官,金甲金鞭,威风凛凛。左塑药王,右塑蛇母娘娘。出灵官殿沿百步岭石阶而下即至地母殿,该殿1984年毁于大火,1991年修复。

葛仙祠"开山门"和"关山门"是每年宗教活动中的重要部分,也是葛仙山道教文化的传统。"开山门"和"关山门",始于明中叶。明正德十二年(1517),铅山籍内阁首辅费宏在葛仙山扩建葛仙祠工程告竣后,由地方官吏、士绅等陪同于农历六月初一登临葛仙山,举行祭祀仪典和斋醮法事。自后,每年六月初一,铅山及周边县令、士绅、名流都要循例登山祭祀,于是六月初一遂有"开山门"之成规。

"关山门"活动亦有出处。明嘉靖十五年(1536)秋末,费宏薨于京城任所。继任首辅夏言(贵溪人)奉旨护送费宏灵柩归里。事毕登临葛仙山朝谒、观光。时逢初冬,山间早寒,朝山进香者日渐稀少。夏宰相乃与道观住持商议,定于农历十月初一关山门,以整理祠务。"关山门"同样要举行法事仪典,作为一年香汛期的告终。

"开山门"和"关山门"数百年来,相沿成习,沿袭至今,成为葛仙山道教文化的一种独特现象。

鄱　阳　县

张王庙

张王庙位于鄱阳县城中华人民共和国成立街(东)上首,该庙祀唐忠臣张巡,以许远、南霁云、雷万春、姚訚从祀。《鄱阳县志》记载:明朝时,张王庙因年代久远,加上风雨摧残,已破烂不堪。明时称张巡庙为"忠靖王庙"。明永乐八年(1410),知府李益重修忠靖王庙,后又建一座"旌忠阁"。明成化十三年(1477),知府吴忱率士民重修忠靖王庙。鄱阳人邱霁写有《重建唐忠臣张公庙碑》立于庙内。邱霁

张王庙外观

张王庙一角

是明天顺四年（1460）庚辰科进士，曾任苏州知府。清朝曾多次重修及扩建。据清《鄱
阳县志》及民国《鄱阳县稿》记载：清朝曾多次重修及扩建。民国十二年（1923），
张王庙进行大重修和扩建。重修后改为前、中、后三进，前有戏台，中为正殿，后为
夫人殿。民国十七年（1928），国民党在全国推行新生活运动，以破除迷信之名，焚
毁张王神像，在民众的请愿下保全了张王庙。民国二十二年（1933），邑人舒达祺等
建张王庙三楼，为宫殿式。民国二十七年（1938），张王庙内设张王庙中心小学。民
国二十八年（1939），庙东面观音堂被改为忠烈祠，忠烈祠祀鄱阳县抗敌阵亡将士。
民国二十九年（1940），日军飞机轰炸鄱阳，观音堂处被日军飞机炸毁。中华人民
共和国成立初期，民众照常祭拜张王菩萨，按常规，每年抬着张王菩萨出巡。20世
纪50年代末期，张王庙遭到人为破坏，庙内各种大小菩萨均损坏严重。"文革"时
期，庙内各尊大小菩萨被彻底捣毁，庙内存档的文献史料及祭祀用的器皿全部被毁
灭。改革开放后，党的宗教政策得以落实，1995年，一批年老、虔诚的信徒自筹资金
重建张王庙。2004年，信徒弟子又在张王庙右侧增建大雄宝殿。大雄宝殿内供奉释
迦牟尼佛、南海观音菩萨、幽冥教主地藏王菩萨，每尊佛像高达3米，均为樟木雕
刻。2010年5月28日，鄱阳县文化研究会张巡研究分会在鄱阳县张王庙挂牌成立。
同年12月28日，鄱阳镇举办张巡诞辰1300年寿庆、张王庙庙会暨张巡文化研讨
会。庙会期间，鄱阳青年赣剧团公开首演大型忠贞神话赣剧《柳母传》（饶河戏）。
2012年，张王庙会被上饶市政府列为非物质文化遗产，2015年被江西省政府列为非
物质文化遗产。

寺观名录

南 昌 市

东湖区

湖心观音亭 亦称观音亭,位于南昌市东湖区灵应桥(今建德观东)。该寺创建于唐代。清乾隆五十三年(1788)上僧人果传重修,由"因是庵"改称"水观音亭"。民国五年(1916),水观音亭住持得缘和尚,募捐又重修。1959年,江西省人民政府将该寺列为全省保留寺庙之一,至今水观音亭庙宇建筑仍存。

西湖区

观音阁 位于南昌市十字街204号,建于清光绪二十四年(1898)。"文革"时期,寺庙被毁。1991年重建,占地1020平方米,建有大雄宝殿、韦陀殿、观音殿、地藏殿、念佛堂、斋堂、客堂、藏经楼、诵戒堂、钟楼和鼓楼等。观音阁建成后,广学法师入寺住持,有尼姑10多人。

普贤寺 位于南昌市西湖区,始建于东晋隆安四年(400),初名禅居寺。唐神龙元年(705)改称隆兴寺。后晋开运元年(944),袁州刺史捐铁20万斤,铸普贤菩萨乘白象圣像一尊,高丈余,长2丈,后为南昌文物"三宝"之一。明永乐年间重建,后又被毁。清康熙四十一年(1702)重建,清宣统二年(1910)改称普贤寺。

万寿宫 又名铁柱宫,位于南昌市西湖区翠花街西,棋盘街东,祀东晋道教大师许逊而建。唐咸通年间,改名铁柱宫。北宋大中祥符二年(1009)改为延真寺,宋宁宗御书"铁柱延真之宫"。明世宗赐名"妙济万寿宫"。清时曾六次重修,毁于"文革"时期。

青云谱区

南海行宫　位于南昌市青云谱区,初名天成寺,相传建于东晋。初唐时遭火灾,殿堂毁损过半。唐开元年间,修复如初。清乾隆年间,建南海观音菩萨,高丈许,故改名为南海行宫,也称"圆通寺"。"文革"时期遭破坏。

湾里区

紫阳宫　位于南昌市湾里区店前街西北,梅岭镇瓦窑村紫阳山上。祀东汉开国元勋邓禹,因民间尊邓为真君,故俗称邓仙坛。1985年12月10日被南昌市人民政府列为市级文物保护单位。紫阳宫于1986年按原样进行保护性修复。1998年11月,有东南亚德教(道教)界人士分3批共140余人来此寻源问祖。

阳灵观　原名梅仙观,位于南昌市湾里区梅岭东麓。祀梅福。早年毁,尚存清代石匾"阳灵观"一方。至20世纪90年代有居士在梅岭山腰盘山公路旁修砖屋数间,旁有"梅福石",系梅福观景读书处。游人多于此歇息观景。

云岩寺　位于南昌市湾里区招贤镇卫东村对面竹林中,历史沿革不详,抗战期间为日军焚烧,遗迹尚存。尚有清嘉庆年间铸古钟1座。寺后为清代尼姑(临济宗派)古墓群。

太平观遗址　位于南昌市湾里区店前街以西,群山环抱之中,祀汉南昌县尉梅福和晋旌阳令许逊。南北朝梁代大通二年(528)由道士宋月潭募建。几度兴衰,至明朝为梅岭主要道观之一。

新建区

黄堂宫　位于南昌市新建区松湖镇抗援村。东晋兴宁二年(364),为纪念许真君(许逊)的师母初建谌母祠。东晋宁康二年(374)扩建,改谌母祠为黄堂宫。"文革"时期,黄堂宫遭破坏。1980年,松湖乡(现为松湖镇)政府为保护这一道教场所,经批准决定对黄堂宫进行修复。

梦山寺　位于南昌市新建区石埠乡狮子山顶,始建于明代。这里的寺庙建筑群有历朝建的梦山石室、罕王庙、梦娘娘庙（又称大雄宝殿）、天王殿、文殊殿、普贤殿、魁星阁、泽头庙，山上有"仙水井"一口。"文革"时期，被拆毁。1985 年，开始对梦山寺进行修复。

佛禅寺　位于南昌市新建区溪霞镇溪霞水库旁，原名吴源寺，始建于隋朝，毁于清宣统年间。1991 年，经批准由信徒和社会捐助，开始筹建。2001 年 7 月，九华山僧人释果武来寺任住持后，动员信徒捐助，扩建大雄宝殿、观音殿，并建 1 幢 3 层半的居士楼。

大塘极乐寺　位于南昌市新建区大塘坪乡光华村，唐贞观二年（628）建。历经诸朝，先后维修 6 次。1911 年，在此寺办起"至诚小学"。中华人民共和国成立后，又办起"光华小学"。1961 年学校搬迁，极乐寺空废，但寺庙尚存。1985 年区政府批准为区级文物保护单位。1991 年，极乐寺获准修复。

望城极乐寺　位于南昌市新建区城西南 8 千米的望城镇三联村。极乐寺与原天花宫紧连，天花宫始建于清光绪年间。1985 年列为区级文物保护单位。1989 年，经批准在紧连天花宫东北方修建极乐寺 3 个殿，即大雄宝殿、祖师殿、观音殿，共 400 平方米。

南昌县

显教寺　位于南昌县八一乡甫下村。始建于唐代，为祭祀在南昌建城的汉代名将灌婴，旧名灌婴庙，俗称灌婴寺。南宋末改名为显教寺，废兴 10 余次。中华人民共和国成立后，寺堂曾改作甫下小学。寺中有一乾隆元年所立的圆形青石碑详载寺史，另有 10 余块百年石刻，1995 年由群众集资重建。

海慧寺　原名感山寺，位于南昌县广福镇板湖村永木黎村。相传始建于 1400 年前，清代重建时改名海慧寺。由于寺庙破烂不堪，1997 年重建，占地 400 余平方米，建筑面积 154 平方米。

禅师寺　位于南昌县冈上街西约 2.5 千米处的禅师岭。始建于南宋嘉定年间，相传为镇山避邪而建。寺旁立塔，高 7 层，名禅师塔。1941 年，禅师寺被侵华日军烧毁。禅师塔也遭风雨侵蚀几近坍塌，"文革"期间被拆除，2001 年重建。

兴隆寺　原名兴隆庵，位于南昌县冈上镇兴农村。始建于清雍正十二年（1734）。兴隆庵几度被毁，最后一次于 1941 年被侵华日军纵火烧毁，仅有观音殿与石墙幸存。中华人民共和国成立后，曾在此设立兴农小学。2003 年重建，易名兴隆寺。

金刚寺　位于南昌县八一乡八一村公巷自然村东面，原名金甲庙。始建于唐天宝二年（743），后毁，清乾隆四十二年（1777）重建。1996 年重修扩建，改名金刚寺，占地面积 6600 平方米，建筑面积 4000 平方米。

广渡寺　位于南昌县幽兰镇渡头村，原名关帝庙，始建于唐高宗永徽四年（653）。

明万历十年（1582），皇帝下旨重建。明末，八大山人朱耷曾在此学习绘画艺术薰修佛法。1967 年被拆除，1992 年广仁法师住持重建。1994 年广仁法师圆寂，其弟子来法法师接任住持，遂将广仁名号与渡头地名各取一字，改名为广渡寺。

莲池寺　位于南昌县银三角互通立交桥西（银河城小区旁边），原名祖师庙。始建于明万历年间，民国二十八年（1939）被侵华日军烧毁。1995 年在横岗村高坊自然村原祖师庙旧址重建，改名莲池寺。2010 年因国家建设需要，搬迁至现址。

赵觉寺　位于南昌县向塘镇向塘村老厦赵家东北面约 500 米处，原名紫微堂、紫家庙。始建于明朝中叶，屡经兴废。1939 年 1 月被侵华日军烧毁，1993 年村民筹资在原址重建。现占地面积 5733 平方米，建筑面积 1873 平方米。

龙华寺　位于南昌县幽兰镇黄坊村大石冈北面。始建于南宋，原名万福庵。清乾隆五十九年（1794），万氏族人募捐筹资重建，改名龙华寺。1989 年苦力大师重建。重建后占地面积 18 亩，建筑面积 11600 平方米。寺内现存古树 4 棵，其中一棵千年松树。

回龙寺　位于南昌县富山乡雄溪村境内，原为尼庵。始建于元泰定元年（1324），明天启三年（1623）重建，清乾隆三十二年（1767）、乾隆三十七年（1772）、道光二十五年（1845）、咸丰元年（1851）多次修缮。1962 年被洪水冲倒，当地群众修复。1994 年再度重修扩建，改名为回龙寺。

智圆寺　位于南昌县幽兰镇江陂村，其前身为松林道院，奉祀三国名将张飞。元中统元年（1260）熊文龙始建，元延祐二年（1315）万元高改建。民国二十六年（1937）毁于火灾，当年由高瞻远发起重建，因专祀观音菩萨的前身慈航道人，故改名松林观。1995 年再次毁于火灾。2004 年，释宗慧法师在原址重建，改名为智圆寺。

令公庙　位于南昌县塘南镇柘林街东端，亦称张王庙，是为祀唐雎阳令张巡而建。始建于宋末，现存庙堂和古戏台为清末建筑，坐北朝南，砖木结构，并列两进，长 32 米、宽 24 米。1942 年农历七月十八日侵华日军血洗柘林街时在庙内杀害 120 多名无辜群众。现为江西省文物保护单位及南昌市爱国主义教育基地。

白马庙　位于南昌县南新乡黄渡街。始建于唐代，主祀东晋元帝司马睿敕封的"护国斩蛟白马三圣忠懿侯王"。庙内有"兄弟道气""中流砥柱""绩照古今""泽流石江"等题匾，相传"中流砥柱"为明神宗朱翊钧御笔亲书。1945 年毁于战火，2007 年在原址重建。

岚湖岘山庵　原名东禅寺，位于南昌县幽兰岘山上。始建于宋，原寺三进三大殿，共 60 楹，占地 5 亩。民国二十二年（1933），南湖万家万森然募捐重建。寺内铁铸洪钟，1958 年大炼钢铁时被毁。1971 年 8 月，拆整个庙宇建南湖中医院。

进贤县

静乐寺　位于进贤县文港镇罗岭西麓,静乐寺原名罗岭庙,始建于明万历年间,几度废兴。1989年后复修扩建,释慧云大师来庙主持佛事,并易名为"静乐寺",占地面积为4000余平方米,建有大雄宝殿、观音殿、韦陀殿、三圣殿、钟楼、鼓楼等,面积共1000余平方米,另有山林、茶果园、菜圃等100余亩。

南溟寺　位于进贤县三阳集乡西南1.5千米处的青岚湖滨,原名难成寺,始建时间不详。1934年重建,规模为两进两厢。据《进贤县志》记载,清代王芳焯题有《南溟寺木莲花》诗。南溟寺在"文革"时期被毁,只留下后殿。现寺庙是20世纪80年代后陆续修建起来的。有观音殿、念佛堂等建筑,初具规模。

李渡万寿宫　位于进贤县李渡镇翠花街北首的抚河码头口岸处,占地面积10余亩。为唐代贞观年间抚州巡抚李德全同本地高士吴道南捐资所建,迄今已有1800多年的历史。毁于"文革"初期,今万寿宫,是20世纪90年代中期在原址上修复的一部分,主体建筑许真君殿,面积为160平方米。

金山寺　位于南昌市进贤与临川界山的金山岭。始建于唐朝,盛时有僧500余人。多次废兴,现今金山寺,是中共十一届三中全会后历时8载重新修建。寺庙山门外有690多级的红石台阶。寺内有天王殿、大雄宝殿、韦陀殿、藏经阁、伽蓝殿、地藏殿等建筑。

景德镇市

昌江区

南山禅寺　原名禅师庵、禅师院、仁圣寺,位于景德镇昌江河东南的渡峰坑村禅师山。南山禅寺旧址翠峰环峙,远离尘嚣。禅师庵始建于何时已不可考。据《景德镇史志》载,明洪武年间在长芗都建禅师庵。今存元元贞三年(1297)二月禅师院重修后留下的碑记石刻一块。禅师庵旧址今建有仁圣寺。

南云寺　旧名居云寺,位于景德镇市昌江区吕蒙乡二亭下村南山脚下。据传,建于宋景德年间。清嘉庆二十四年(1819)重修三皇殿。居云寺后毁于兵火。1978年当地居士于旧址建"三佛殿",取名南云寺。1999年建大雄宝殿、观音殿、三圣殿、地藏殿以及斋房等。2007年南云寺被评为江西省重点寺院。

冷水尖寺 又名半空寺,位于昌江区鲇鱼山镇东部焦源坞冷水尖山。供奉观音,建于何时不详,已废。1994年于冷水尖半山建寺庙一座,建有大雄宝殿一座,现为冷水尖风景区主体。

法云寺 又名仁佑庙,位于昌江区丽阳镇东(即今寺山),始建于宋代,元至元十一年(1274)修葺。庙内供奉丽阳先贤忠烈英卫侯彭大雅及其父灵祐侯。法云寺建有一座流云阁,清代毁于战火,今人在原址复建。

碧泉庵 位于鲇鱼山镇关山村,始建于明万历十六年(1588)春。清光绪二年(1876)秋重修。供奉观音。庵堂内的天井里有一泓碧泉,水质清冽甘甜,从不干涸,故庵以泉名。

珠山区

泗王庙 位于景德镇市珠山区昌江街道麻石弄社区旺里弄17号。二层砖木结构,三进,正立面有三扇门,正中正门为青石门框,两侧门为拱形。

五王庙 位于景德镇市珠山区石狮埠街道太平巷社区龙船弄与青石街交汇处,坐东朝西,砖木结构,建于明代。供奉华光菩萨。

准提阁 位于景德镇市珠山区石狮埠街道风景路社区薛家坞横弄46号,建于清代晚期。平面呈目字形,面阔20.2米,进深11.7米,面积234.6平方米,二进三开间,进门为庭院,地面以卵石铺砌天圆地方金钱图案。大堂正中主奉观音,两侧厢房为住持居所,现已改建成民房。

天后宫位 于景德镇市珠山区周路口街道中华南路的中段东侧。始建于清康熙年间,此后历经多次扩建、重修和重建。现今仅存南北墙和一口水井及部分残损构件。

龙珠阁 位于景德镇市珠山区珠山之峰顶。民国十一年(1922),安徽祁门人康特璋邀众集资重建亭阁,至民国十四年(1925)阁建成,定名龙珠阁,阁高三层,置三教创始教主塑像,中为儒教仲尼孔子,左为佛教释迦牟尼,右为道教老子李耳。"文革"时期龙珠阁被拆毁。

乐平市

饶娥祠 始称孝娥庙,俗称饶娥祠。位于景德镇市乐平市接渡镇茅屋村。1993年12月公布为第四批乐平市文物保护单位。相传唐宝应壬寅年(762),虎山脚下泪滩村住着一对饶姓父女。一天，父亲落水身亡，女儿饶琼痛哭三天，随父而去。为纪念这位孝女，唐大历五年（770），村民给她塑像立祠。

东山寺　位于乐平市区东山（亦名康山），建于北宋太平兴国年间，因庙宇以供奉观音菩萨为主，且临泉水，曾改名观音泉。抗日战争时期，学生、城市居民来此避日军轰炸，在此建了一座六角亭供休息，名为歇汉亭，取"抗日雪恨"之谐音。1999年始，筹资数十万元在原东山寺址南面山麓重建东山寺。

浮梁县

金山寺　位于景德镇市浮梁县金竹山寨，"原有佛三百，僧四十"。"文革"时期，庙仅存遗址。20世纪90年代，为开发旅游事业，在旧址上，重修了金山寺。寺后有一清泉，名仙水泉。

高际寺　旧称高际庵，位于景德镇市浮梁县瑶里，始建于北魏年间。高际寺有3堂6室，背北峰，朝南山口。正殿供奉释迦牟尼像。出后门行108米，有一座用片石米浆和石灰砌成的塔，当地人称为东塔。上有南宋杨万里用竹竿捆芦花沾泥浆书写的四个大字"高际禅寺"。

萍乡市

安源区

三侯寺　位于萍乡市安源区五陂镇大田村，始建于明崇祯年间。后因洪水冲毁，现存建筑为清道光六年（1826）依山而建。有山门、中门、戏台、茶楼、张康真人殿、大雄宝殿、地藏王殿、慈云阁、相公楼等建筑，计106间，建筑面积为8000平方米。

浒泉寺　古名侯家庵，位于萍乡高坑镇浒泉村境内，始建于东晋。唐时，随着僧尼人员不断增多，又在小金山建一座尼姑庵，取名为"福星庵"；在万名山建"万名庵"，都属浒泉寺管理。于乾隆二十年（1755）重修。1986年开始对浒泉寺修复。现建有观音殿、大雄宝殿、天王殿、左右厢房等。

金轮寺　位于萍乡市城南，创建于宋太观年间，原为道教武云观（又名真圣观），道人钟永恭建。民国二十六年（1937），由比丘尼离相、清法、远康三师集资购买，更名金轮寺。1966年9月，萍乡市房管部门将金轮寺征收。1987年，金轮寺才得以恢复。1999年7月法慧法师任金轮寺住持。

泰和观音院 原名泰和庵，位于萍乡市城西外4千米里善村，是萍乡最早、最大的古庵和佛教道场。建于晋泰始元年（265），距今1700多年。清康熙三年（1664）重修，又于嘉庆三年（1798），经胡氏族人整修。"文革"时期，所有房屋神像全部损坏。1996年集资重建。

湘东区

圣忠寺 位于湘东区五峰山麓，腊市镇凤凰村。建于隋炀帝大业年间，已有2000多年的历史。寺内原有殿5座，大小寺屋17间，神像40多尊，大多毁于"文革"时期。经1983—1984年两年的重新修整，基本恢复原貌。该寺已列为萍乡市文物保护单位。

大屏山寺 又称吴楚古刹，坐落在湘东区荷尧镇大义村。始建于唐朝，重建于清朝，至今保存完好。古刹坐东北向西南，占地面积原有1000多平方米。寺前殿左前方围墙内边，有一座六方三层用整块石刻凿而成的"临济和尚第三十五世塔"。列为市级、区级文物保护单位。

五峰寺 位于湘东区五峰山顶。大约建于东晋时期，元朝遭毁，明万历年间，由夏阳汤楚英后代重建。清乾隆二十五年（1760），再次整修。黄庭坚曾来此小住，并游览五峰仙境。清代萍乡才子刘凤诰也曾来此游览，并为五峰寺题门联，此联现存。

白云庵 位于湘东区麻山镇岭背村岭背山腰，建于明代。此庵坐南朝北，正殿及其他用房共计11间，占地面积1110平方米，正殿塑佛像3尊，两边立、蹲麻石质罗汉雕像18尊，庵内另有一组石刻浮雕人物故事。庵后20米处，有白果树一株，树围1.4米，树高10米，叶覆盖面积200平方米。

钟馗庵 位于湘东区腊市镇救塘村。该庵始建于清光绪十二年（1886）。1988年由当地村民捐资修复。庵内保存着清光绪时期的碑刻、百盏灯等文物。此庵已列为萍乡市文物保护单位。

福寿庵 又名七丘田福寿庵，位于湘东区麻山、腊市、东桥三镇交界处。始建于唐昭宗大顺元年（890）。宋太祖建隆元年（960），大修。元时遭毁。明万历年间，由夏阳汤楚英的后代重修。宋黄庭坚游五峰山时，曾在此作诗；相传贾岛曾游此地。此庵已列为市级文物保护单位。

莲花县

楼觉寺　　是莲花县最早的佛教寺院，为唐代县内五大寺庵（西源寺、觉堂寺、隐居寺、法藏寺）之首，明朝学士李嗣晟题为"中兴名刹"。民国三十三年（1944），日军入侵莲花，楼觉寺被破坏。

西坑庵　　原名清泉寺，位于莲花县六市乡西坑村，始建于明朝，后几经兴废。全庵建筑由上殿、下殿、方丈室三部分组成，上殿内原供奉释迦牟尼佛像和观音、韦陀像，下殿两侧有十八罗汉，殿宇顶部四角飞檐。中华人民共和国成立初，下殿毁圮，上殿和方丈室仍存。1965年乡人捐资维修，1986年开始再次修葺。

达本寺　　位于莲花县下坊乡洞丰六字峰下。明万历元年（1573）建，清康熙二十八年（1689），圭峰和尚复修；乾隆十六年（1751），重修；嘉庆十五年（1810），僧法柱募金置田，始成规模。后因寺僧勾结寺外歹徒赌钱酗酒，佛坛遂废。嘉庆二十一年（1816）乡人集资复建。民国年间遭兵毁，仅存后栋两间。

石城庵　　位于莲花县东北面之石城洞侧，距县城27千米，系明朝万历初年刘元卿建。傍山靠洞，前后两进，高三丈五尺，广六丈，约占地100平方米。门额题"第一禅关"。因风雨剥蚀，清乾隆四十八年（1783），乡民捐资重建。嘉庆元年（1796）复修，规模如前。1958年倒塌。

石门寺　　位于莲花县路口乡石门山，始建于明朝。寺院背负石门山，居高临下，寺分正殿和方丈室。第二次国内革命战争时期遭毁，后乡人募资重修，中华人民共和国成立前又废。1952年废圮变为水田，寺址附近尚有明清时和尚墓葬二十余座，均为花岗岩石雕刻砌就，由墓碑、墓堆、墓塔构成，数量和规模均为全县之冠。

元阳观　　位于莲花县城东面的元阳洞外侧，距县城约1千米，建于吴赤乌年间，据传杨仙筠松于此修炼时，曾以铁笔镌诗于石壁。1949年废。

真人殿　　位于莲花县坊乡斜天村，距县城约3千米，殿宇坐东面西，占地面积为200平方米，左为正殿，殿内供玉皇大帝、三清真人，两边列十二雷神，均为泥木塑像，殿右为偏殿，殿前有文书塔，1956年废圮为田。

青华观　　位于莲花下坊乡洞丰村，距县城约5千米，背靠桃花坳，面对石廊洞，一进三间，占地约150平方米，民国末年废圮。

璇枫岩　　位于莲花县坊楼乡屋场村后，距县城约25千米，内供璇枫真人，改革开放后乡民捐资重修。

上栗县

灵山庙　于明万历四十年（1612），由林禅师在狮形山脚下建成。中华人民共和国成立后，灵山庙改为学校，除正殿保持原状外，其余庙宇均为校舍。1989年在同村施家台建造屈原新庙。

新庙　正殿前后3栋，庙前建有戏台，总建筑面积2200多平方米，耗资80多万元。庙内还刻有《离骚》诗文、屈原简介等。

上栗万寿宫　位于上栗镇北街栗水河旁，明太祖五年（1372），为纪念许真君而建。明洪武二年（1369），在上栗设立巡检同知，驻万寿宫内，明以后至民国都有机构在此办公。中华人民共和国成立以后，神像被烧，大部分文物被毁。20世纪90年代初期重建。

芦溪县

禅台寺　坐落在芦溪县城东3千米的禅台山，因相传此地有僧人骑象及金灯出没而建寺。始建于明洪武三年（1370），至清代几经扩建，形成了一阁两堂七殿的寺院格局。

武功山三庵　即"顶庵""中庵""脚庵"。山顶之庵，谓之"葛仙庵"，俗称"顶庵"，始建于唐代神龙年间。1985年修复。山腰之庵，谓之"官冈庵"，俗称"中庵"，海拔1360米。1985年，群众集资重新修建。山脚之庵，谓之"葛仙古坛"，俗称"脚庵"。1984年修复。

银风古寺　坐落在县境之北银风岭上，海拔584米，兴建于唐代，在此之前系山中小庙，由于战乱之因，多次被毁，多次重修。1997年，当地群众集资修建，占地2000平方米，重塑玉皇、赵公元帅、关帝、包公、华佗、观音、龙王、土地等19尊神像。1998年，批准该寺为宗教活动场所。

清心寺　又名泰山殿，坐落在芦溪县城城北老雅山，始建于唐中和年间，明代道教盛行，寺院扩建，有天王殿、天君殿、鲁班殿、姜太公殿、白马殿、太阴太阳殿、观音堂等。"文革"时期，古寺遭毁。1994年，当地群众集资重建。1998年，批准该寺为宗教活动场所。

圣岗寺　坐落在芦溪县县城西北圣岗岭。始建于唐代贞观年间，寺中塑甘卓将军神像。"文革"时期，寺院拆毁。1986年后，当地百姓集资修建。2000年邑人王林出巨资扩建重修三大殿堂。

登岗山古寺　坐落在上埠镇涣山村登岗山，建于晋代。清乾隆二十七年（1762），续修扩建。"文革"时期遭毁坏。1982年,当地群众集资重修,建前后两殿。登冈山古寺,佛道同院,以道教为主,供奉玉皇大帝、关圣帝、太上老君、文曲帝君、赵天君等诸神,佛教供奉观音大帝、地藏王等菩萨。

禅师台寺　坐落在芦溪县禅台山,建于明洪武三年(1370),是以佛教为主,佛教、道教、儒教三大宗教同院的寺庙。佛教主要供奉如来、普贤、观音、文殊等菩萨,道教主要供奉玉皇、康王诸神。中华人民共和国成立后,市、县人民政府曾将禅师台寺列为重点文物保护单位。"文革"时期,寺院被破坏。1994年修复。

莲花寺坐　落在芦溪县城西柳江村,年久失修。1987年,当地百姓集资重新修建,从浙江普陀山接引南海观音佛像。

普陀寺　坐落在上埠镇茅埠岭村度觉山,建于清同治元年(1862)。1983年,群众集资重建寺院。1998年,批准该寺为宗教活动场所。

葛仙庵　位于芦溪县武功山,相传西晋时葛洪来此修身炼丹,因名葛仙峰。后人在山上立庙奉祀葛玄。自晋起,武功山即为道佛两家修身养性之地。五代时,佛门弟子又在九龙、明月、三天门一带兴寺建刹。

九 江 市

庐山区

开天古寺　位于九江市庐山区虞家河乡开天村扑船山中,原名西风寺,始建于南宋。明初更名开天寺。开天寺累遭兵毁,几经兴废。1994年当地民众集资重修神殿,改称开天古寺。1998年,法师华卿(法号)应邀出任古寺道长,将开天古寺更名开天古观。中国道教协会副会长谢宗信题写匾额。

仙人洞　原名佛手岩,位于九江市庐山牯岭西谷。南唐年间,名僧行因禅师静修于此,称佛手岩。至清光绪三十一年(1905)长安道士静阳子在洞侧建道观,并于洞中祀吕洞宾像,易佛手岩为仙人洞名。1957年被定为江西省文物保护单位。"文革"时期,道观、吕洞宾像毁。1989年重修道观。

林村古寺　位于庐山区新港镇南麓、鄱阳湖边。始建于晋,后曾多次改建、重建,曾名竹林庵。现寺为2003年重建,占地20余亩,建筑面积10000余平方米,主要建筑有:大雄宝殿、观音殿、天王殿、极乐殿、卧佛殿、三圣殿、伽蓝殿、往生殿、五观堂、尊客堂、上客堂、居士楼、斋堂、放生池、山门等。

黄龙寺 坐落于庐山玉屏峰,明万历年间僧人释彻空建,又名鹿野禅林。该寺抗战中受损。民国十五年(1926),康有为题"黄龙寺"匾额和"禅房"二字,现仍存。"文革"时期遭毁。1986 年 10 月,庐山管理局成立修复黄龙寺工程筹建处,现已修复观音堂、老法堂、大雄宝殿和配套神座。

江矶寺 又名康熙寺,位于庐山区新港镇江矶山(又名康熙山、灰山)。东晋建,宋建隆元年(960)重修,清顺治、乾隆再修,清咸丰三年(1853)毁,咸丰八年(1858)重修。1963 年倾废,1992 年再度重建。

姑山寺 位于庐山区姑塘镇亭子山南隅,始建于南北朝宋文帝元嘉十七年(440)。因寺内有白泉井,故原名白泉寺。清初复建,长明禅师于此住持。寺于 1957 年废,1996 年复建,改今名。

九峰寺 位于庐山马尾水景区内,寺建于唐,盛于明。嘉庆年间,九江太守方体增建了因精舍。咸丰年间兵燹,1993 年由释果一组织重修。

高山寺 位于庐山区虞家河乡山湖村西隅高山之上。元末僧净性募建,寺屡兴屡废。寺内保存清同治十年(1871)的大香炉 1 个。寺前一古樟高约 18 米,树径 5.5 米,十里之外可见。1993 年 6 月再度重建。

归元寺 位于庐山莲花洞森林公园内之龙门大壑内,始建于明初,系明僧人承买黄姓民田建。后沦为一片废墟。1994 年经观行师重建。

定慧寺 位于庐山北双剑峰下,始建于元末明初。清乾隆十六年(1751),显亲王亲题"松风临水"金匾赐之。清末,寺宇毁于兵火,金匾后失落。1916 年重修,"文革"时期遭劫。1986 年再度重建。

浔阳区

天花宫 又名娘娘庙,位于浔阳区甘棠湖李公堤南端,建于清同治九年(1870),外观古朴。娘娘阁为 3 层 6 角,木质结构。第一层是娘娘殿,神龛中供奉着怀抱婴儿的送子娘娘;第二层是其闺房。1986 年被公布为九江市文物保护单位。

普润寺 原名普润庵,位于浔阳区甘棠湖西今普润路。清顺治年间,杭州禅林尊宿埋庵和尚的弟子朽木在此搭建一茶棚,专为过往行人施舍茶水,后在茶棚旁建造一座小庙,取普润天下众生之意,名为普润庵。清咸丰三年(1853)毁于兵火,后重建。"文革"时期,普润寺遭到严重破坏。1986 年重建。

万寿宫 原名游岭埂万寿宫,位于九江市东郊游岭村,主祀许真君,始建东汉明帝永平十年(67),屡毁屡建。1997 年重建,2005 年扩建高明殿,并将游岭埂万寿宫改名为九江万寿宫。2006 年改造山门。

三圣宫　位于九江市乌石矶粮库国道旁,主祀圣母娘娘、插花娘娘、水母娘娘"三圣"。始建于明永乐年间,原址在九江东郊聂家墩,后迁建于时家垄村。1954 年大水侵袭,遂迁至金鸡坡小学附近。2009 年在现址重建。

瑞昌市

青山太清点　位于瑞昌市青山风景区,始建于宋代初期。1995 年,香港德化活动中心董事长谭兆、香港祥生集团公司总裁叶华沐捐资 100 万元,重建宫殿。2007 年,太清宫和老君像重新修缮。

龙泉寺　原名显济庙,又名龙泉庙,始建于南宋建炎年间。龙泉寺屡经兴废。1986 年,当地信众捐资重建庙堂一间,恢复寺宇。1992 年,经瑞昌市人民政府批准为佛教活动场所,正式定名龙泉寺,中国佛教协会会长一诚为大雄宝殿题匾,2007 年被列入省级重点寺院。

利泽寺　位于九江市瑞昌市流庄乡牛头山南麓,取其"大吉大利、恩泽众生"之意而名。利泽寺分前厅后堂,中为大雄宝殿。始建于东晋太元年间;明洪武年间重修,清道光三十年(1850)前后幢毁于兵燹,后众堡复修。1966 年,绝大部分佛像被毁。

福堂寺　位于九江市瑞昌市横港乡红光村东向山谷中。唐代,吴麟重建。曾由湖广兴国县凤凰山永寿寺第十代徒弟迁住。明代弘治年间重修。1959 年 2 月16 日,瑞昌县人民委员会列入保留之内,1962 年重修。

小泉寺　又名上林寺,位于九江市瑞昌市南义朝阳村南边田之西南。始建于宋乾德四年(966),明成化年间重修,清乾隆四年(1739),僧上方又重修。1958 年,佛像被毁;1971 年,改建"五七"中学;1982 年改办南义敬老院。但后院仍住有尼姑2 人。现建庙宇一间,重塑大小佛像 30 余尊。

赤颜寺　位于九江市瑞昌市南义乡星明村田家屋背后赤颜山中部。相传赤松子曾炼丹于此,故又名赤岩寺。宋乾德四年(966),僧惠灯开山立寺。明初,庐山天地寺僧人性真前来住持。民国二十七年(1928),寺毁人亡。民国三十五年(1936),在原基重建一室,为耕作休息场所。

檗禅寺　位于九江市瑞昌市洪岭乡光明村华林冈黄峰山麓。明代中叶,由附近詹、汪、李、王、陈、尹、范、文、贺等九姓集资兴建。1959 年 2 月 16 日,县人民委员会宣布保留,后被拆毁。

常乐庵　位于九江市瑞昌市码头镇的紫云山(笑天狮子山)上。清康熙二十九年(1690),由僧佛章、明光师兄弟合建。咸丰年间兵毁,同治三年(1864),僧广宏重建。民国毁于日军,僧宏道、宏元、宏德等修复正殿和地藏殿。1953 年,毁庙建校。1957 年复修正殿,直至1984 年才基本上恢复旧观。

升龙观　位于九江市瑞昌市城南 0.5 千米处。始建年代不详,明毁。清初,邑令刘景皋重建,道光年间,大水冲毁,同治三年(1864)募复修,今毁。

共青城市

甘露寺　位于共青城市甘露镇甘露山,建成于五代南吴国顺义年间。元毁于兵火,明天顺年间,正大和尚重修。古寺分上、下两进,上屋为正殿,边有侧屋,中为天井。1958 年寺毁,仅留门外古桂双株,1993 年重建。

回龙寺　位于共青城市金湖镇周家湾旁边的老虎岭上,后改名为会龙寺,此后,寺庙几经兴废。因当地老百姓的口音中"会"与"回"音近,因而改为回龙寺。

夫安寺　位于共青城市江益镇栗坂村境内,西南方距驿南古街 300 米。相传有一陈氏女店主十分好客,邻里有长舌妇谤言陈氏不守妇道,陈氏为表清白,含冤上吊。为纪念陈氏女子,后人建起了夫人庵,后改为夫安寺。

九仙寺　又称阳居寺,位于共青城市米粮铺与德安宝塔交界处的九仙岭主峰西侧山上。相传有何氏兄弟九人炼丹成飞升,而建九仙寺。留有宋、明、清文人雅客对山寺的题咏。大革命初期共产党人杨超等曾在寺内开秘密会议。

九江县

许真殿、王公殿　亦称赤松道观,位于邑内港口街镇花园村王夫山边。建于明清之际,内有许真君和王太公两座主殿。"文革"时期殿宇遭毁。1988 年,港口花园村鲁家墩信众重建许真君、王太公殿,1998 年依法登记。2006—2007 年,重建许真君、王太公合殿,称赤松道观。

万福宫　原名儒爱庙,坐落于邑内港口街镇花园村赤湖边望夫山上。明永乐六年(1408),在圣母庙基上重修寺观,更名生母庙。清初,将生母庙改名为望夫庙。后改为万福宫,意即保万家福寿延年。1938 年 9 月日军窜入万福宫,将万福宫烧为灰烬。20 世纪 90 年代重建万福宫。

龙泉寺　位于九江县港口街镇丁家山村,明僧月空建。民国期间在此办过私塾和保学。1953 年拆除,砖木用于建生机林小学。1992 年,释演真法师重新开发道场,先后建成三圣殿。三圣殿后山尚留古迹有春米石碓、峰岩天石灯、油盐石罐及僧道墓冢,有碑文 6 处,无碑文 8 处。

庆神寺　位于九江县沙河经济开发区冷水村。始建于清同治年间。"文革"时期寺院被毁。1993 年,当地信众重建庆神寺。

白马寺　　位于九江县城门乡红心村魏家洼,始建于光绪二十八年(1902)。白马寺因白马将军而得名,白马将军桂忠贤,字桂卿,桂忠贤在阵中常骑白马,百姓呼为白马将军。寺址曾迁3次,1941年迁现址。1996年6月复修。

广仁寺　　位于九江县新塘乡前进、外岷山两村结合部,始建于东晋太元年间。1938年,遭侵华日军飞机轰炸。"文化大革命"时期又遭破坏,寺内千年文物全部被毁。2012年,重建。

仁寿禅寺　　位于九江县新塘乡四华村,原名仁寿庵,今改仁寿禅寺,始建于明初。清末民初,由于战乱,建筑颓坏。"文革"时期,建筑及佛像全毁。1990年,经县政府批准恢复古寺,现寺院存有乾隆五十五年(1790)永昌禅师塔铭一块。

黄龙寺　　位于九江县涌泉乡泉塘畈村。始建于元末明初。1938年遭战乱,殿宇遂废。及至"文革"时期寺院彻底被毁。1994年,于原址建一座占地百余平方米的佛殿,重塑观世音菩萨、王公太保、关圣帝君、蔡大雷神、杨四将军等佛像。目前寺院建筑面积千余平方米,占地面积5亩。

娘娘庙　　原名石先庵,位于九江县涌泉乡涌泉村大坪黄木鱼山脚下,殿宇随山势而建。中华人民共和国成立后,人民政府将此处作为公学学堂。"文革"时期,庙堂被毁。1999年,重建庵殿,占地6000平方米,建筑面积4200平方米。

天王庙　　位于九江县岷山乡金盘村村部旁,始建于1960年。2010年由地方政府出资,村民捐助共同修建天王庙。整个寺院建筑皆为正殿和配殿对称式,二进院落:一进院是天王殿,东西有转经殿、钟鼓楼和各3间客堂;二进院是大雄宝殿。

团坡禅寺　　位于九江县马回岭镇红桥村团坡山,创建年代不详。现任住持通海法师,俗名宗启海,出家后重建关帝寺,更名团坡禅寺。建千佛殿、韦陀殿、阿弥陀佛殿、寮房、斋堂,占地6亩,建筑面积2600平方米。2007年秋,新西兰、阿里山大、菲利普等35名外国友人来寺院交流。

定明寺　　位于今九江市九江县黄老门乡青岗村。东晋太元年间僧慧远建。因年代久远,屡有毁圮。元至正初,僧定乘复兴,至正十二年(1352)兵燹。明宣德年间僧慧湛、成化年间僧性琼相继再修。清顺治初僧容谷重修。

多福寺　　位于今九江市九江县城门乡金兰村。东晋太元年间僧慧持建。南宋渐衰。明正统年间僧道清复兴文昌宫,正德年间僧德秀再修。清咸丰年间又毁。民国时期众姓集资重建,1967年,原房全部拆除。

胜果寺　　位于今九江市九江县涌泉乡黄洞村。东晋太元年间,僧慧持建。元至正十二年(1352)兵毁,明弘治年间僧圆昭再修。清咸丰六年(1856)再次毁于兵乱,同治年间重修。1958年为扩大小学规模,就地拆除重建。

高良寺　　原址位于今九江市九江县岷山林场五分场高良山,因山名寺。东晋太元五年(380)僧慧持开创,中有毁圮。明末毁于火,清初移于大岷山陈家垴山麓开基重建。1975年改为岷山林场寺垅营林队职工宿舍,1983年就地拆除重建。

觉明寺　位于今九江市九江县长山乡西河村失母洞口。东晋时僧海印建。元至正十二年（1352）兵毁。明洪武初，僧德本重兴。清末至民国时期，在此创办西窑初级小学，1956年拆除重建新校舍。

清修寺　位于庐山西麓九江县栅岭寨慈姑岭。东晋年间，由晓天僧创建，因名晓天寺。后经清修僧重兴，改晓天寺为清修寺。清咸丰三年（1853）遭兵燹。至民国时期，寺院一进两重，"文革"时期被毁。2004年在原地重建。

白华寺　位于今九江市九江县棉花原种场二分场。唐时建，迭有修葺。1950年"土改"后，停止活动。1951年，县公安大队借作劳改农场宿舍。1958年迄今，先后用作幸福大队、县棉种场农副产品加工厂。

隆教寺　位于今九江市九江县狮子乡龙岗村。南宋绍兴年间创建，明天启元年（1621）移建。清咸丰六年（1856）兵乱，拆毁。咸丰七年（1857），修复。1950年起，先后曾作龙岗乡农会、乡政府、乡人民委员会驻所。2001年复修。

法兴寺　位于今九江市九江县马回岭乡杨柳村塔山麓。南宋宝庆年间僧庆祯创建。元至正十二年（1352）兵毁。明永乐年间僧智亨复兴，明末将圮，清顺治年间，僧四印重修。抗战胜利后，稍加修缮办塾馆。1957年拆除。

一心寺　位于今九江市九江县涌泉乡涌泉村祝家畈。元末始建。明、清时期有殿宇两重。清咸丰六年（1856）兵毁。同治年间缩小规模重修。民国时期，曾在此开办长岭乡中心国民学校。1956年设涌泉小学，1958年拆除。

龙泉寺　位于今九江市九江县洗心桥乡丁家山村。明僧月空建。内祀释迦牟尼和文殊、普贤三尊大佛，环境幽静，僧侣踵至。民国时期，先后在此办过私塾和保学。1953年拆除，砖木用于修建生机林小学。

白云庵　位于今九江市九江县沙河乡毛桥村，明末建。内供万法祖师、十八罗汉等佛像。日军侵县期间，遭受严重破坏。中华人民共和国成立前夕，仅存地产（含庵后竹林）30余亩，殿堂两重。1966年砸毁佛像，1970年拆除庵宇。

祈丰庙　初址位于今九江市九江县黄老门乡大塘村骆家堰河东，后被山洪冲颓迁于河西山麓。清乾隆年间建。中华人民共和国成立后，先后利用庙舍开办通远村学，或作通远高级农业社、木业社和大塘大队驻所。1968年拆除，砖木用于修建大塘小学。

履天坡庙　位于今九江市九江县沙河乡天坡村。清乾隆年间建。有庙宇一进两重，中辟天井，总面积约250平方米。前重为钟鼓房，后为正殿，内供天王和祖师菩萨。香火活动延至1964年初。1967年拆除庙宇。

兴良寺　位于今九江市九江县城门乡兴联村，古称卓岭庵。清嘉庆十七年（1812）重建，改名兴良寺，因内祀圣母福主，俗呼圣母庵。咸丰初年兵乱，尽被拆毁。同治二年（1863）复修。1954年，遭受百年未遇洪灾，倾圮。

青龙庵　位于今九江市九江县江洲乡前埂村。清嘉庆年间建，咸丰三年（1853）

兵毁。同治元年（1862）复修。1951 年用庵舍创办洲头初级小学，1956 年拆除庵舍，1992 年当地信众在赣浔码头边重新建庵。

吉祥庵　位于今九江县沙河街镇杨花村细塘坡。清道光年间建。咸丰年间兵毁，同治十年（1871）重修。1938 年庵宇被侵县日军烧毁一半，1940 年当地民众集资修复，1958 年冬拆除庵宇。

云昙寺　位于今九江县岷山林场第四分场株岭西北部。清道光二十九年（1849），由当地黄姓牵头，约同李、夏、邹姓民众集资，在古庙旧址重修佛寺一所，取名云昙寺。中华人民共和国成立前夕，仅剩残破僧屋两间。20 世纪 50 年代中，岷山林场加以修缮，权作护林员寓所。80 年代初，就地拆除。

圣母庵　位于九江县城门乡联盟村，始建于北宋建隆年间。清咸丰三年（1853）兵毁，同治元年（1862）复修。民国二十九年（1940），被日军烧毁。2000 年重建。

武宁县

新丰寺　位于武宁县石渡乡新丰村，始建于东汉明帝永平年间，中间经过六次较大修葺。明成化六年（1470）铸铜佛"长丈余，重一万八千斤"。1976 年拆毁，改建乡福利院。1994 年重建，有楼房 3 间，殿堂 1 间。

普济寺　位于九江市武宁县城郊沙田墩。1991 年由县佛教协会会长张罗发起，四众捐资，购舒胜梅连三住宅 1 幢，并略事改造，塑佛像 6 尊供奉于中堂，号普济寺。1994 年 6 月 22 日，县政府批准该寺为全县开放寺庙。

万果寺　位于九江市武宁县杨洲乡江桥村，清康熙五十八年（1719）为瓜源霞庄吕绍夔始建。清同治十年（1871）释出尘住持修建山门。1958 年，寺院拆除。1990 年，释传开、释能炎发起在原址上方恢复兴建寺宇。

广福寺　位于九江市武宁县巾口乡地四岭，始建于清乾隆七年（1742），两度被毁。从 1992 年起，建集正殿、后殿、地藏殿、斋堂、寮舍于一体的尼众寺院。

柳山寺　位于九江市武宁县石渡乡蓝田村境内的柳山上，始建于宋。府志载有黄庭坚题咏七绝四首，镌刻于寺石门两壁。20 世纪 80 年代末，分别由释宝香、邱克中等重建一栋三间简易寺院。

石燕寺　位于九江市武宁县大洞乡彭坪村罗湾山上，始建年代不详。明正统八年（1444），邑人叶廷瑞捐资修戒堂、寮房等堂室。清乾隆年间，邑人叶尚兴重修。1999 年重建该寺。现寺保存有清乾隆二十年（1755）重修石燕寺碑等文物。

回头山佑圣宫　位于九江市武宁县横路新溪白石岩。开山祖师章真人 27 岁时，在此结庵修炼，后兴建宫殿，名为佑圣宫。清嘉庆二十五年（1820），以山主汤汉为首捐资重修扩建。1981 年以来主体建筑修复一新。

凤城殿　原名东林寺,又名飞凤寺,位于九江市武宁县城飞凤山,后汉乾祐年间始建。抗日战争时期,寺院被日本飞机全部炸毁。现保存有和尚墓4处,1994年县城信徒自筹资金,复建殿宇,名凤城殿。

西瓜寺　位于九江市武宁县杨洲公社森峰大队,建于明万历癸丑年(1613)。现存后院,寺内有高2尺、围8尺铁钟一座,铁香炉一座,长明灯会石碑一块,碑文完整清晰。

灵台寺　位于九江市武宁县大桥公社龙坂大队。一进二重,深12.5米,宽36米,两边共有住房18间。"文革"时期毁损。

东山寺　位于九江市武宁县罗溪公社东湾大队东南2千米处。民国三十四年(1945)重建。寺后有和尚坟四处,浮雕佛像一块,已破损。

净明堂　位于九江市武宁县杨洲公社邢庄西南处,原为道教寺观,建于清康熙二十三年(1684),正殿一进三重。1970年,拆寺建仓库。近年由群众重建瓦房三间于旧址。

修水县

兴化禅寺　位于修水县上衫乡红星村土龙山,相传隋初创建灵台院,唐会昌年间废。宋大中祥符年间重建,名澄心院。庆历中赐名兴化禅院。绍圣三年(1096)黄龙宗三世以弼禅师入主该寺。抗日战争期间被毁。2009年当地信众重建寺宇。

洞山寺　位于修水县黄港镇洞山自然村,始建于唐中期,原名阿耨院。唐代高僧慧觉重建寺院,易名洞山寺。明崇祯十五年(1642)秋,曹洞宗三十四世元洁净莹禅师迎母隐居于此。1967年寺院被毁。近年众信徒募捐重建。

宝山寺　位于修水县全丰镇南峰村,原名宝峰禅院。始建于唐代,北宋大中祥符年间赐额"宝山禅院"。崇宁年间重建,元末废于兵。明洪武十二年(1379)重建。20世纪50年代被毁。1992年重修,2007年续修。

法昌寺　位于修水县征村乡吴坪村。宋熙宁元年(1068),云门宗五世倚遇禅师住持法昌寺。元末废,明洪武年间重建,1959年后被毁。

鸡鸣山　位于修水县义宁镇鸡鸣山内,坐北朝南,由主殿、偏殿、下殿组成,距县城2.5千米,明嘉靖元年(1522)邑人刘德保所创。隆庆中僧宏中扩大规模。"文革"时期被毁。1989年、2000年、2006年先后3次由地方信众募捐扩建修葺。

黄潭寺　位于修水县大椿乡大港村上坑,始建于明代。为砖木结构,宽15米,进深10米,高8米,建筑面积150平方米,正厅供奉观音等多尊明代雕刻石像,2007年被定为县级重点文物保护单位。

丹霞观　位于修水县何市镇火石村,原名吴仙里。丹霞观屡有兴废。1993年捐资修葺,重塑观音、吴猛、许真君等神像,南宋国史编修祝彬撰有《丹霞观记》。

渣津万寿宫　位于修水县渣津镇古艾中路,最早称灵剑仙宫。始建时间无考。清同治十一年(1872)重修,占地1800余平方米。1951年后渣津区中心完小在此办学40多年。1998年学校搬迁,民众自发捐款恢复原有戏台、酒楼和观音堂、谌母堂。

瑞庆宫　位于修水县港口镇洞下村香炉山。明嘉靖十年(1531),全真教由湖北九宫山传入修水港口,在香炉山顶峰修建祖师石殿,供奉九宫山祖师张道清和第三代法嗣郑元简塑像。石殿依山形而建,分上、下两殿。2001年修水神威矿冶有限公司总经理刘典平捐资1500万元重建香炉山瑞庆宫。

丹霞观　位于九江市修水县南今何市乡火石桥村。相传晋西安令吴猛曾于此炼丹,丹霞观即其故宅,宋绍兴十年(1140),道士高执中、游恩补始住此观。泰定三年(1326),扩大了丹霞规模。毁于"文革"时期。

千秋观　位于九江市修水县南今上奉乡。晋时为刘真君炼丹处。至宋宣和二年(1120),朝廷赐额"千秋观"。端平年间废。宝祐三年(1255),九宫高士黄希斌募资重建千秋观。

永修县

莲花寺　位于永修县柘林电厂旁莲花路上。1998年由同安寺住持释慧参组织重建,建有大殿及天王殿,寺内建筑300平方米。

云门寺　在江上大屋(今南坑村后山)。明熊德阳致仕隐此,号云门道人。20世纪90年代后,逐步建成大雄宝殿,建起围墙、僧寮等建筑。2013年,建起两层寮房约600平方米。

德安县

弘法寺　原名普勋寺,也叫涴塘寺,位于德安县宝塔乡岳山垅村村口处,唐天祐元年(904),僧普硕建,初名锥溪院。宋治平二年(1065)改普勋院。元毁。民国二十七年(1938),毁于日寇之手。"文革"期间,寺庙再次遭到毁坏。1998年被批准重建,2006年更名为弘法寺。

宝塔寺　位于德安县蒲亭镇附城村,清嘉庆十八年(1813),邑人李青、王瓒、徐宾将城内无相寺移至县城南师古墩,并建宝塔于寺后,故名宝塔寺。1999年在原址上重新建寺。

普勋寺　位于九江市德安县城西半公里涴(饭)塘,亦名涴塘寺,唐天祐元年(904),

僧普硕建，初名锥溪院。宋治平二年（1065）改普勋院，元毁。明洪武年间重建。清顺治十七年（1660），僧德浩新葺。民国二十七年（1938）毁于日寇之手。

甘露寺　位于九江市德安县城南甘露山。五代年间建，元毁。明天顺年间，僧正大重修。

宝积寺　位于德安县城西北的白云山上。唐大中元年（847）建，元朝被毁，明正统年间重建。清咸丰年间毁。1997年复建，占地面积1000平方米，建筑面积200平方米。

积庆寺　位于九江市德安县城西望夫山下，南唐保大二年（944）建，元毁。明洪武年间重建，清乾隆年间增修。

朝阳寺　位于九江市德安县城北观山垅秀山孙村背后，宋庆历年间建，元毁。明正统年间重修。清咸丰年间毁，后复建。民国三十年（1941）复建后幢。1960年，为建林泉水库而拆除。

云水寺　位于九江市德安县城西北的彭山上，清初建。乾隆年间重葺。土地革命时期，国民党焚毁，后幢尚存，"文革"时期被拆毁。20世纪90年代开始重建云水寺。

法安寺　位于九江市德安县城西北，南唐保大十二年954建，宋大中祥符改今名，元毁。明天顺年间重建。崇祯末，僧性真更新之。

悟真寺　位于九江市德安县城西梅家垅，唐大中元年（847）建。宋绍兴年间重修，元毁。明弘治年间重建。

开化寺　唐贞观三年（629）建，宋大中祥符中，赐"开化院"。建炎年间焚毁，嘉泰中重建。元毁，明永乐年间重建，清咸丰年间又毁。

洞霄观　位于九江市德安县城北洞霄，南朝宋元徽元年（473）建，元毁。明正统年间重建，改名为洞霄寺。后被国民党焚毁，抗日时某僧曾重修。1952年就旧址改建洞霄完全小学校舍。

元阳寺　原名元阳观，位于德安县西部小昆仑山之巅，宋嘉泰三年（1203）建，元时毁，明永乐年间重建。1938年遭日机轰炸。1997年重新修建，更名元阳寺。

观音阁　位于九江市德安县城北乌石山，依岩建筑。清初有李调元、高晋、福申题刻石碑于此。清咸丰年间阁被毁，后重修，今毁。

罗汉寺　原址位于德安县城南的罗汉桥西，五代杨吴顺义元年（921）建。南唐时有铁罗汉五百。宋大中祥符年间，改净土院，有黄山谷诗。元朝被毁，明成化年间重建，咸丰四年（1854）被毁。2009年开始复建。

清净庵　原名心佛寺，位于德安大西门外岳山垅，原址在县水泥厂。清康熙元年（1662）重建，咸丰四年（1854）毁坏，光绪年间修复。1980年迁移今址重建，2008年重建大雄宝殿，2010年重建斋堂和大寮。

茶山寺　位于九江市德安县墩上堡茶山陇口（今共青垦殖场南湖镇内），明永乐年间建，今拆毁。

大明寺　位于九江市德安县城西新田坂（今牛子岭南麓木环垅），唐大中元年（847）建，明正德年间重修，今毁。

精进寺　位于九江市德安县城北白云山东麓（今倪家垅），后吴顺义年间建。宋元祐年间修，元毁。明正统年间重建，民国二十七年（1938）被侵华日寇烧毁。

无垢寺　位于九江市德安县城北的高塘坂，俗称五谷庙。唐咸通三年（862）建。宋治平二年（1065）改为无垢院，元毁。明成化年间重建，嘉靖年间增修。今毁，在遗址建高塘中学。

龙王庵　位于九江市德安县城西北的彭山东麓，建于清同治末，今毁。

法云寺　原名云峰寺，位于九江市德安县城西南的云峰山下，康熙年间建，旧在云峰谷下，乾隆年间迁建谷中。咸丰年间重修。民国二十七年（1938）秋被日军烧毁。1982年复建，改名法云寺。

芙蓉寺　位于九江市德安县城西北的栅岭山北边，唐咸通二年（861）建，初名芙蓉院。宋治平三年（1066）改名慈法院，元毁。明正统年间重修，清道光九年（1829）又修，咸丰元年（1851）再新。今毁。

金山寺　位于九江市德安县城西的大金山上。民国二十七年（1938）九月，侵华日军在万家岭战役中，用飞机向驻在金山寺的中国部队投下一颗炸弹，落在山门外，震坏殿宇，后毁。今修复后殿。

紫辉寺　位于九江市德安县城西的使君山麓，唐大中元年（847）建，元毁。明正统年间重建改名紫辉寺。雍正年间增建，今毁。

铁崖寺　位于九江市德安县城西的固守堡，僧润崖建，闵师和捐田七亩。今有三间小屋，栖一老尼。

金盆寺　位于九江市德安县城北的秦山巅上，山巅有方池，若金盆，四季不竭，因以名寺，僧昌文重建。民国十六年（1927）十月，共产党人林修杰、沈剑华、徐上达率领星子起义农民来到金盆寺，召集会议，研究开展游击战争，国民党发现后对其进行围剿，将庙烧毁。

天兴寺　位于九江市德安县城西北的东佳山上，明洪武年间建。清顺治年间重修。同治八年（1869）复修。

谱严寺　位于九江市德安县城西北的塘山上，南唐保大二年（944）建。宋治平二年改为普禅院，元毁。清乾隆年间重修，置田40余亩。遗址建塘山中学。20世纪90年代重建。

布金寺　位于九江市德安县城西北的小昆仑山麓，宋建，名宝花院，元毁。明僧性宁重建，改名布金寺。清顺治年间，僧浑然增葺，乾隆年间，僧空明修，置田40余亩，今毁。

安福寺　位于九江市德安县城西北的永泰源，唐大中二年（848），僧秀豁建，初名安吉院。宋治平年间改为安福院，元毁。明永乐初，僧觉清重修，后圮。清道光十五年（1835），邑人萧高志捐修殿宇；道光二十八年（1848）重修，后毁。20世纪90年代重建。

灵真馆　《永乐大典》："旧在县城西一里，本唐采访道院。吴顺义四年（924），道士李元徽徙县西，本朝（大中）祥符五年改今额。"元毁。明正德年间，南昌卫军士王必正重建。

白藤道院　《永乐大典》："在白藤山，唐置，本名报国亭，咸通中作望庐山使者以祈福，南唐保大四年（946）升道院。"同治《德安县志》："白藤观在敷阳下乡，去乡西北60里白藤山，明永乐年间慈满修，明嘉靖二十一年（1542）毁。后重修小屋三间。"

星子县

秀峰寺　又名存先寺，位于九江市星子县鹤鸣峰下，建于南唐。宋太平兴国二年（977），赐名开先华藏。清咸丰三年（1853），太平军毁坏寺里诸殿。同治后，僧人慧通、至松重修殿宇与禅房。民国二十一年（1932）蒋介石与林森来秀峰捐银币1200元，重建三层双桂堂。1959年，由星子共产主义劳动大学征用。

五乳寺　位于九江市星子县城西的秀峰景区，寺始建于宋。明万历年间，憨山大师结庵五乳峰下。清道光年间五乳寺被洪水冲毁，后重建。民国年间，李一平先生在此创办半耕半读学校。日军攻陷庐山，寺与学校皆废。

栖贤寺　位于九江市星子县，初名宝庵寺，创于南齐宋明年间。后因李渤在其间读书，委托赤眼禅师管理，赤眼为纪念李渤，改名栖贤寺。明洪武中，因造伪钞，废为民居，万历三十二年（1604）重建。1938年，日军焚毁殿、厅、阁、库房。寺今已废，仅存危房一间。

归宗寺　位于九江市星德公廉与星蚁公路交接处，唐元和年间重修。宋嘉祐年间增修。抗战前毘庐殿的藏经阁藏有清光绪五年（1879）慈禧太后所赐大藏经7200卷，华严经板80卷；罗汉堂有景德镇李守之所塑十八罗汉。抗战期间，寺被日军洗劫，佛像、经卷几乎全部被毁。

简寂观　位于归宗寺东北金鸡峰下。简寂观为刘宋大明五年（461），道士陆修静所创，后名太虚观。陆修静在此潜心修道，改革东汉五斗米道，自成一家，死后封为丹元真人，赐谥简寂，由此太虚观改名为简寂。观内有朝真馆、白云馆、道藏阁等。如今皆废。

都昌县

清隐禅院　位于都昌县城南山,始建于唐,初名清隐寺,宋扩修后更名清隐禅院。1987年,县政府重新进行修缮。宋代黄庭坚曾撰写有《清隐禅院记》。1926年3月,中共都昌县第一个党小组在此成立。该禅院为县级重点文物保护单位。

元辰寺　位于都昌县苏山主峰。苏山原名元辰山,为道家第五十一福地,相传为晋仙苏耽奉母结庐修炼之处,故名苏山。乡民在此处建元辰寺,其修建年代无考。1938年,寺被日寇洗劫一空,后又被山火所焚毁。1997年,乡民在原址重建该寺。

鸣山观　位于都昌县鸣山乡鸣山顶上,观内供奉许真君。观中有一古钟,每当敲响,山鸣谷应,百姓因此称此山为鸣山,道观称为鸣山观。观前有一古茶树,不开花不结果,数百年仅此一株。

青云寺　位于都昌县马鞍岛马鞍山,始建于明洪武年间,毁于清咸丰年间,重修于光绪年间。1966年,该寺被拆毁,但寺院外的塔林保存完好。2001年,马鞍民众在该寺原址重建。

二赋庵　位于九江市都昌县城东的芙蓉山麓,占地面积10余亩。内分两大殿,前殿供释迦牟尼等,后殿供观音。该庵为明朝僧古愚所建。中华人民共和国成立初,庵陆续拆毁,并于1959年改为县园林场。

东岳府　位于九江市杭桥乡横渠村附近的龙华山,始建年代无考。清咸丰五年(1855)由住持和尚法藏将原庙土墙改为砖墙。民国十七年(1928),庐山僧直来寺,遂将原山名虎山改称龙华山。中华人民共和国成立后,鉴于该庙非佛非道,于1951年将庙内的经书等物没收。1983年已还俗的夏学旺(原法名海罗)又住进观音堂,于内设供若干佛、道、神画像。

湖口县

大姑庙　原名大孤山庙,亦称鞋山娘娘庙,位于湖口鄱阳湖鞋山西南岩石之上。南宋隆兴年间,鞋山庙得以重修。明洪武初,又进行过修葺。中华人民共和国成立初期,大姑庙被拆作他用。1980年,僧释常明在鞋山修炼,化缘建庙,为佛、道合一的寺庙。1985年,旅游部门筹资修复大姑庙。

观音殿　位于湖口县风景名胜石钟山之上。唐龙纪元年(889),建于上石钟山。明景泰元年(1450)移建下石钟山,清咸丰八年(1858)改观音堂,后称大雄宝殿,至1980年全面修复时,定名观音殿。与观音殿相对的是下幢,有戏楼、僧舍。

法官禅寺　原名法官庙,位于湖口县双钟镇陪湖山下,始建于宋代,庙址原为鄱阳湖岸一马祖道场。1938年,日本侵华时,庙宇遭毁。日寇投降后,当地信众重修。1968年,法官庙改成村级小学。1989年修建恢复,2008年法师释真空改法官庙为法官禅寺。2011年,新建大雄宝殿等。

姚王殿　原名史家桥庙,也称姚王寺。位于湖口县流泗镇与凰村乡交界处的史家桥港畔,始建时间无考。1938年寺庙被侵华日军飞机炸毁。1946年重新修建。"文革"时期寺庙被毁。1992年再次重建,改寺名为姚王殿。

安蓬古刹　位于湖口县大垅乡芦岭村的花尖山北面山谷,始建唐元和年间,取名邃古寺。至明洪武中期,僧释性修,更名庵蓬寺。清康熙初年,僧仰华重修。抗日战争结束后,僧碧慧再修,更名安蓬古刹。"文革"时期,为林场所用,免遭毁坏。

念佛寺　位于湖口县马影镇永桥郭家湾,念佛寺前身名映日庵,始建清康熙二十年(1681)。咸丰三年(1853)至同治二年(1863)因战乱毁。后由地方商贾曹吉发重建,改名念佛林。1938年夏,又被日寇焚。1940年,曹吉发又复修。1958年秋被拆。1984年,由僧释永诚修建,改"林"为"寺"。

心德寺　位于湖口县舜德乡,原名双林古寺,始建于南宋嘉泰四年(1204)。1958年庙被拆毁。1989年由居士周爱珠召信众捐资修复,于1991年初建成,改名心德寺。1994年扩建。

四王庙　位于湖口县城山镇团墩村南端团鱼墩,始建于明洪武五年(1372),为纪念聂四侯王而建。清朝中叶时,庙堂扩建为九进九重。太平天国时毁于兵燹,后复建。"文革"时期遭破坏。2006年,复建。

嵩寿寺　位于湖口县城嵩寿山东北侧。唐咸通元年(860),高僧释雪峰建寺于上石钟山与嵩寿山之间,名曰崇邑院。几经兴废,1992年8月修复。1996年4月,重建地藏王殿。同时,修复金身大佛三尊和观世音、地藏王、普贤、东平王菩萨四尊。

彭泽县

龙仙寺　位于彭泽县龙宫洞、玉壶洞西侧,明成化年间建庙,清咸丰三年(1853)重建。民国二十八年(1939),被日军毁去一半,"文革"期间全部遭毁。龙宫洞开发旅游后,由龙宫洞风景管理区出巨资重修。

安禅寺　位于彭泽县龙城镇泉山刘家岭,始建于东汉,元末兵毁。明初,朱元璋与陈友谅大战鄱阳湖,村民欧阳尚诚,曾支援朱元璋军,朱赠联:"大江东去几千里,白下西来第一家"。尚诚之子欧阳德刚于明洪武九年(1376)复建此寺。寺于1939年被日军烧毁,1980年由村民募资重建。

集福寺　位于彭泽县城东南的双峰尖上,据传始建于东晋安帝义熙年间。嘉庆十一年(1806),住持觉初对该寺进行扩建。1939年7月,集福寺被侵华日军火烧。

抗日战争结束后,邑人重修了一座小庙。后本僧和尚来此修复。

龙津寺　位于彭泽县城东部的澎浪矶上,为唐朝武后天授年间所建。明嘉靖元年(1522)重修。清嘉庆十三年(1808)续修。咸丰十年(1860)遭兵毁。1941年来自湖北的比丘惠静,砌起一座小庙,后智定等僧重修三座大殿。"文革"时期毁,后重修。

大觉庵　位于彭泽县城凤凰山麓(即西山),俗名西山大王庙。明天启年间建。清咸丰三年(1853)毁于兵火,清同治元年(1862)重建,后被拆除。光绪元年(1875),僧新喜募集资金重建。民国二十七年(1938)被日军全部拆毁,抗战胜利后复建,"文革"时期遭破坏。改革开放后逐步新建。

佛应禅寺　位于彭泽县龙城镇泉山老屋张村神虎山中间高台处。明永乐二年(1404)建姚王庙,后废。明宣德七年(1432)称姚王寺。天启七年(1627)毁于一场大火。1979年杭州灵隐寺照觉法师邀同参维宏法师在此处结庐安居,1988年重建庙宇,名佛应禅寺。

集福庵　位于九江市彭泽县城东南的双峰尖,又名双峰古刹,为彭泽旧八景之一。相传唐初即已建庙,清初庙毁。清嘉庆年间重建,至民国二十八年(1939)被日军焚毁一光。民国三十四年(1945),邑人重修小庙一座,规模不如前。

仙真岩寺　位于九江市彭泽县天红乡,明成化年间建庙,清咸丰三年(1853)重建。民国二十八年(1939),被日军毁去一半。"文革"时期,毁其全部。近年,当地佛教信徒,就原址因陋就简建一小庙。

上元殿　位于九江市彭泽县马当山,原为道教寺观,祀水府尊神。清同治十年(1871)改为佛教寺庙。民国二十六年(1937),构筑马当要塞,拆毁一部,民国二十八年(1939),遭日军毁。抗日战争胜利后,马当乡民重建。1967年又全部拆去。1984年,乡民重建。

鹰　潭　市

月湖区

仙人寺　位于鹰潭市月湖区童家镇,原称安福寺,始建于清顺治年间。安福寺的东、西二井中的水传说能治病,后人遂将该寺称为"仙人寺"。1956年因建童家嘴上小学,仙人寺被拆。1993年修复仙人寺。

贵溪市

鸣山庙　位于贵溪市北端周坊镇神前村正北地势高处,始建于东晋,历代多次修复,现存建筑系清道光年间重修。自清代起,每年农历八月十五日在此举行庙会。中华人民共和国成立后,贵溪县第三区人民政府在此办公。"文革"时期鸣山庙拆毁,1993年重修。

台山寺　位于贵溪市天禄镇(原余家乡)罗湾村桥头王家,始建于南宋咸淳年间,并受朝廷敕封,寺旁镌有"宋敕"大石牌。寺院坐南朝北,四周群山环抱,南面5千米处为道教圣地天师府。寺中现存后殿。

云台山寺　位于贵溪西南耳口乡境内。据载,东汉末年道教创始人张道陵曾来云台修道炼丹,故此云台山为龙虎山景点之一。清咸丰年间,庙宇进行规模建造。民国三十五年(1946),庙宇失火被毁。1991年按原古庙修复。

青莲寺　旧址在今鹰潭市贵溪市雄石镇东门(现县实验小学内),唐大历年间始建,称白衣寺。明嘉靖年间修。清康熙十三年(1674)复修,更名为青莲寺。该寺于民国三十一年(1942)遭日军轰炸贵溪时烧毁,铜菩萨在1953年被炸碎变卖。

外岳宫　位于鹰潭市贵溪市上清镇东的岳津洲上,此宫为明代所建。清嘉庆年间进行了重修和扩建。现存正殿、亭楼和厢房共14间,面积950平方米。

唐资国寺　坐落在鹰潭市贵溪市上清镇东的尘君山麓,始建于唐龙纪元年(889),建有山门、大殿、偏殿、方丈、厢房等。1958年"大跃进"时被全部拆除。

太岩寺　位于鹰潭市贵溪市城东森林公园南侧,始建年代无考。抗日战争期间,在岩中避难的二百余名善众,惨遭日军杀害,太岩寺亦同时被毁。1992年周梅祥、李桂玉、刘秋金、张桂香、彭爱华、薛赛金等三宝弟子和信士,自筹资金,在太岩寺废墟上按原建筑格局重建。

余江县

金龙寺　位于鹰潭市余江县洪湖乡境内,始建何时无考。宋仁宗时,舒村老祖宗从仙岩罗坪迁至碛石峰旁居住后,将金龙寺修缮一新。土地革命时期,被国民党军队焚烧。1992年重新修建金龙禅寺。

财神庙　位于鹰潭市余江县锦江镇偏西王家山脚下,始建于清咸丰九年(1859)。中华人民共和国成立后,因年久失修,侵蚀严重,庙堂成残桁破瓦,梁断墙塌。1995年由锦江镇信徒李玲、桂发远、吴接火、蒋菊花等人修复此庙。

揭佛禅寺　位于鹰潭市余江县锦江镇南岭。传说仙人张果老曾炼丹于此,民国时有正修师尼在此修行。1996年由陈林生、周样生、陈常娥、戴淑文,周美菊、祝香花等人复建了200平方米的大雄宝殿、260平方米的天王殿、160平方米的斋堂,更寺名为抱佛禅寺。

大王庙　位于鹰潭市余江县中童镇瑶池村信江河畔。1986年由祝大战、祝月兴、祝文安、祝海太等人,通过渔民们捐资,重建大王庙。建成后的大王庙,倚畔面江,坐西向东,占地400平方米。

马鞍禅寺　位于鹰潭市余江县城东南郊区马鞍岭半山腰(又名马岗岭),始建于宋英宗治平三年(1066),后被元兵烧毁。至清代嘉庆年间,重建简陋寺庙。中华人民共和国成立后改做小学,"文革"时期被拆毁。1993年恢复,2002年夏,新建三圣殿、寮房各一栋。

正觉庵　原位于鹰潭市余江县城东北观音阁附近,因历史和自然原因曾多次迁移并挪作他用。1996年恢复正觉庵,后经多次改建扩建,现占地面积约600平方米。

赣 州 市

章贡区

光孝寺　位于城内东南隅,始建于晋代,唐高宗时复建。历史上,光孝寺不仅为赣南佛教首刹,在毗邻的闽、粤、湘等省也均有较大影响。至今,还流传"先有赣州光孝寺,后有韶关南华寺"之说。"文化大革命"期间被捣毁,仅存山门及前殿。1988年市人民政府列为赣州市重点文物保护单位。

清真寺　位于城内桥儿口,始建于明末。1984年被列为省级重点寺庙,对外开放。1985年以来,江西省人民政府拨款15.5万元重新修建。新建寺院大门楼上"清真寺"3字系原中国伊斯兰教协会主任张杰所题。是赣南唯一的伊斯兰教清真寺。

紫极宫　位于今赣州城内文庙,唐时建,是赣州最大的十方道观。宋时改名大中祥符宫,后又改为元妙观。明永乐五年(1407),刘渊然大真人在此宫修道授法,随后改为祝圣道场(亦称道院)。殿宇设玉清、上清、太清3尊圣像。清代改作学院,乾隆元年(1736)迁县学于此。今为文庙。

三清古观　在城内忠节营,清光绪二十四年(1898)建,分三天门亭、正厅和大殿3部分。1954年,因城市建设规划需要拆迁此观,经与道教人士协商,将小南门8号公房拨其使用,修葺后恢复正常道教活动。1985 年 8 月,列为道教公开活动场所。

南康区

法界寺　又名法界禅寺,位于南康区太窝乡中边村马古坑。"文革"时期被毁。
20 世纪 80 年代中后期,台湾老和尚释常缘回乡探亲,广为募缘,于 1994 年兴建了一
座三合院的寺庙,1999 年扩建了大雄宝殿、僧僚、斋堂。殿内有释迦牟尼佛、文殊菩萨、
普贤菩萨、观音菩萨、地藏菩萨等诸佛菩萨圣像。

伏波寺　位于南康区龙回镇茶叶坳村石子坳组,始建于 1994,占地面积 10 亩。
1996—2003 年,相继建成了天王殿、大雄宝殿、念佛堂、僧房、斋堂、客堂、金刚塔、
居士塔和藏经阁等。大雄宝殿内有三尊大佛像和若干小佛像,天王殿有四尊大佛和
一尊弥勒佛。

武功山寺　原名蜈蚣山庵,位于南康区城西蓉江街道麻田村,始建于明万历年间。
寺庙于清顺治十六年(1659)和咸丰年间进行了两次维修。民国二十三年(1934)
扩建。1958 年寺庙被毁。1998 年重建武功山寺。

仙佛岩寺　坐落于南康区龙华乡中岭村。1939 年,释妙来法师(号觉和)从广东
南雄菁莲庵返回家乡所建。至 2009 年,已建平房八间(包括僧房和膳堂),面积 200
多平方米。

慈喜寺　位于南康区古顺化乡龙子里,汉代建。是南康最早的寺院,久废。

传法寺　又名宝林山,初名六祖院,位于南康区城东宝林山,唐贞元年间建,后兵毁。
清康熙六年(1667)重建。民国二十三年(1934)尚存,寺内有居士 3 人,有铜像朝天
炉一。今废。

西竺庵　位于南康区蓉江镇西门外,唐建,名仙台观,兵毁。清顺治年间僧普
度重建。康熙十年(1671)僧普庆募建大殿,改名西竺庵,为南康古代八景之一。明
代解大绅(解缙)过此有诗记其胜:"仙台观里仙游处,丹井泉流午夜光;正值小
春微雨后,倚篷沽酒过南康。"民国二十三年(1934),拨归县立苗圃。今废。

兴龙寺　位于南康区城北旭岭丫山,始建年代无考,清康熙四年(1665)重建,
十一年(1672)僧照庠重修。民国二十三年(1934),有寺产田租谷 18 石,寺内有僧人、
居士各一人,弥陀铜像一尊。1958 年拆。

西华寺　位于南康区城西南西华山,始建年代无考,清光绪年间重建。民国
二十三年(1934),有寺产田租谷 32 石,店房一所,寺内有居士 1 人。今废。

秀峰寺　位于南康区东山乡文峰村秀峰山南,宋建。民国初增建,民国二十三年
(1934)前后,有寺产田百余石,住有僧、俗各 1 人。今废。

正觉寺　位于南康区潭口圩今乡政府驻地,民国十三年(1924)建。民国二十三年

（1934），寺内有僧、俗各1人，有寺产田40余石。中华人民共和国成立初尚有僧1人。土改时废。寺内房屋改作区、乡人民政府驻地。

南林寺　又名祖印禅寺，位于南康区浮石乡青云铺牛形庵，清顺治十六年（1659）僧行中建，清光绪年间重修。民国二十三年（1934）前后，有寺产租谷70石，田27石，僧2人。1966年由僧释如法住持。"文革"时期废。

石鼓山寺　位于南康区龙华乡石鼓山，民国四年（1915）建。中华人民共和国成立初有一僧一尼姑。"文革"时期废，房屋尚存。

石坞寺　位于南康区大坪乡石坞，明代建。民国二十三年（1934）前后，有寺产田70余石。今废。

回龙寺　位于南康区坪市乡潭邦，明建。民国二十三年（1934）前后，有寺产田租谷6石，僧5人。今废。

翠竹山寺　位于南康区坪市乡白竹背，宋建，民国时重修。民国二十三年（1934）左右，有寺产田租10石，僧5人。今废。

古佛经堂　位于南康区坪市乡白漕村，民国时建。民国二十三年（1934），有僧4人。今废。

西林山寺　位于南康区坪市乡白马塘村，唐建，民国时修。民国二十三年（1934）左右，有寺产值100元，僧3人。今废。

宝界堂　位于南康区横market乡土桥新庵里，明末建，清末重修。民国二十三年（1934），有寺产田30石，僧2人。今废。

瑞金市

龙珠寺　原位于象湖镇塔下寺龙珠塔附近，始建于明万历三十一年（1603），清雍正元年（1723）一度修复，直至清末毁于战乱。1998年5月重建龙珠寺。2003年根据瑞金市城市建设总体规划，由象湖镇塔下寺整体搬迁至瑞明村罗布塘龙角坑。

东禅庵　原名东禅古寺，位于瑞金市云石山乡帮坑村东北端，明万历二十四年（1596）建，明万历三十三年（1605）重建。清康熙九年（1670）冬，为安放开山祖师演宗及其系下诸徒灵骨，建普同塔于庵右侧。现存的东禅庵殿堂于1976年按原基重修，1985年竣工。

乌仙山寺　位于瑞金市城区东南的象湖镇南岗村乌仙山顶，始建于明万历四十五年（1617）。"文革"时期被毁。1982年在原址按原貌重建，1999年大雄宝殿、观音殿以及住房等附属设施建成。

海云寺　位于瑞金市壬田镇中潭村罗汉岩风景区，始建于宋代中期。"文革"时期被毁。1985年，罗汉岩被列为江西省省级风景名胜区，遂于罗汉岩内迁建至罗汉岩右侧上方。1998 年 10 月大雄宝殿建成。"海云寺"寺名牌匾由原中国佛教协会会长赵朴初先生题写。

普度寺　原名水坑观音岩,位于瑞金市象湖镇瑞明村,始建于宋代。1957 年及"文革"时期被拆除。1984 年在原址上建成观音殿,随后几年相继建成大雄宝殿、圆通宝殿、斋堂、僧人房、海会塔、天王殿、功德堂、念佛堂、净土塔等建筑。1995 年"水坑观音岩"改为"水坑普度寺"。

普广寺　原名龙雾嶂庵,又名云雾庵,位于瑞金城区北 15 千米处的黄柏乡直坑村北龙雾嶂主峰东侧,五代后周恭帝柴宗训时开山兴建。至明永乐二年(1404)曾三次重修。1958 年被毁。1980 年按原基址重建。

罗汉岩庵　位于瑞金市城东北的壬田乡中坛村陈石山南翼,相传五代后汉期间,由"伏虎禅师"创建。明万历年间重修,此后几经兴废。1979 年重修。

铜钵山寺　位于瑞金市城西的九堡乡莲塘村铜钵山顶,唐乾符元年(874)由开山祖师慈风和尚(俗名罗雪锋)住持创建。开山建庵时,掘地得一铜钵,故名铜钵山。明嘉靖二十七年(1548)、康熙二十四年(1685)、乾隆四十七年(1782)分别重修。民国十九年(1930)被毁,1980 年重修。

龙雾嶂庵　原名云雾庵,又名龙凤庵,位于瑞金市城北的黄柏乡直坑村,五代后周开山兴建,至明永乐二年(1404)曾三次重修。1958 年被毁,1980 年在原址重建,1981 年竣工。

狮子坪庵　原名泰云山,位于瑞金市城东北的日东乡陈垫村东南观音崇狮子坪,始建于南宋绍定二年(1229),明末毁于兵燹,清康熙十年(1671)重修。1967 年"文革"时期被拆毁。1980 年重建。

乌仙崇庵　原名文兴寺,位于瑞金市城东南的象湖镇金云村东乌仙崇巅,始建于明万历四十五年(1617)。清康熙十三年(1674)迁庵址于乌仙山。1967 年"文革"时期被毁,1982 年释照尚住持修复。

赣县

燕子岩寺　位于赣县储潭镇幸福村肖背坑境内,为赣州四大名岩之一(通天岩、狮子岩、马祖岩、燕子岩)。自隋唐兴建寺院,已有千余年历史,清咸丰己未九年(1859)修缮。1958 年"大跃进"损毁,1988 年秋恢复寺院的雏形。

狮子岩寺　位于赣县梅林镇上庙村,岩形远观如一巨型卧狮而得名,为赣州四大名岩之一。禅寺在商朝为道教场所,名曰桃源洞九仙山。相传为广成子得道之所。唐末因佛教盛行而改为佛教圣地,并更名为狮子岩云仙寺。1958 年,因无人管理而败落,1992 年重建。

觉性寺　位于赣县南塘镇东北部的大都村贵湖山,宋皇祐二年(1050)建,宋宝祐二年(1254)僧木净住持修缮,明成化年间毁于火并重修。明嘉靖年间,被明世宗赐为"觉性禅林"而得名。1993年重修,增置铜钟,重塑十八罗汉、十五阎君、四大天王、观音童子和山门围墙等。

麂山妙高寺　位于赣县南塘镇劳田村。麂山与宝华山、菩提山、石林山并称赣县四座佛教名山。据民间传说,吴生在麂山修炼成佛,于山巅峭立巨石上腾云而去。20世纪70年代,因在麂山开矿,妙高寺和寺宝无梁殿被拆毁。1996年,当地村民在原址重修妙高寺。

戒珠寺　又称罗汉寺,位于赣县夏浒村西南的金龙山上,系唐朝敕建,元代重修,后毁于火,明嘉靖年间重建。是一栋四合院式的明代建筑。据史志记载和戒珠寺石碑石刻,宋朝大诗人、大文学家苏轼,在贬官岭南奉诏回京时,曾到戒珠寺并留有:"十八滩头一叶舟,清风吹入小溪流。三生有幸复游此,莫把牟尼境外求。"一诗。

福神庙　位于赣县白鹭乡白鹭村,建于康熙四十九年(1710),院墙门楼修建于道光十一年(1831)。至今尚保存康熙时期红砂岩石雕狮子一对,道光十年(1830)重修福神庙碑刻,道光十一年(1831)人物壁画,道光十四年(1834)、道光二十七年(1847)木质对联各一副。

石林山寺　位于赣县王母渡镇岐岭村境内,始建于明万历年间,清咸丰丙辰年(1856)除夕,山寺毁于火,同治年间,重加修葺,仍复旧观。1958年,寺庙被拆除,变为荒坪。1991年开始筹建,2005年11月建成。

三德寺　位于赣县南塘镇渣龙自然村。清同治八年(1869),住持僧伏海十方募化修葺。清光绪戊申年(1908)再次修葺。1949年中华人民共和国成立后,三德寺庙先后改作学校、村委会、碾米厂等。"文化大革命"时期,庙宇神像被毁。1994年,县民族宗教办批准修缮并开放。

黄沙寺　位于赣县茅店镇黄龙村北,始建于明万历年间,嘉庆年间修。同治年间、光绪年间两次扩建重修。1957年该寺被列为江西省重点文物保护单位。"文革"时期,寺宇被毁,只剩残垣断壁。1998年由黄龙铺骆传斌、成德汉、杨才铨、骆耀培、杨才法等筹建。

万佛寺　位于赣县储潭镇西北约2.5千米处的象山丛林中,明代建。1958年寺庙遭损毁,1990年在万佛古寺原址重修。现寺院建有山门殿、天王殿、万佛殿、观音殿、地藏殿等。

灵峰寺　又称刘氏仙娘殿,位于赣县田村镇斜坑村的瑞峰山的山腰——茶圳狮脑坪。始建于明朝(具体年代不详)。1968年"文革"时期遭到破坏,1997年重修。

万灵山寺　位于赣县大田乡中团村铜盆岭上,建于清。"文革"时期,殿宇房舍全部被毁。1993年重建。

仙峨山寺　位于赣县白鹭乡龙富村,始建于988年。清乾隆二十二年(1757),白鹭乡马境中璋（字赞廷），例贡生选敕儒林院士，捐费数百余金招僧重建本庵，并扩大了建筑寺院范围，增塑了佛像。1966年"文革"时期被毁。1995年，重建寺院。

白云山寺 位于赣县石芫乡西北方，始建年代无考，先后于康熙、道光、嘉庆、光绪年间重修复建。"文革"时期被毁。1991年，恢复重建。

般若禅寺 位于赣县县城中心，该寺原名观音阁，始建年代无考，据历代碑记及《赣县县志》记载：永乐元年至嘉靖四十一年（1403—1562），将阁扩建成综合性寺院。寺院几度被毁。改革开放后在台湾高僧圣智老和尚、台湾老居士刘以友及当地仁人志士支持下，寺院得以重建。

金岗山寺 位于赣县长洛乡大沅村境内，原名为瞧观山寺，始建于明朝末年。清朝年间，由施主赖海山捐资，迁至金岗山新建寺院，并改名为金岗山寺。1958年山寺被毁。1986年重建。

普灵寺 原名为普安山佛堂，位于赣县长洛乡桂林村，清同治元年（1862）建。1952年佛像被毁，古刹被拆。1998年重建，历经三载，建有大雄宝殿、观音殿、功德祠、禅房、客堂、厨房等，并塑建了释迦牟尼佛、药师佛、阿弥陀佛、观音菩萨、地藏菩萨、韦陀菩萨、伽蓝菩萨等。

松月禅林寺 位于赣县长洛乡桂林村境内，建于明洪武期间。抗日战争期间，万寿宫、观音殿迁至水口庵，成寺庙合一，定名松月禅林寺。1959年，寺庙被拆，1993年重建。

正觉寺 位于赣县长洛乡中坑上庵里，始建于明初四年（1372）。初建寺为上下两段，后有大雄宝殿3间殿堂，塑有释迦牟尼佛、药师佛、阿弥陀佛、观音菩萨、地藏菩萨、韦陀菩萨、伽蓝菩萨等金身佛像。1989年在宝殿右边增建观音殿、功德堂、三宝殿、僧舍、客房、库房、膳厅、厨房等。

高龙山寺 位于赣县大埠乡长湖村高龙山山顶盆地，始建于清康熙年间。整座寺院为上下两段，上段建有大雄宝殿、观音殿、地藏殿、真君殿，塑有释迦牟尼佛、观音菩萨、地藏菩萨、真君菩萨等30余尊。下段两边为钟鼓楼、藏经楼。1958年佛像被毁，但整座寺院保存完整。1993年开始修复。

定光寺 原名金光洞，位于赣县三溪乡寨九坳，建于宋初。元至元十七年（1280），金光洞道士被强行遣散，留下女道士削发为尼，金光洞道教院被拆。至正二十一年（1361），重修"道教院"。"文革"时期毁。1994—2009年，筹资重建定光寺。

东桂山寺 位于赣县南塘镇小都村东南面，后梁乾化年间，创建寺院，名曰静阴寺，后改为东桂山寺。"文革"时期毁，1978年重建。

东华山寺 位于赣县三溪乡三溪村东，建于宋绍兴年间。1966年"文革"时期，寺院荒芜。1982年重修。建有神像50多尊；玉皇殿、地藏殿、观音殿、大雄宝殿、四大天王殿等7殿；斋堂、僧房、办公室、功德馆等，全寺现有建筑占地面积1000余平方米，被列为省级文物保护单位。

东土寺 位于赣县吉埠镇水南村,始建于东汉时期。"文革"时期,寺庙被毁。1994 开始重建,2000 年建成。

凤阳山寺 位于赣县吉埠镇合龙村凤阳山,原为经堂。据传建于明朝年间。"文革"时期,庵堂被损毁。1993 年重建。2007 年,县民族宗教事务局正式批准凤阳山寺为合法宗教场所。

佛性寺 原名佛性庵,位于赣县大湖江畔湖江村万背组花果坵,始建于南宋淳熙甲午年间(1174)。1995 年正式登记为合法宗教活动场所。此庵不仅庵宇保存完好,庵内文物也很丰富。2008 年,改名为佛性寺。

福庆山寺 位于赣县湖江镇上站村,清朝年间兴建。福庆山寺历经沧桑,庵堂一度被毁。1997 年重建,但不久,因国家建设需要,经堂另选址搬迁。2005 年在泉源组圹坑再次建庵,更名为福庆山寺。

法云寺 位于赣县沙地镇中庄村西南,始建于北宋,盛于明朝,"文革"时期寺院被毁。2001 年,法云寺住持释祖愿法师和一位居士在旧址上重建。重建时,发现明朝心学大师王阳明在万历六年(1578)撰写的《妙高峰灵异井泉记》石碑,碑文至今仍清晰可见。

狮灵山寺 位于赣县韩坊乡迳里村境内,始建于明朝。1966 年"文革"时期,寺庙被拆毁。1986 年开始重建,1987 年建成大雄宝殿、僧人房舍、香客住房等。

万寿寺 位于赣县湖江镇,元末始建。1997 年万寿寺复建,建有大雄宝殿、功德祠、观音殿、钟鼓楼、斋堂、僧房、客堂等。

回龙寺 位于赣县吉埠镇石含村,始建于清康熙年间。据寺存碑文记载,清道光二十八年(1848),由龙达衢为主,先后 4 次在本坊信民募资,进行了扩建和整修。

凤形山寺 位于赣县吉埠镇石含村,建于明朝年间。1958 年,寺遭毁。1991 年重建寺庙。

佛山寺 位于赣县江口镇小均村,始建于清乾隆十三年(1748)。寺内有佛祖、金刚、观音等菩萨塑像,建筑面积 201 平方米。1958 年被毁,寺庙一度关门。改革开放之后,寺庙得以恢复。

云石山寺 位于赣县江口镇东风村牛形坑,始建于清乾隆六年(1741)。1958 年"大跃进"时期,寺院被烧毁,僧人被解散。1978 年改革开放以后,在当地政府的重视和本寺僧众的努力下,云石山寺陆续建设了大雄宝殿、玉佛殿、地藏殿、观音殿、藏经楼、斋堂、客堂、东西厢房、钟鼓楼、天王殿、山门、忠灵塔等建筑。

空云山寺 位于赣县韩坊乡松柏村笑乐坑,始建于清乾隆年间。1952 年,土地改革时,和尚和尼姑均被解散,空云山寺渐渐荒芜。改革开放以后,陆续建了宝殿,雕塑释迦牟尼佛、观音菩萨、地藏菩萨等佛像。

菩提山寺 原名万鸟山,唐改为万灵山,清则称菩提山。位于赣县五云镇上丹村。1968 年被毁。1992 年,上丹村钟秋天发动信民筹集资金、木料,在菩提山原尼姑庵位置上重建。

文明寺　又名观音崇，位于赣江江畔沙地镇西山村一个奇峰异石的峰顶。清朝中期，李和卿居士发起本地信众建起观音殿，塑一尊送子观音像。"文革"时期，寺庙被拆。2000 年重建。

善缘山寺　位于赣县吉埠镇建节村境内，始建于明末。清康熙五十九年（1720），迁至坳背小学（原名下经堂），建起一座占地约 200 平方米的寺庙。雍正九年（1731）、乾隆二年（1737）重修。"文革"时期，被毁，寺庙改成了学校。1979 年开始重建，2004 年完成。

松竹林寺　位于赣县湖江镇东南方向，界于湖新、白石、石芫 3 乡之间。始建于清康熙二十三年（1684）。1983 年重建，先后建了大雄宝殿、斋堂、僧房、功德堂等建筑，占地总面积 1860 平方米。2008 年，兴建了一座花岗石钟灵宝塔。

太平岩寺　位于赣县茅店镇上坝村。相传清朝末年，至民法师云游至太平岩，见山川秀丽，景色宜人，遂驻锡掘窟，建寺设殿，名曰太平岩寺。太平岩寺历史上几度被毁。1999 年，在广大信士慷慨捐助下，再重建寺庙，复名太平岩寺。

文峰山寺　位于赣县湖江镇境内，始建于宋明宗年间。寺中天池（无孔天井）乃一奇观。哪怕是倾盆大雨，只要敲钟击鼓，天池之水便很快消退，不外溢。寺右侧百米处，有形象逼真的石牛、石马，雄伟壮观。

仙宝山寺　位于赣县南塘镇鹅坊村，原名真君庙。传说建于宋。明朝海瑞在兴国任知县时，一次，由兴国乘船前往赣州，路经真君庙时，海瑞道："此乃宝山也。"乃更名仙宝山寺。"文革"时期被毁。1995 年，因修建三溪公路，庙宇搬迁至牛形山。2004 年扩建，2006 年建大雄宝殿、观音殿、真君殿等。

驾云禅寺　原名公建山寺，属罗祖教堂，位于赣县韩坊乡小坪村大湾里，始建于明朝。1958 年，毁。1985 年，公建山寺得以恢复。1995 年，呈报县人民政府民族宗教事务办公室批准，改名为驾云禅寺。

夜屋寺　位于赣县南塘镇南塘村柴岗，建寺时间不详。1958 年"大跃进"，被毁。1990 年 8 月，在潘家秀的带领下，发动信民筹集资金复建，为土木结构。1995 年改为砖瓦结构。

园林寺　原名水口庙，位于赣县江口镇东北方，始建于明万历年间。在 2001 年大法会期间，原赣县佛教协会会长释界忠大和尚提议更名为园林寺。

太尉庙　位于赣县湖江镇夏浒南村头，始建于元朝中期，宋时重建。庙宇为二厅一天井设计，塔形封火墙相连，砖木结构。"文革"时期毁。

五显庙　位于赣县湖江镇湖江村赣江的东岸，始建于清光绪年间。"文革"时期，庙宇遭到损坏，神像被毁，庙宇被拆。1998 年，因五显庙属于万安电站的淹没区，将五显庙迁至湖江村。

吉江庙　又名白庙，位于赣县储潭镇河田村，因庙宇墙壁粉为白色，俗称白庙子。

现存有清咸丰七年（1857）碑文。1958年"大跃进"时期，被毁，"文革"时期，庙门、戏台被拆。改革开放以后，复建吉江庙。

仙娘庙　古称天华宫，位于赣县江口镇江口塘村贡江北岸，明朝初年建。"文革"时期遭毁，1995年重修。在清理遗址时见残碑上有清同治十三年（1874）重修的字样。1998年修建殿前凉亭，清基掘得残碑，记载明万历三年（1575）重修。

龙口庙　位于赣县储潭镇红河村，始建于南宋淳祐三年（1243），因庙宇墙壁粉为红色，俗称红庙子。清乾隆十一年（1746）进行扩建。

王龙庙　位于赣县王母渡镇大陂村三江口，始建于唐，盛于明。"文革"时期，庙宇被拆。1990年，重建。

佛性庵　位于赣县湖江镇夏浒村东北边，始建于清光绪二十三年（1897），是至今保存原貌较好的佛教寺庙。存有清光绪二十三年（1897）香炉四个、庵鼓一面、禅香炉一个，另有经箱一担、经书一部。

万寿宫　位于赣县湖江镇松树岗平坡地，始建于明末清初。由于年久失修，"文革"时期被拆除，神像也被毁。2002年重建。

文昌阁　也称万寿宫，位于赣县沙地镇攸镇圩边、赣江南岸，初建于宋朝末年。"文革"时期，文昌阁被毁为平地。2002年重建，分为前后两栋。前栋大殿供奉着许真君、文昌等塑像。后栋为大殿，中间为三宝大佛，左边是观音，右边为地藏王。

信丰县

仙济岩　位于信丰县西谷山南麓的正平镇庙背村，为明代成化年间年邑令高凤建造，因岩上有水芙蓉婷立，初名芙蓉岩。清康熙五十五年（1716）重修后，改称仙济岩。之后，乾隆、道光年间曾多次修缮。仙济岩有大雄宝殿、观世音佛堂、弥勒佛堂、仙娘坛等。1983年，批准为县级文物保护单位。

南山寺　原名金文寺，位于信丰城南面，因在县城南山中，故俗称南山寺，为宋代邑人刘仁举始建于宋太平兴国七年（982）。明万历十六年（1588），谷山行僧智钧舍此，光复旧观。清光绪二十四年（1898），湖南南岳恒念和尚在寺住持。

大余县

正觉寺　位于大余县城东郊的正东山山谷，原名仙翁庵、真觉寺，1997年定名为正觉寺。始建于唐代，六祖慧能得传禅宗衣钵袈裟后，南返岭南时曾驻宿于寺中。历多次修建，现寺院依山势而建，沿山而上有观音亭、山门殿、天王殿、钟楼、鼓楼、斋堂、念佛堂、大雄宝殿、圆通宝殿、六祖殿、寮房等建筑。

兴教寺 位于大余县南安镇新余村,是一个先有佛像后有寺的寺院。昔有一尊高1.8米的唐代全铜质接引佛像(本地俗称田螺菩萨)。寺院始建于南唐保太年间。为第一批省级文物保护单位,"文革"中被砸毁。1981年开始修复。

大通寺 坐落在大余县南安镇新民村惜母的幽谷山坳之中,原名大通院、大通庵,始建于明朝初期。"文革"时期毁。1994年重修,1995年9月批准对外开放。

宝界寺 位于大余县城内,宋皇祐年间建,宋时苏轼、张九成等曾寄寓于寺内。今废。

玉槐山尼姑庵 位于大余县老城北玉枕山旁。1984年因扩建看守所,迁不远处新建,现有尼姑2人。

玄妙观 位于大余县南丰乡水南村,宋端拱年间建。明初,置道祀司于此。每年"三礼"在此进行。清光绪年间,县绅倡修,增建后殿,起阁楼。咸丰年间大水冲毁,后重建。民国时保安团驻观内,后又改建粮仓,今坍圮。

上犹县

东山古寺 始建于南宋淳熙年间,原名慈恩寺。顺治年间重修,曾称东山庵。乾隆年间复修改名东山寺。清咸丰年间遭兵灾损毁。道光二十年(1840)重修。"文革"时期佛像被毁。1980年被改作敬老院,后1984年又被改作学校。1994年5月重修。

崇义县

文庙 位于崇义县城东闻玄街,明正德十三年(1518)南康县丞舒富建。明、清两代屡经修缮扩充,形成了以大成殿为中心的四方形殿宇建筑群。正中央为大成殿,殿之东西为两庑,前为大成门,门左为名宦祠,右为乡贤祠。殿后建有文昌宫、崇圣祠、尊经阁、忠孝祠。全部建筑,1964年被拆除。

城隍庙 位于今崇义中学院内,明正德十三年(1518)南康县丞舒富建,清咸丰五年(1855)邑绅钟运莲等倡捐重修。殿宇含前、中、后三厅。各厅间留有天井,东西两侧各开一拱门。整个建筑结构严谨,工艺精细,具有明代古建筑特色。庙宇于1962年拆除。

龙王庙 位于崇义中学院内,明嘉靖年间知县刘汝芳建,久废。清乾隆三十六年(1771)知县周天奇重建,同治元年(1862)知县郭宸率绅士再次重建。早毁。

董公庙 位于崇义县茶滩乡,建于唐朝末年。1979年庙被拆除。

云隐寺　位于崇义县横水阳岭两峰之山窝中。寺前开阔，花夹阡陌，身临其境，如入世外桃源。四周多产阳岭名茶。寺久废。

东林寺　位于崇义县城东门庙坑，建有大雄宝殿、观音殿等。1995年，经县政府宗教主管部门批准对外开放。

朝阳古寺　位于崇义县思顺乡上峙村，占地面积0.2公顷，寺产有0.13公顷油茶山。1995年经县政府宗教主管部门批准为宗教活动场所。

观音窝古寺　位于崇义县茶滩乡朱坑老虎垴山窝之中，寺院建筑面积260多平方米，建有殿堂、斋堂、住房三幢。有信徒20多人，工作人员3名。2000年，经县政府宗教主管部门批准为宗教活动场所。

东山庙　位于崇义县长潭乡白面村东山顶上，清康熙十年(1671)建，咸丰年间遭兵燹，光绪初年重建。现已毁。

天虹山寺　位于崇义县横水镇密溪村，始建年代无考，清顺治年间改造，康熙二十八年（1689）被焚，康熙三十年（1691）重建。咸丰六年（1856）复遭兵燹，同治五年（1866）再建。民国十一年（1922），又遭兵灾，大部分寺宇被烧毁，仅存后殿。现为民居。

关帝庙　位于崇义县龙勾乡良田村西部山麓，建于明万历元年（1573）。正中大殿，置关云长塑像。距庙门5丈许，建一古戏台。现庙宇已毁。

朝阳庵　位于崇义县思顺乡上峙村，明朝中叶和尚曾氏创建，始名古山。据传寺内原有大小菩萨百余尊，和尚99人。置有田产、山场。1946年上犹县清湖罗氏对其进行了维修。

古祝圣寺　位于崇义县聂都圩沙溪洞内龙潭垴与黄泥坑两小溪的汇合处。由宋悦禅师开基，僧洞明建。明万历年间，云峰和尚重修。今菩萨已毁，庙宇尚存。

万寿宫　位于崇义县古亭镇老街中心处，背靠古亭大河，清光绪三十一年（1905）建。砖木结构，分前后两栋，正殿梁柱列架，中间有一天井，左右两侧有走廊，前栋有戏台，台下两边有厢房。现作他用。

安远县

朝天寺　位于江西省安远县天心镇孔目村，坐落在天龙公路右侧一座紫红石山腰悬崖峭壁的天然岩洞中，岩洞岩石千仞，举首朝望直与天逼，故取庙名"朝天"。明正统五年（1440）辟为佛庵。1995年经县民族宗教事务办公室批准为开放宗教活动场所。

龙南县

慈云山寺　原称慈云山庵堂,又称卧云山寺。位于龙南县金塘工业园区的东北角。光绪二年版《龙南县志》有慈云山庵堂的记载。1966年"文革"时期,慈云山庵堂遭遇火灾。2000年开始重建。

定南县

神仙寺　位于定南县城北,始建于南宋。1992年被国务院批准为宗教活动场所。1996年进行扩建,扩建后主院占地2500平方米,分前殿和后殿,后殿有大雄宝殿、观音殿、伽蓝殿,前殿供有弥勒佛、韦陀菩萨。

全南县

天龙山寺　位于全南县金龙镇树坳村天龙山顶部,明万历六年(1578)建。清康熙、雍正年间,由龙南莲塘人氏施建"正觉堂"。王阳明、蒋经国等曾登山并留有佳句。原寺庙在20世纪60年代初已倒塌,1995年后由民间集资在原址重新修建。

宁都县

青莲寺　位于风景秀美、古木参天的宁都县莲花山山腰,为江西省重点佛寺、赣南第一大寺庙丛林。西晋泰始二年(266)青莲和尚(法名智遁)创建,故名"青莲寺"。寺内原有玉石香炉、金钗钟、甘露柏、千年鱼形木梆"四大宝物"及明清时期碑刻30余块,宝物先后遗失或损坏,现仅存甘露柏和部分碑刻。2005年进行大面积修缮扩建。现该寺占地3000余平方米。

于都县

罗田岩寺　原名"华岩禅院",位于于都县城南面约5公里的岩石山上,建寺年代无从考证。寺坐南朝北,左为"古罗田寺",右为"玄帝殿",今称"南禅古寺"。

过道间设有禅房,供僧侣坐禅和休息。寺内有泉水自崖巅沿石隙顺流而下,名曰"飞泉"。寺旁摩崖存有石刻群。

文昌阁 位于都县禾丰镇麻芫村水阁口,又称许真君庙,始建于明正统元年(1436),清代重修。文昌阁内有康熙年间木匾一块,南墙上嵌有一通重修碑记青石碑。2012年1月定为于都县文物保护单位。

福田寺 原名妙净寺,又名大佛寺,原址在于都县大昌村,唐开元年间迁建县城西。始建于梁天监年间,有1500多年的历史。

晓龙山古寺 位于于都县梓山镇磊石村,始建于乾隆七年(1742),重建于乾隆四十三年(1778)。

固院城隍庙 位于于都县梓山镇潭头村。南朝陈永定二年(558)于都县城迁至固院,在城址北面建立城隍庙。

辛峰阁 位于于都县车溪乡坝脑村,创建于清乾隆二十八年(1763),咸丰七年(1857)被焚,光绪二年(1876)重建。民国年间两度重修。

福田寺 又称妙净寺、大佛寺。南朝梁天监年间建于县大昌村(今梓山乡固院),唐开元年间迁今贡江镇长征村。中华人民共和国成立前夕,僧众离开寺庙。后为中共于都县委党校校址。

皇固庵 据传建于汉代。清代兴盛时僧尼达百余人。民国期间有土地百余亩,山地数百亩。"文革"时期遭破坏,1979年起逐渐修复。

隆口庵 位于于都县梓山乡龙口村龙溪山,明代名僧天圆师创建,曾做书院。1940年邑人肖发莲削发为尼,变卖家产新建观音殿一栋,"文革"时期被毁坏,1983年修复。

紫阳观 位于于都县城东门外,建于隋代,时称清华道院,唐代改为紫阳观。清同治十三年(1874)为祝圣道场。明代名僧赵原阳居之。

兴国县

普惠寺 位于兴国县城南门,始建于唐僖宗中和二年(882),原名西禅胜地。元朝末年毁,明洪武四年(1371)修葺后,改名普惠寺。1956—1957年间,由德森法师发起,联系海外侨僧法亮法师、果照法师等人集资重新修葺。1982—1986年,在热心人士资助下再次大修。

覆笥山寺 位于兴国县覆笥山,始建于唐玄宗二十七年(739),历经兴废。张尚瑗、袁玉冰及胡波、谢象晃、刘岱、谢秀琦等曾赋诗吟诵。

万寿宫 位于兴国县覆笥山下,始建于清同治五年(1866)。1926年农民革命运动讲习班在此设立。

龙华寺 位于兴国县城西边羊山之巅,始建于唐中和年间,初为小寺、砖木结构,坐北朝南。后经唐、宋、元、明、清历代维修扩建,渐成规模。"文革"时期毁。1985年恢复为佛教开放活动场所,1999年寺院建设初具规模。

秦娥山寺 位于兴国县城西的隆坪乡,建于唐高宗永隆年间。宋、元、明几经修葺,规模扩大。清初,毁于寇乱。康熙年间重建。20世纪50年代毁,80年代起重建。

莲蓬山寺 位于兴国县莲塘圩西面山顶。明永乐二年(1404)春,有东普陀山高僧三人云游至此,结茅为庵,故名莲蓬山。宣德六年(1431),僧人静真首创殿宇,塑造佛像。清乾隆年间有临济派二十五世僧,扩建殿堂寮房。民国二十七年(1938),有曹洞派法师显祯(俗名王迁龙)募资,建起观音殿。"文革"时期,寺内佛像被捣毁。1986年春,由山下信士捐工献料按原貌重修复建。

会昌县

天星禅寺 坐落在会昌县小密乡小密村旗金山麓。清咸丰年间,本地一对廖姓夫妇为感佛恩,建殿供奉观音,取名天星寺,后为专修专弘净土法门的寺院,毁于"文革"时期。2008年重建天星寺。

六祖寺 位于会昌县城北明山(会昌山)左麓。唐开元初由僧应珠倡建,是会昌最早建立的一座寺庙。始名梵行院,相传佛教六世禅宗惠能曾驻足于此。南宋淳熙元年(1174)重修后易名六祖寺。

龙归山禅庵 位于会昌县西江圩西南方火星村的龙归山,始建于唐开元年间。清咸丰年间寺庙焚毁,同治年间重建,由前后殿组成,砖木结构,两侧有朝厅。

仙嵩山护国寺 位于会昌县晓龙乡塘头下村,始建于唐宪宗元和年间。至清咸丰,历四次修建。民国二十一年(1932)国民党粤军陈济棠部"剿共"时,逐僧毁寺,洗劫一空,从此寺庙荒芜。

盘山寺 原称眉林寺,位于会昌县筠门岭乡民范村。清乾隆年间盛极一时,庙宇扩建,除神殿外,建有36院,计300余间,僧尼多达300余名,是会昌县历史上规模最大的一所佛教寺庙。至清道光后逐渐衰落,民国年间只有僧10余人,房屋40余间。中华人民共和国成立初,有和尚一名,"文革"时期下山还俗。

天真观 位于会昌县城南冠岭垴,元初建,后废。明洪武年间复建,又毁于兵火。至永乐十六年(1418),守御所李茂捐资重建。正统六年(1441),道会司刘雪文复修。清初又毁于兵火,顺治七年(1650)复修,咸丰七年(1857)毁后未曾复建。

翠竹祠 位于会昌县城西郊的富尾村,明成化年间县令梁潜倡建,清同治三年(1864)奏准皇上敕封"显应赖公侯王"称号,翌年道观大规模重修,上方高悬巡抚王守仁题写的"功泽弘庇"镏金横匾。"文革"时期祠内文物散佚,殿宇被拆。

寻乌县

龙岩古寺　位于寻乌县南桥镇南龙村,始建于明正德年间。面朝河水、依岩就窟而建。岩壁上石窟玲珑,洞穴星罗棋布,隔河相望,峭壁上有大小石窟自然构成"福如东海"字样。2012年8月,龙岩古寺所在的青龙岩石窟公布为县级文物保护单位。

灵山禅院　位于寻乌县晨光镇高布村西南的铃山之腰,建于明洪武十三年(1380)。清代知名学者吴之章游遍江南,竟选此地隐居数十年。1966年灵山禅院遭破坏。1981年当地群众自发募捐重建禅院。1998年列为县级重点寺院。

佛法寺　位于寻乌县长宁镇城北村向阳坪,明弘治元年(1488)建。1997年,于原庵堂旧址建道场,称佛法寺。1998年,列为县级重点寺院。

关帝庙　位于寻乌县长宁镇范屋营,明万年三年(1575)建。1966年关帝庙遭破坏,1996年重建关帝庙竣工,1998年列为县级重点寺庙。

石城县

海藏寺　位于琴江镇濯坑村,宋元丰年间即建有佛寺,后荒废甚久。清顺治十七年(1660)县内士众集资重建。1983年被列为石城县文物保护单位。

东华山佛顶寺　原名近天庵,位于东华山巅,距县城30余里。

金华山寺　距县城约90里,始建于清乾隆五十九年(1794),"文革"时期被毁。1978年有曹洞派比丘尼释广德来此结茅为庐,设坛礼佛,并发动山下信众募资重建佛寺。

吉　安　市

吉州区

西塔寺　位于吉安市吉州区南郊古南镇,属佛教禅宗寺庙。相传"先有西塔寺,后有净居寺"。始建年代无从查证。大殿顶梁上的文字记载,清同治四年(1866)

十二月,庐陵易绅捐资将寺庙重建。"文革"时期,寺庙被占用。2012 年,市政府批复重修。

铁佛寺 位于吉安市吉州区习溪桥街道,始建于唐代,有大雄宝殿、天王殿、毗卢阁、观音殿及斋堂、客堂等,占地面积达 1000 平方米,并铸三尊各达 1000 千克以上的铁佛。清顺治三年(1648),该寺被兵所毁,三尊铁佛也被推入赣江。顺治九年(1652),僧尼言将其迁到马铺前重建。1998 年重建铁佛寺,新寺占地 1300 平方米,建筑面积 2300 平方米。

地藏庵 位于吉安市吉州区北门街,清康熙元年(1662)建。庵堂坐西朝东,分前后殿堂和左右厢房。前殿为地藏王菩萨大殿,殿堂两侧是钟鼓阁房。"文革"时期停止活动,内部设施遭到不同程度的破坏。改革开放后,对庵堂进行了修复。

旃檀禅林 位于吉安市吉州区樟山镇赤塘村北,始建于清道光年间,光绪二年(1876)进行扩建。"文革"时期停止活动。改革开放后,该禅林成为吉安市首批开放的宗教场所之一。

普陀寺 位于吉安市吉州区古南镇街道沿江路,始建年代不详。据记载,该寺在民国四年(1915)被洪水冲毁后,由尼姑欧阳大慈的姐夫捐资重建。中华人民共和国成立后,因修沿江防洪堤拆除后殿,现建筑为两层,面积共 280 平方米,下层主要为生活区,上层为殿堂,前为弥勒佛像,后为观世音菩萨像。2001 年 8 月普陀寺因城市改造拆迁于古南街道吉安三中北边。

崇恩寺 位于吉安市吉州区禾埠乡天华山南面。据史料记载,始建于三国吴赤乌十三年(250),后被毁。北宋景祐年间,僧智洪修复,南宋德祐年间又毁。清康熙五年(1666),僧竺堂重修。1930 年又被毁。2007 年举行重建后的佛像开光大典。

瓦桥庵 位于吉安市吉州区曲濑镇瓦桥村,始建于唐代,原名永兴寺。宋代曾称云古山寺,清光绪年间重修,建筑面积 680 平方米。

能仁寺 位于吉安市吉州区永叔路街,原建筑保存完好,建筑面积 280 平方米。

钵盂观 位于吉安市吉州区禾埠乡钵盂山上,山因形似钵盂而得名。据传清顺治年间,庐陵县令王登陆视庙破废,耗资万银,购山、买地、建屋、打井,将庙复兴。1949 年后,办过砖瓦厂、劳改队。改革开放后,修复此观。

真君庙 位于吉安市吉州区城北白塘街道五里村的真君山顶。"文革"时期,该庙遭破坏倒塌,2008 年重建。

灵泉寺 位于吉安市城区北螺子山南麓,始建于东晋升平元年(357)。当时的灵泉寺建有大雄宝殿、法堂、四位菩萨殿、钟鼓楼、天王殿、药师堂、念佛堂、莲池海会、香积橱、斋堂等。清顺治三年(1646)毁,康熙三年(1664)重建。20 世纪 50 年代,当地群众自发在原址复修。"文革"期间"破四旧",基本全毁,只留有多处石脚。2009 年重建。

五岳观 位于吉安市吉州区吉福路左侧。东晋时黄辅结庐于此,旧名黄贞观。宋治平三年（1066），观内有五岳行宫，改称五岳观，元末毁于兵燹。

福居寺　位于吉安市吉州区高峰坡，主殿面积185平方米。

青原区

芗城观　位于吉安市青原区文陂镇芗城山的三尖峰中峰顶巅，原名朝仙观，始建于唐末。宋宝祐四年（1256），文天祥中状元之前，也曾在此求学。芗城古观历代屡有毁建，最近一次重建在20世纪90年代。

莲花寺　位于吉安市青原区值夏镇先锋村，始建于明中期。

朱陵观　又称洞岩观，位于吉安市青原区富滩镇棠溪村境内。唐贞元七年（791）吉州刺史阎宷辞官来此修道，阎宷入道后，御赐观名"朱陵观"。北宋大中祥符年间，奉诏改名为"宝寿观"，北宋英宗治平中，恢复观名为"朱陵观"。元至元二十年（1283），著名词人刘辰翁游洞岩，作《吉水洞岩朱陵观玉华坛记》。明初解缙游洞岩，作《游洞岩》诗。20世纪50年代遭破坏，道观建筑废圮。

真常观　位于吉安市青原区滨江街道金竹社区马寨前村。北宋乾德元年（963），道士尹抱元自玉笥山来，建造堂殿。治平年间赐额"真常观"。明洪武三年（1370），刘在耕道士加以修葺，以竹色如金更名为"金竹庵"。现庵已废。

西华山道　观位于青原区富滩镇张家渡村北面西华山顶，唐末建，名崇先观。两宋时，增建观制。明隆庆五年（1571），增建玉皇殿、九皇殿、真武殿、文昌阁、崇元宫、华盖宫、观音玄坛、雷神堂，隆庆六年（1572）完工。

真君阁　位于吉安市青原区富田镇天马山顶，唐景福元年（892）始建。宋景祐三年（1036），真君阁佛道合一。南宋时，少年文天祥常上山向僧道求学，中状元后，亲笔题写"天马名山"镶嵌于山门之上。周必大常来此教授四书、五经。现改名"天马山寺"。

万寿宫　位于吉安市青原区文陂镇渼陂村，建于清乾隆后期。建筑面积约2000平方米，三进砖木结构。1988年拆除，改建为学校。

庐瑶宫　位于吉安市青原区富田镇坪田村委会炉下自然村，宋时建。清嘉庆二年（1797）重建。现庐瑶宫为2004年重建。

井冈山市

象山庵　位于井冈山市茅坪乡牛亚陂村，因庵后的象山而得名，始建于明嘉靖年间。清康熙五十二年（1713）扩建。坐东北朝西南，庵初建时有三排九栋房屋，九个殿堂,十八座天井,整个庵堂设有99根大柱,内设大佛殿、达摩祖师殿、千斋殿三个大殿。2005年7月,井冈山市将此庵列为市级文物保护单位。

白云寺　位于井冈山市茅坪乡步云山,始建于宋代。1928年10月4—6日,毛泽东在此主持召开中共湘赣边界第二次代表大会,出席会议的有边界各县党和红军中党的代表100多人。2006年江西省人民政府公布其为省级文物保护单位。

指月山庵　位于井冈山市白石乡东部6千米的指月山麓。相传庵堂始建于明初,重修于清乾隆三十八年(1773)。现庵貌完整,仍有和尚居住。

鹅岭仙寺　位于井冈山市龙市镇东部。唐光化三年(900)左右,由地方官建成"兴祚王祠",后毁。宋代县人在废墟上重新垒石筑祠。1982年复修,现有兴祚王祠、土地祠、财神殿、观音殿、文殊殿等建筑,建筑面积200余平方米。

银冈仙　位于井冈山市新城镇的银冈峰上,北宋嘉祐元年(1056)建。1928年5月下旬,中国工农红军第四军第十一师师长兼三十一团团长张子清在湖南酃县(今炎陵县)接龙桥战斗中身负重伤,曾在银冈仙上养伤,党代表毛泽东曾特地来到银冈仙探望。2009年,井冈山市人民政府批准将银冈仙列为市级文物保护单位。

乌坭仙寺　位于井冈山市城区东北面的拿山乡贵溪村宝石乌坭山上,始建于唐末至五代十国初期。乌坭仙寺多次毁于兵火,又多次得以复建。"文革"时期毁。20世纪90年代开始修复。

石峰仙寺　位于井冈山市东上乡西北,始建于宋仁宗天圣年间,崇祀"风云雨"仙女。清嘉庆五年(1800),当地村民捐资扩建。

步云山寺　位于井冈山市茅坪乡东南,清雍正十年(1732)至乾隆十五年(1750)建。道光年间重建。1972年国家拨款修复。

婆婆仙庵　位于井冈山市大陇乡南的罗霄山脉中段山顶,清嘉庆年间,当地乡民于山顶建庵1所,名婆婆仙庵。后毁,几经修复。"文革"时期庵毁,20世纪80年代乡民集资重建。

曹源山庵　位于井冈山市白石乡西,清康熙三十四年(1695)建。因历时久远,庵曾圮毁。1982年由原宁冈县林场按原貌重修。

西明山庵　位于井冈山市白石乡西。山上松杉苍翠,绿竹摇曳。据传系西云、分明二和尚所建。

金溪观　位于井冈山市新城镇东,北宋庆历年间建,明洪武六年(1373)重修,清康熙十九年(1680),山东营千总李薛贵复修。

龙溪观　位于井冈山市龙市镇南隅,宋淳祐年间建,元至正年间重建。民国二十六年(1937)重修,中华人民共和国成立初期拆毁。

白云观　位于井冈山市古城乡西沅村附近,元延祐年间建。观内存有敕谕和马天君仙笔。观前有冠子石、铙钹石、印心石古迹。明永乐五年(1407),全真道士谢翠梧居观修炼。

龙溪阁 位于井冈山市龙市镇龙溪观右侧,清乾隆初期建,嘉庆二十一年(1816)重修。道光年间将阁改建一进四栋,门外建坊,坊内建廊。清中叶直至中华人民共和国成立前,曾在此设笋峰书院,后办国民学校。

万寿宫 位于井冈山市龙市镇,始建于清乾隆五十六年(1791)。崇祀许真君。1934年被国民党军第15师拆除,以其砖、石、木瓦等材料建筑碉堡和营房。

地母宫 位于井冈山市黄坳乡黄坳村,始建于明代。1928年2月,毛泽东带领工农革命军战士来到黄坳,居住在吊楼上的左间。2006年,江西省人民政府公布其为省级文物保护单位。

独栗仙寺 位于井冈山市睦村乡社背村西南的深山坳上,仙宇面向玉笋山,背负鹅岭峰。据传,仙宇始建于明朝,崇祀"独老先生",后几经毁废,几经复修。

大观仙寺 位于井冈山市下七乡政府所在地西北的水湘洞,始建年代无考。大观仙寺正殿建在一块突兀前伸的巨崖上。明洪武年间重修。

吉安县

金沙庵 位于吉安县固江镇赛塘自然村,始建于宋代,屡有毁建。现存建筑为清光绪十七年(1891)建,进深31.30米,面阔32.30米,占地面积1023.36平方米。正厅为三开间单檐平房,外墙眠砖到栋。边厅为三开间(院)楼房。庵以建于泸水河畔金沙洲而得名。1985年列为县级文物保护单位。

孙家回龙庵 位于吉安县官田乡孙家自然村,始建于清康熙年间,清乾隆五十一年(1786)重建。因附近官溪水流经此处,被山坡所挡而形成回流漩涡,故称回龙庵。据收存在孙家祠堂的古钟铭文记载,此处又名吉祥寺,供奉康王菩萨。

泸富定水庵 位于吉安县敖城镇泸富自然村,始建于清乾隆年间。现建筑为仓库改建而成,并增添相应设施。庵有前院和正殿,砖混结构。河水从庵东北面流过,春夏时节,洪水暴涨造成灾害,故建定水庵。

巷口西竺古庵 位于吉安县登龙乡巷口自然村,始建于清代。1990年进行修缮,内存铸铁古钟一口,铭有"康熙五十一年冬月吉旦"阳文。

湖口回龙古庵 位于吉安县指阳乡湖口自然村,始建时间不详。古庵坐东向西,面阔11.9米,进深27.5米,檐高3.65米,占地面积327.25平方米,斗砖山石结构外墙。

三塘庵 位于吉安县北源乡三塘村,始建于清朝末年。民国时,曾在此开办过桂馨书院和文会书院。1995年重修,现占地面积约600平方米,建筑面积260平方米,建有殿堂、厨房等。

灵佑古庙 位于吉安县永和镇白沙村,始建于北宋真宗年间。正殿三栋,前有围屏戏楼,内有回廊,左右户屋客房六栋。"文革"时期被拆,1995年6月恢复重建，现占地面积约1000平方米，建筑面积约300平方米。

天平仙庙　位于吉安县官田乡观中村，始建于明崇祯八年（1635）。民国十七年（1928）5月27日，曾山、肖志铎等发动官田"四九"暴动时，曾凭借天平山的地理环境，在此进行过革命战争。"文革"时期被毁。1993年重修天平仙庙。

新干县

宝安寺　位于新淦县耽源山（今新干县金川镇桁桥丹元村东山坳），由唐代耽源应真禅师开山所建。宝安寺历宋、元、明、清数朝，时至民国时期改为学堂。中华人民共和国成立后改作他用，寺遗址尚在。2008年10月，韩国、日本沩仰宗一系的佛教弟子前来新干耽源山寻根问祖。目前正在筹备重建宝安寺。

芗林寺　位于新干县七琴镇炉村行政村村西北美女峰山腰，古称三峰寺，始建于隋唐。芗林寺几经毁损和修复，现寺内仅存清嘉庆三年（1798）铸造铁鼎1只。1984年，芗林寺列为县级文物保护单位。

静安古寺　位于新干县沂江乡浒岗塔下自然村，北宋元祐四年（1089）建，曰书田院，后更名书田寺，明初又改名为静安寺。今寺内建有大雄宝殿、观音殿、地藏殿、起居室、凉亭等建筑物，寺内因栽有牡丹花，故又称牡丹寺。20世纪80年代后，静安寺重新开放。

祥符观　位于新干县城城南阜民门外百步操场，宋真宗大中祥符年间建。

永丰县

东华名山庵　位于永丰县上固乡暗坑行政村境内，始建于南宋宝祐年间，元代兵毁，明洪武初重建。1983年列为县级文物保护单位。

金成庵古名茅蓬庵　位于永丰县八江乡江浍村，始建于明代，清代经重修扩建。1958年荒废，"文革"时期毁于强制拆迁，2000年重建。

庆华寺　又名庆华山，位于永丰县八江乡庆华山，始建于清康熙二年（1663），后毁于火，康熙三十五年（1696）重建。乾隆二十一年（1756）、民国五年（1916）均修建。1969年废弃，后于1994年重建。

福华庵　位于永丰县古县镇福华山顶，清乾隆三十六年（1771）建，初名福华名山。其后200多年几经兴废，1995年由当地周氏家族出资全面重修，更名为福华庵。2005年周氏家族集资再重修。

石华古庵　位于永丰县古县镇遇元水东村自然村石华山上，清康熙十二年（1673）

建,初名石华名山。其后 300 多年几经兴废。1993 年重修,并更名为石华古庵。1996 年符氏集资重修。

香炉古寺　位于永丰县君埠乡君埠老街后河对岸,建于清咸丰年间。寺宇总面积 300 多平方米,建有三宝殿、真君殿、斋堂、厨房、西归堂、海会塔。2005 年经登记批准为佛教活动场所。

盘龙寺　位于永丰县君埠乡田心自然村一座小山上,始建于明天启七年(1627),历经沧桑,年久失修,民国元年(1912)初倒。1993 年,重建寺宇。1995 年被批准为佛教活动场所。

啟华古寺　又名啟华仙山,位于永丰县三坊乡下坊村上坊自然村,始建于明宣德三年(1403),占地面积约 3100 平方米。后屡建屡毁,1988 年重建。

灵台山寺　位于永丰县沙溪镇拱江背村马鞍形山,始建于明末崇祯年间。清咸丰三年(1853)毁于战争,咸丰九年(1859)重建。"文革"时期佛像全毁,1985 年重塑神像、钟鼓等。

万福寺　又名仙姑山,位于永丰县沙溪镇中墩村小陂山自然村,始建于唐朝初年,后屡重修。寺内有清代刘绎状元题词,"文革"时期毁于火,1981 年再度重建。

吉华山庵　位于永丰县沙溪镇其坑村高斜自然村,始建于唐代。历经过宋、元、明、清朝,于 1960 年自行倒塌,后于 1984 年重建。

永福寺　位于永丰县石马镇三江仰坪,始建于明成化六年(1470)。初名天元山,清康熙年间更名清莲慈庵,雍正年间又改名"空溪阁",乾隆年间更名"永福寺",并沿用至今。1993 年后重修扩建。

金华古寺　位于永丰县潭头乡罗星村金华名山上,始建于唐代末年。该寺以宣传佛教为主,乐善好施,凡孤寡无助之人,均可带田地到该寺安度晚年,当时寺里拥有粮田五六十亩,年可收稻谷几百担。清末开始衰败,1992 年重修复建。

延祥寺　原名延祥院,位于永丰县陶唐乡中洲村境内,唐贞观二年(628),由聂延祥建,故得名为延祥寺。元朝时期,寺院遭毁。明天顺年间,高僧圆法师倡议进行修建。清康熙七年(1668),聂姓子孙捐资修。

福田古寺　原名油岩古寺,位于永丰县藤田镇田心村后,始建于唐贞观年间。明洪武年间,将油岩寺移建于田心村,并改名福田寺。清代初年,毁于战乱,至清光绪二十四年(1898),再次重建。民国三十二年(1943),由县著名人士吴琢之推举吴文瑞负责重建。

藤真古寺　原名石莲庵,位于永丰县藤田镇老圩村瑶激桥后,始建于宋朝初年。以后曾多次被毁,历代都有僧人居住。"文革"时期破坏严重。中共十一届三中全会后,开始重修,更名为藤真古寺。

白云古庵　位于永丰县藤田镇杏塘村的白云山半腰,始建于北宋。据寺中碑文载,清乾隆、嘉庆曾有过重修。1994 年再次修建。

圆通古寺　位于永丰县藤田镇老圩南端,原名夏家山、夏家庙,明洪武元年(1368)建,至清末民初被毁。中华人民共和国成立前夕,大部分建筑物和文物被毁、被盗。1999年重建。

凌云山寺　位于永丰县中村乡义溪梨树村境内的凌云山上,又名灵华山,据传该寺始建于南宋元嘉二年(425),始建者为云海和尚。供奉有三宝、弥勒菩萨等七尊佛像,后因失修而毁。清嘉庆十九年(1814)重建上庙和新建下庵,上庙改称为仙庙,佛像则移至下庵。"文革"时期,庵宇佛像全部被毁,1976年重建庙庵。

中华山寺　原名佛灵山,位于永丰县中村乡夫坑杞林村境内,始建于唐文宗开成五年(840)。从碑文记载可知,明弘治元年(1488)、万历元年(1573),清乾隆元年(1736)和乾隆五十一年(1786),道光元年(1821)均曾重建。该寺全部为花岗岩条砌成,"文革"时期寺院遭到严重破坏。1983年在原址重建中华山寺。

东华名山庵　位于永丰县上固乡茅坑村东乌仙嵊山顶上,始建于南宋宝祐年间,元代毁于战火,明洪武初李复重修。寺庵坐东向西,砖木结构,面宽15米,进深43米,建筑占地面积645平方米。

永宁庵旧　名永宁寺,位于永丰县恩江镇坺上,唐贞观二年(628)建。宋崇宁年间曾重修,元废。20世纪末期,恩江镇广大信民集资重修寺宇,先后建成天王殿、三宝殿、观音殿,重新塑成各殿佛像。

观音寺　位于永丰县恩江镇泽泉王家自然村的小山地,创建于南宋时期,因此寺供奉观音菩萨,所以名为观音寺。"文革"时期,庙宇被拆,佛像被焚。21世纪初重建,重建庙宇占地面积20亩,建筑面积约2000平方米。共建有三宝殿、天王殿、观音殿、藏经楼各一座。2005年被县民族宗教事务局登记批准为佛教活动场所。

龙蟠寺　位于永丰县城恩江河中央磨盘洲上,明正德六年(1511),由当时县令孙浚建群英阁和磨盘庵。乾隆三十三年(1768),县人建文昌阁。1933年,被国民党保安旅所毁。1935年重建。分前后二殿,两殿之间是群英阁,并更改庵名为龙蟠庵。"文革"时期,被毁。1994年开始重建龙蟠寺庵,1997年,大雄宝殿落成,更改名为龙蟠寺。

阆田寺　位于永丰县佐龙乡浪田村祖祠右边山麓俯浪溪,故名阆溪寺,始建于唐天宝元年(742)。清乾隆年间重修扩建,清同治三年(1864)修,清宣统元年(1909)重修。后毁于"文革"时期,1992年重建。

关帝祠　位于永丰县石马镇,始建于雍正二年(1724)。1931年6月31日,石马街及关帝祠俱遭焚毁,1934年群众筹资重建关帝祠于原址。"文革"时期关帝祠神像被毁,改为会场。1994年群众自发筹资在现址重建。

石峰庙　位于永丰县层山村石峰,始建于宋朝,北宋天禧年间重建。北宋宝元年间被毁。之后几次重建。庙内神像有隋炀帝、许真君、郭子仪等四十几尊。文天祥到此并写有《石峰庙记》。

南华名山寺　位于永丰县石马镇张溪村境内,其中玉皇殿始建于唐代末年,真武殿在宋朝年间由老安场搬迁至此。清乾隆五十八年(1793)、同治七年(1868)、光绪三十三年(1907)三次进行重修。1952年进行翻修,"文革"时期庙宇被拆,神像焚毁。1978年重建。

峡江县

万寿寺　前身为灵安寺,原址位于峡江县巴丘镇南,始建于唐末,兴盛于宋,至元末因兵火而颓废,仅存观音阁。明嘉靖五年(1526),析新淦6乡24都设立峡江县,隶临江府,时任临江知府兼任峡江县知县的钱琦,将灵安寺殿阁迁移至城北,即今峡江二中前,改寺名为万寿寺。清咸丰五年(1855),万寿寺与寺后的观澜书院被太平军焚毁,再未重建。20世纪80年代初复建。

乳峰寺　位于峡江县沙坊乡东梅行政村岱乳山下,始建于唐贞观三年(629)。宋绍兴四年(1131)和清康熙十年(1671)曾重修。现存佛殿1间,佛殿柱上遗有状元罗洪先手迹石刻楹联2副。有北宋绍兴四年(1131)《重修乳峰院记》和清康熙十年(1671)重修碑记立于此。1984年列为县级文物保护单位。

天府庙　位于峡江县水边镇湖洲村习氏大宗祠西侧,始建时间不详。现存天府庙为清代建筑。

长乐庵　位于峡江县水边镇湖洲村东面、天府庙西侧,始建时间不详。现存长乐庵为清代建筑。南北向,砖木结构,歇山式,面阔6.5米,进深13.4米,建筑占地面积87平方米,一井二进。

承天宫　位于玉笥山西边的三会峰下,玉涧水之上,始建于晋永嘉年间,初名玉梁观。宋大中祥符元年(1008),改玉梁观为"承天观"并赐额,宣和初(1119)升观为宫。元末殿毁于兵,后屡兴屡废,至清末已不复存在。

云腾飚驭祠　位于玉笥山东北隅,元阳峰下,又称云偕寺。祠后有宋时所建先觉楼,俗称"梦楼"。1987年,当地村委会集资重建云腾飚驭祠和先觉楼。

东平寺　位于峡江县境内,刘宋泰始三年(467)修。唐咸通年间,沩仰宗师慧寂曾居此说法,亦号称"仰山祖庭"。明永乐九年(1411),慧觉住持东平寺,僧众众多。清顺治十八年(1661),临济宗师释济璞入主该寺,寂后有诗偈和语录各1卷传世。

吉水县

龙华寺　位于吉水县文峰镇的天霁岭上,建于南唐保大年间,初名龙光寺。明正统年间,龙光寺又奉敕修建,改名为龙华寺。民国时期曾在此设立邮电局。"文革"时期,佛像皆毁。现龙华寺于20世纪80年代修复。

南禅寺　位于吉水县盘谷镇同江村,初名云水庵。唐末,青原山禅宗分派于此,易名南岭院,宋时扩建,更今名。明李中与周延、罗洪先、罗大纮、王龟年等人讲学于此。罗洪先有《清明日过有怀李伯实》诗,李中有《夜宿南禅寺》诗,描写了钟响白云、洞道清流等景致。该寺现保存完好。

天玉观　位于吉水县文峰镇砖门村天玉山上,相传建于隋唐时期。天玉观于"文革"时期被毁,党的十一届三中全会后开始重建。

八社万寿宫　位于吉水县螺田镇新建村,始建于南宋期间,建筑面积1200平方米,占地面积1500平方米。20世纪80年代因建小学而被拆除。附近村民正筹备出资重建寺庙。

沙元万寿宫　位于吉水县螺田镇山陂村,建于南宋年间。"文革"时期被毁。1969年在遗址上改建山陂小学。当地居士准备在原地址上征地重建万寿宫。

金城万寿宫　位于吉水县水南镇金城村,据记载,金城万寿宫始建于唐朝。至明朝时,金城万寿宫与南昌西山万寿宫、兴国万寿宫并称为江西省"三大万寿宫"。"文革"时期拆毁,目前正在重建中。

泰和县

法藏寺　位于泰和县桥头镇水坑村六七河畔,建于唐朝中期,后因遭火灾,庙宇被毁。1995年,水坑民间医生刘皇英募资300余万元,在庙宇遗址重修佛殿,寺名由原中国佛教协会会长一诚大师题写。

白鹤观　位于泰和县苑前镇路溪村紫瑶山。据清朝戊戌科会元张贞生(1623—1675)《王山遗响》记载,西晋永嘉年间,陕西华阴道人王子瑶入山修道48年。在最高峰建一座宫观炼丹,因多白鹤栖于山中,曰"白鹤观"。王子瑶仙逝后,乡民为纪念他,把义山改为王山。

龙城寺　位于泰和县万合圩镇东乾冈村。相传,该寺为宋元丰年间,由上饶福严寺僧亚愚在此建寺,后由文天祥题写寺名。元末,该寺遭到毁坏。明永乐年间,寺僧定成等对该寺进行了重新修缮。中华人民共和国成立后,该寺改为八都书院,"文革"时期遭到拆毁。

黄龙坪寺　古称宝藏寺,位于泰和县水槎乡新桥行政村的天湖山顶。相传唐高宗时,不调禅师来到黄龙坪,顿时豁然开朗,遂决定在此建一寺庙,取名宝藏寺。2004 年重建。

观音寺　位于泰和县水槎乡新桥行政村的天湖山顶,始建时间不详。相传这座寺庙是唐代一个叫莫志明的法师前来修建的,后来几次焚毁,数度重修。中华人民共和国成立初期,剿匪搜山,该庙又被烧毁。2012 年重建。

朝仙崖寺　位于泰和县桥头镇境内,始建于唐代。元至元十四年(1277),民族英雄文天祥抗元兵败,与胡文可、胡文静在此密商抗元大计。明朝在此立石碑纪念文天祥,1993 年冬,石碑被盗。1995 年,群众自发重建。

金莲山寺　位于泰和县灌溪镇东山与小禾坑之间的金莲山山顶,始建于明末清初,因历史变迁,曾多次被毁。1994 年重修。

五峰山寺　位于泰和县老营盘镇与中龙乡交界的五峰山顶上,始建于明朝,清朝进行过扩建,清末因战乱被毁。"文革"时期被毁。2008 年重建,2009 年 10 月竣工。

圣居禅寺　又名茶居庵、茶山寺,位于泰和县澄江镇上田三溪行政村茶居村的油茶山上。始建于唐会昌三年(843),元至正三年(1343)重修。明宣德元年(1426),寺内高僧天同长老受朝廷召见,官左善世,加号国师。为感恩圣上召见,茶山寺更名为圣居寺。2008 年重建圣居寺,占地面积 100 余亩。

观山寺　位于泰和县澄江镇桔园村龙门附近,始建于唐中后期,宋、明先后重修。宋元丰四年(1081),黄庭坚下乡调查赋盐过程中曾宿观山寺,并赋诗一首。北宋范仲淹之孙、朝靖大夫范正国也曾光临观山寺,并赋诗。后寺毁。

普觉寺　位于泰和县治东(今泰和县澄江镇),始建于唐上元元年(674),宋治平二年(1065)敕改"普觉寺"额。普觉寺左建有钟楼,右有圆通阁,屹然对峙。明内阁大学士、《永乐大典》主编、吉水县人解缙曾为普觉寺壁上的山水画作《题泰和普觉寺壁》诗。后寺毁,遗址无存。

紫桐院　位于泰和县上模乡与冠朝镇交界处,孙吴赤乌三年(240)建,后唐天成年间、北宋治平年间进行过两次维修。元时邑士曾福可,削发为僧,更名行满者,得宠于元武宗、仁宗,赵孟頫奉旨为之书功德碑。清康熙年间泰和知县田惟冀作记。后毁。

万安县

九贤寺　原名涵山寺,位于万安县百加镇下源村,始建于唐代。自宋至明,先后有欧阳修、刘辰翁、文天祥、闵子林、郭简斋、解缙、罗洪先、刘玉、欧阳德九贤人探幽寻胜,来此讲学,从此闻名遐迩。清道光二年(1822),改建后定名为九贤寺。原房屋已倒塌。1990 年为县级文物保护单位。

观音寺　原名一粒庵,位于万安县武术乡老塘前村,始建于晋代。清乾隆元年(1736),乡人大兴土木修建旧寺。1990 年 8 月,万安电站建成并蓄水发电,寺庙淹没,乡民就近在山头搭建草庐,冠名观音阁以祀奉。1995 年 12 月,经万安县人民政府、万安佛教协会批准并更名为万安观音寺。1996 年择址重建大雄宝殿,1985 年列为县级文物保护单位。

固山古寺　位于万安县窑头镇横塘村,始建于宋代,清代曾维修过。虽屡遭破坏,但主体建筑仍然保存下来。1996 年进行过修复。2002 年列为县级文物保护单位。

顺峰山寺　位于万安县顺峰乡高坪村,宋代建。现存建筑为清代名僧清池重修。砖木结构,面阔 11.2 米,进深 16.2 米,占地面积 180 余平方米。殿内供奉许真君、弥勒佛、寿仙公、大康王、小康王等五尊神像。1985 年列为县级文物保护单位。

灵山古寺　原名灵山古庙,位于万安县城南表忠门内,始建时间不详。"文革"时期损毁。2004 年在故址重建灵山古寺,2005 年宝殿完工。寺庙占地面积 350 多平方米,建筑面积 1000 多平方米,内设有诵经堂、僧舍、斋堂等。

济渡寺　原名济渡祠,初址在万安县枧头镇珠山水南,为一小祠,始创于明崇祯五年(1632),是为纪念许真君而立。"文革"时期损毁,仅存荒址。1999 年在南洲湖丘村豆角岭上新辟庙址,兴建大雄宝殿、许真君殿,将原三关洞一带的圆通寺〔始建于唐开元四年(716)〕、常兴寺(始建于北宋熙宁年间)、仙坛寺(南宋嘉定年间建)、济渡祠合而为一,取名为济渡寺。寺院占地 1 万多平方米。

长明寺　原名定明寺,位于万安县顺峰乡瑞峰山下陂头村境内,始建于宋,具体时间无考。明清两代均有重修,占地 4000 多平方米。"文革"时期,寺庙大部分塑像损毁,后殿因年久失修而倒塌。1999 年重建,新建寺庙占地总面积 1660 多平方米,2000 年更名为"长明寺"。

遂川县

资福禅寺　原址在遂川县泉江镇龙泉公园西侧大樟树下,现迁至县城北森林公园内。据乾隆版《龙泉县志》记载,始建于唐永隆元年(680)。北宋元丰七年(1084)五月,苏轼自筠州往龙泉,访黄庭坚的胞兄龙泉县令黄大临,曾夜宿资福寺,留下名作《宿资福院》。后毁于战事。2007 年经批准重建。

龙泉观音古寺　原名铁拐仙、观音阁,位于遂川县泉江镇南坪村的马鞍山脚下,始建于清康熙年间。2002 年重建,2003 年更名为龙泉观音古寺。

龙求古寺　位于遂川县泉江镇高源村上官岭上,始建于清道光四年(1824),原名龙虬寺。清末年间,古寺多次遭到焚毁,以致庙宇全部倒塌。于民国二十四年(1935)

重建，"文革"时期毁。1998 年重建，2003 年更名为龙求古寺。

佛祖仙古寺　位于遂川县城的崇山峻岭之中，唐永隆二年（681）由当年佛教禅宗六祖慧能大师偕弟子行思云游至此开山建寺。宋时，苏东坡、黄庭坚就曾应龙泉（今遂川）知县黄大临（黄庭坚胞兄）之邀到佛祖仙游玩并作诗。"文革"时期，古寺遭到破坏。2012 年重建。

林荣禅寺　位于遂川县泉江镇安厦村，始建于唐贞元年间后期。乾隆十五年（1750），泉江镇庵厦（今安厦）村李兴渊捐巨资重修龙泉林荣禅寺。"文革"时期，寺院被毁，后改建成和平小学。2000 年于现址泉江镇秀水南路重建。

香炉古寺　原名香炉仙，位于遂川县泉江镇大屋村，始建于唐代。道光二十六年（1846），进行过一次大规模的扩建，"文革"时期被毁。1996 年始，在古仙原址上重建三宝殿、观音殿和康王殿，2007 年新建一栋占地 110 平方米的两层楼，2008 年新建了一座占地面积为 140 平方米的玉皇佛殿。

永定古寺　原名永定庵，始建于南宋咸淳三年（1267）。咸淳七年（1271），文天祥来到龙泉云溪的妹夫彭震龙家走亲访友，曾到永定庵，并为永定庵撰写碑文。土地改革时，庵里的宅基地和水田全部分给了当地农民。2010 年在原址上重建，更名为永定古寺。

白石古寺　原名白石古仙，俗称白石庙，位于遂川县珠田乡珠田村猫咪关脚下，始建于唐宋时期。1958 年"大跃进"和 1966 年"文革"时期两次被毁。2009 年，在观音崖原址重建。

上方古寺　位于遂川县左安镇东光村口的山顶坡上，始建于北宋景祐二年（1035）。明洪武二年（1369），由僧法净重修。清咸丰三年（1853），上方古寺被山寇焚毁。2002 年，由当地居士和信众重建上方古寺。

太源古寺　原名太源仙宫，位于遂川县左安镇太源村，始建时间不详。清道光十二年（1832）重修。"文革"时期，寺庙遭破坏，寺庙房屋先是作为大队办公室，后成为太源小学。2000 年重新维修太源仙宫，2004 年改名为太源古寺。

莲花寺　位于遂川县五斗江乡三和村流坑口，始建于清光绪年间。后寺庙被毁，改革开放后重建莲华寺。

佛祖寺　原名佛祖仙，位于五斗江乡联桥村碑石坳大岭山，始建于清朝末年。"文革"时期，仙宇倒塌。2004 年在原址规划筹建，至 2014 年建成。

观音古寺　位于黄坑乡崀岗村，始建于清乾隆年间。2013 年对古寺进行重建，新寺占地 1000 多平方米，建筑面积近 600 平方米。

景峰庵　位于遂川县黄坑乡水口村，始建于清乾隆年间，为当地村民所建，主要供奉观音菩萨、土地菩萨与佛像。2002 年重修。

新兴寺　位于遂川县衙前镇秀洲象形山尾，始建时间不详。中华人民共和国成立后，保存完好。"文革"时期，由于无人管理，后来倒塌。2012 年在许多佛教居士的要求下,将林业公司一部分闲屋改建成新兴寺。

中道古观 原名冲道观,位于遂川县东的卜村自然村,唐朝末年由道士募建。南宋绍兴元年(1131),道士重修;明洪武三年(1370),道士重修;正统十一年(1446),乡人重修。清康熙二十六年(1687),水溃成河,乡人将道观迁于旧址之北。20世纪60年代毁于火灾。2006年开始重建,2007年8月中旬竣工。

祥瑞宫 位于遂川县泉江镇高源村,始建于明代。每年9月12日举行"求平安、保健康"华佗圣诞庆典活动,此活动几百年来从未间断。2009年进行了重建。

白水仙庙 位于遂川县东南面碧洲镇白水村,据清同治十二年刊本《龙泉县志》记载:在宋朝年间,有郭氏三姐妹,学道于岩,有一天她们踏青游到此处,见此处山清水秀,风景优美,是块修身养性、建庙传道的好宝地,于是建庙传道。"文革"时期被毁。直到白水仙景区开发时,才重新按老庙基老样式重建,古建筑面积680平方米,占地2345平方米。

葛仙岩观 位于遂川县枚江乡园岭村,晋升平年间,葛洪曾云游至此,见石室深邃幽静,遂结庐凿井炼丹于此,有通岩门、望天台、洗药泉、石乳窦、棋局镂等。1970年遭山洪侵袭,后渐废。1995年,重建道观。

永福古仙 位于遂川县枚江乡东江村石牛岭自然村。传说建于唐朝中期,到清朝末年,永福仙有神像100多尊,水田30多亩,山场300多亩,常年有道士和杂工几十人,成为遂川县著名庙会场所。1958年因建造枚江水电站,永福古仙屋被拆除。2004年重建。

华盖古观 原名华盖古仙,位于遂川县城东的钱山,创建于元朝末年,1958年被拆除。2007年重建,并将华盖古仙改为华盖古观。

康王庙 位于遂川县雩田镇横岭村,始建于清顺治年间。"文革"时期被毁,1996年重建,2011年经市、县民族宗教事务局批准,将原有康王庙拆旧建新,新建庙宇建筑为钢筋水泥结构,总占地面积6678平方米,建筑面积2888平方米。

万福古仙 位于江西省遂川县雩田镇彭汾村,据清同治版《龙泉县志》记载:"万福仙始于晋朝,建于诏五代,兴盛于宋、元、明、清。"抗日战争时遭空袭,1962年遭山洪冲毁,主要殿宇坍塌。1994年维修并扩建殿宇。2014年6月起,开始重修万福仙。

烟斗仙 原名老仙岩,位于遂川县于田镇珊田村一深山之中,后逐渐毁损。现经善士赠资重建。新建烟斗仙占地666平方米,建筑面积480平方米。

观音仙 位于遂川县雩田镇珊田村的大石山,始建于清朝年间。"文革"时期被毁,2005年国家落实宗教政策,附近信民自发捐款、捐物,重修观音仙。新建观音仙占地面积1289平方米,建筑面积490平方米。

善福宫 位于遂川县衙前镇,始建于明代。2007年4月,遂川县道教协会在衙前镇成立协会联络处,2009年8月,新建善福宫,占地面积680平方米,建筑面积350平方米。

招仙古观　　位于遂川县新江乡三联村,始建于明代初期,当时建有中殿、安道教(玉皇大帝)左殿、安慈航真君(观音)右殿。从明到清,经过了两次维修。"文革"时期被毁。2005年国家落实宗教政策,周边信众捐款重建招仙古观。

鼎盛仙　　位于遂川县五斗江乡丰禄村,始建时间不详。清光绪二十七年(1901),当地人对鼎盛仙进行过一次维修。2005年国家落实宗教政策,准备重修鼎盛仙,但因原鼎盛仙遗址位于悬崖之上,道路狭窄险要,于是将之迁移至路道更平坦的地方进行重建,占地1800平方米,建筑面积700平方米。

海螺仙　　位于遂川县五斗江乡米石村洋背坑,始建于明末清初,因山为海螺形,所以称海螺仙。"文革"时期,遭到严重毁损。改革开放后,对古仙陆续进行了修整,现建有宫殿三个,占地面积1800平方米,建筑面积900平方米。

仁同山仙　　位于遂川县五斗江乡南坑村仁同山上,始建时间不详。据说,万安县五龙山弟子彭修身花了15年之久建成了玉皇殿、观音殿、康王殿等。后屡毁屡建,1987年复修。

三圣仙　　位于遂川县五斗江乡车坳村,始建于宋代。"文革"时期全部拆毁。2005年当地信众重建五斗江车坳村三圣仙,新建得三圣仙占地1800平方米,建筑面积400平方米。

鹤堂仙　　原名鹤堂名山,位于遂川县西溪乡廖坊村东北,主体建筑始建于明代,后经过几次扩建维修,1929年由廖氏族人扩建前栋。"文革"时期被毁。后来由赖氏族人进行修缮。2011年起,用了三年时间新建占地面积260多平方米的慈航真君观音大殿等。

赫爷庙　　位于遂川县大汾镇洛阳村,宋代年间建造,"文革"时期被毁。2005年周边信民纷纷捐钱捐物重修赫爷庙,2007年赫爷庙建成。

华云仙　　位于遂川县西部大汾镇滁州村与高兴村的交界处。据传,华云仙建于唐朝,盛于清朝末年,原名"净水庵"。"文革"时期被毁,2005年重修。

龙潭仙　　位于遂川县大汾镇滁州村谷坪自然村西北角一石岩之中,始建于清朝末年。"文革"时期被毁。2005年当地信教人员自愿集资捐款重建宫殿、经堂等。

三圣宫　　位于遂川县大汾圩镇中心,原名大汾三神庙,始建于清康熙十七年(1678),当地乡民为祭祀关圣帝君、文昌帝君和普天福主而建。后被火烧残,1941年乡民又筹捐重修,于1945年修葺。2007年由于扩建大汾中学的需要,拆毁了三圣宫。2008年重建三圣宫,占地面积2900平方米,建筑面积1200平方米。

莲花仙　　位于遂川县西部大汾镇文溪村,始建于宋。因山周围似莲花环绕,故名莲花仙。"文革"时期被毁,2005年,周边信民集资重修莲花仙。

白鹤古仙　　位于江西省遂川县黄坑乡三坑村600多米的高山上,始建于清道光年间,历史上白鹤古仙曾数次遭受破坏,经历数次修复和搬迁。1928年10月底,陈毅从井冈山下来,去收编国民党湖南第八军阎伸儒的起义部队,曾在白鹤古仙歇脚。

"文革"时期被毁。改革开放后,三坑村村民捐钱捐物在白鹤古仙原址上进行重建,新建白鹤古仙占地 1020 平方米。

福龙古庵　位于遂川县珠田乡洋湖村,始建于明朝,历史上福龙古庵经过多次修建,现遂川县道教协会正在筹备重建福龙古庵。

安福县

龙兴庵　又名龙兴古坛,位于安福县泰山乡,现为武功湖库区,建于南唐保大元年(943)。元至元二十五年(1288),龙兴庵毁于火灾。明嘉靖二十二年(1543),在当地信众支持下,将古坛复兴,后又遭灭毁,清道光十年(1830)修。"文革"时期烧毁。1972 年复兴庵场。

掬水庵　位于安福县平都镇五家田泸水河畔,原名掬水庵,始建于唐开元年间。相传,此地原有兄弟二人在朝为官,后回到老家后,有一天,有一老和尚上门化缘,兄弟俩盛情接待,在交谈中二人请教老和尚:"如何能使家人安度?"和尚将兄弟俩带至泸水河畔,和尚低头从河中掬水(佛教中以水为财),指地为庵,兄弟二人出资在此兴建一座庵堂,取名掬水庵。

宝灵寺　又名宝云寺,位于安福县严田镇龙云村书屋自然村,始建年代无考。1911 年倒塌,后龙云乡绅 1919 年在距旧址 20 米左右处选址新建,占地约 120 平方米。

白鹤峰寺　传白鹤真人挤土成坪而成,后在此修炼,成道后骑白鹤飞天羽化成仙而享盛名。后人建坛祭祀,名鹤峰庵。鹤峰庵又叫金顶,因遭雷击火毁,清初恢复重建,更名白鹤寺。1951 年,宜春西村民兵在武功山剿匪,烧毁该寺,仅存山门。20 世纪 70 年代重建。

太极宫　于明洪武年间建,佛道合一。建有葛仙、元坛、玉皇三殿和观音堂等楼阁。明嘉靖十五年(1536),毁于火。道人悟铨、元桂率其徒捧葛玄仙公木像四方化缘重修,中为"葛仙殿",乃题名为"太极宫",后为"观音堂",左为元坛殿和玉皇殿,殿后为敕书阁。盛时发展道人四五百,毁于晚清。

三殿门　建于明朝,具体年代无考,史谷蟾建。明万历年间改建,更名为聚仙桥。清初重修,现已毁,仅存"快登天庭"香炉。

广济宫　明崇祯八年(1635)建。后在宫前建有正天中门楼、文昌阁、钟英草堂和两仪坊牌。宫内建有觉醒斋、青云楼、碧云楼、紫气楼、盘谷轩等;宫后建有卧云轩、独醒斋、宾月轩、漱芳轩等。

集云道　佛教丛林初兴起赤乌年间,葛玄在此炼丹,称小桃源,后毁。元至元二年(1336),普立禅师恢复更名为集云。至清末,集云还保留有太极宫(中心)、玉清宫(紫极宫),距太极宫东南,原名观音阁。清顺治十七年(1660),遭火毁,道人祥辉率徒法华求募重建，改名为玉清宫。集云道佛教丛林最后毁于清朝末期。

洞渊阁 属道教正一派，由后晋刘悟真所建。宋时章盛弃官不做来此修炼，以药疗民疾，邑人彭梅叟因感激而建阁纪念。清咸丰五年（1855），太平军攻入安福城，将阁付之一炬。现在的洞渊阁为同治五年（1866），全邑捐资在废墟上重建的。

莲舫庵 位于县安福城南门平都镇的管家村，为明末爱国女诗人刘淑英所建。分前后两殿。"文革"时期毁，现已修缮，1992年列为县级文物保护单位。

祇山寺 位于安福县山庄乡秀水村，始建于宋代。清道光年间，有僧侣140余人。现庙宇外表保存完整，为县级文物保护单位。

竹林寺 位于安福县金田乡柘溪村，始建于清顺治十一年（1654）。2008年，县文物部门拨款维修前院和后墙，为县级文物保护单位。

芦竹庵 位于安福县金田乡罗丘村，始建于清代。现保存完整，为县级文物保护单位。

康王灵庙 位于安福县洲湖镇新英村，始建于清代。坐北朝南，砖木结构，硬山顶，马头墙，内祀主神康王。为县级文物保护单位。

龙洲庵 位于安福县洋门乡上街村，清乾隆年间建。砖木结构，现有古建筑两栋，面积540平方米，总占地面积8000平方米，庵内有匾坊刻"古龙洲"。

西福庵 位于安福县洲湖镇下百丈村西北方，始建于明代。砖木结构，中间一大厅，两边各3间，全长15米，宽13.5米，高3.5米。屋后长有一排古柏树，四季常青。明清时期曾祀奉康王多尊神像。民国时多次修缮，"文革"时期遭毁。20世纪70年代改建重修。

雨花庵 位于安福县洲湖镇塘边村廓前自然村，始建于明代，清代重修。占地面积474平方米，砖木结构，前后两进、面阔四直，周边古树荫庇，庵前溪水长流。现厢房部分损毁。

康王灵 佑古庙位于安福县洲湖镇新英村，始建于清代，1936年重修。坐北朝南，砖木结构，硬山顶，马头墙，三进，内祀主神康王。2008年，县文物部门拨款维修。

福神庙 位于安福县洲湖镇三湖村街上自然村，始建于明永乐二年（1404）。建筑分院落、祭厅、神龛、左右厢房四部分。民国时塌毁部分墙体，近年重修。

水口庙 位于安福县洲湖镇汶沅村，始建于明代，清代重修。前后两进一天井、两幢并列，左为文昌阁，右为水口庙大厅、厢房、廊庑、神台等。民国时进行过维修，现主体结构基本保存完整。

柘田灵佑古庙 位于安福县金田乡柘田村五团自然村，约建于明代中期。土地革命时期遭到破坏，后重修复原。"文革"时期再次被毁。2006年，由群众自发义捐修复。庙内存有清同治十年（1871）精制的十二套二十四件祭器，大部分保存完好。

王母仙宫 又名湧莲仙山，始建于北宋靖康年末，历元、明多次兴废。清康熙二十三年（1684）三月，邑人于原址重建。属道教宫观建筑，为县级文物保护单位。

葛仙坛　又称东吴太极雷霆玄省之坛,位于安福县武功山金顶。相传,葛玄在此作《丹成颂》。文天祥就任丞相后,也曾多次亲至葛仙坛朝礼进香,并题写"葛仙坛"匾一块。"文革"时期,遭到严重破坏。1984 年后,当地群众集资先后修复葛仙古坛、紫极宫、葛仙殿等道教活动场所。

汪仙坛　位于安福县武功山金顶,始建于清代,为祭祀明代吉安知府汪可受而建。汪可受一名汪静峰,字以虚,号以峰,湖北黄梅独山汪革人,在任知府 6 年间,将已被洪水冲毁达半世纪之久的白鹭洲书院,复建如初。后升任陕西布政使、兵部左侍郎、蓟辽总督,抵御北侮。卒赠兵部尚书。

龙兴古坛　又名龙兴庵,位于安福县泰山乡,始建于唐晋朝代。建寺以来,多次兴毁。"文革"时期,庵场全部被拆除。1972 年,复兴庵场。

宝灵寺　位于安福县严田镇龙云村。七祖刘行思(青原行思,唐代著名禅师,今严田镇坛洲村人)8 岁进宝灵寺修身求经,出家后,并未改变俗名,而是沿用族谱上的"行"字辈"行思"作法名。18 岁离开宝灵寺到日本、新加坡等地传播佛教真经,后在吉安青原山开祖。民国元年(1912)倒塌,后龙云乡绅名士于 1918 至 1919 年在距旧址 20 米左右处选址新建。

永福寺　建于民国二十七年(1938),原名西弥寺。1983 年 10 月改为梅福庵,1997 年 8 月改为永福寺。因寺庙建设年代较久,房屋破旧不堪,2003 年开始改建更新,2005 年修建山门,2008 年修建大雄宝殿。

西家垅寺　位于安福县浒坑镇境内,原址为浒坑钨矿,建于 20 世纪 50 年代。1996 年由本地居士改建成念佛堂。2006 年新建大雄宝殿一座,2009 年 4 月新建客堂,2011 年 3 月新建土地庙,2013 年 9 月新建观音殿、天王殿和斋堂。

永新县

甘露寺　原名大智院,又名禾山寺,亦名大智寺,宋诏改名为甘露寺,位于永新县境西北禾山脚下。甘露寺始建于唐代,原寺院占地面积 5.3 万多平方米,有房屋百余间,建有大雄宝殿、文昌阁、选佛堂、先觉堂、祖师堂等。2007 年秋对寺庙进行重修。

高士坛庵　位于永新县坳南乡牛田村西南,始建于北宋年间,重修于清嘉庆二十一年(1816)。黄庭坚在出任泰和县令时,常与牛田村的同窗挚友尹安仁来此。久而久之,他俩便在高僧传经念佛的大殿旁建起一座十分简陋的小楼,取名为读书楼。从此,两人在读书楼上谈古论今,吟诗作赋。

天龙庵　位于永新县象形乡源头村北面天龙山,庵分为两栋。井冈山斗争时期曾为永新西北特区住处,湘赣苏区时又为红色医院院址。1959 年永新县人民委员会立有纪念牌,作为革命旧址保护。

明心寺　位于永新县龙源口镇龙源口村七溪岭下,民国初年建。1928 年 2 月,毛泽东在秋溪乡培养了 5 名进步农民加入中国共产党,并亲自为他们在明心寺主持入党宣誓仪式,成立了中共秋溪乡党支部,乡党支部办公地设在此。

带湖观　位于永新县芦溪乡带湖村,始建于明嘉靖六年(1527)。清乾隆二十一年(1516)、乾隆三十年(1765)两次重修。明嘉靖中,颜钧(1504—1596,泰州学派重要代表人物),曾在此观读书。

宜 春 市

袁州区

天台寺　位于袁州区天台镇大岭村境内,始建于宋。1988 年,当地信众捐资重修。1998 年登记开放,住持释道明。

月宫寺　位于袁州区西村镇巉塘村南岭,原址在西村镇集镇,后拆除。1980 年改名月宫寺,迁今址。

显应寺　位于袁州区温汤镇田心村境内,始建于清康熙年间,原为左将军庙。道光十六年(1836)重建,保存至今。2001 年登记开放,改名为显应寺。

古林寺　位于袁州区西村镇河北村境内,清康熙初建。乾隆年间,寺西旁置读书堂。中华人民共和国成立后改作民居,2001 年登记开放。

广利寺　位于袁州区彬江镇英山村黄花洲。2005 年登记开放。

蓬莱寺　位于袁州区寨下乡大宇村境内。2005 年登记开放。

莲花庵　位于袁州区遶市乡上陈村境内,始建于明永乐四年(1406)。今存圆通宝殿、观音殿、阿弥陀殿、配殿。2005 年登记开放。

丰城市

王洲大佛寺　位于丰城市袁渡镇王家洲村,原名黄洲老庙。2004 年登记开放。

观音庵　位于丰城市袁渡镇王家洲七宝崖东岸,原名七宝禅林。1997 年登记开放。

佛光寺　位于丰城市坪荫林场内,原名三宝殿,始建于清道光三十年(1850)。2004 年开放,中国佛教协会会长一诚题写寺名。

真觉寺　位于丰城市剑南街道丁家村,虚云弟子满觉曾在此讲经。2004 年登记开放,住持释耀茂。

白云寺　位于丰城市白土镇金银山,始建于清咸丰元年(1851)。2004 年登记开放。

净住寺　位于丰城市董家镇老塘村,唐马祖道一开山。有观音峰、马迹泉、石门等。寺门双柏树传为马祖手植。2004 年登记开放。

艮寅禅寺　位于丰城市筱塘乡炉坑村,始建于清咸丰元年(1851)。2005 年登记开放。

归云寺　位于丰城市曲江镇密岭村,始建于元。2006 年登记开放。

金华仙院　位于丰城市丽村镇金华山腰,号称江西道教三姐妹。宋代大理学家朱熹曾慕名而至,上山寻道访友,即兴题诗赋词,挥毫写下千古绝句"源头活水"。"文革"时期,金华山道教遭到破坏。改革开放后,周边信教群众自发集资重建,逐年修缮。

金凤山万寿宫　位于丰城市泉港镇潭埠村金凤山内,始建于唐。明代新建大庙二幢及关圣殿、曾夫子殿。明代开国军师刘伯温,曾到此一游并题写"鸾凤和鸣"匾,故名为"金凤山"。1950 年,寺院全部拆毁。1992 年,潭埠六姓 16 名信士,先后修建了许仙殿、观音殿、地母殿及戏台等。

樟树市

万寿宫　位于樟树市临江镇万寿宫巷,始建于明洪武年间。后毁。1995 年秋,民间六位老人倡议,社会各界人士捐赠重修。

崇真观　位于樟树市张家山街道枨湖村,观内供奉许真君。宋大观初,朝廷赐名崇真观。元至正十二年(1352),毁于兵。明洪武二十四年(1391)重修观宇。后多次重修,至民国毁。

玉虚观　初名净观,后改为太平观,位于樟树市昌傅镇太平圩西北栖梧山。历史上不少名人曾游历玉虚观。南宋词人张孝祥曾留宿于此。宋乾道九年(1173),范成大赴广西就任,途经栖梧山,往游玉虚观。《范石湖集》载有范成大游玉虚观诗一首。诗序云:"观旁至今有仙茅,极其常草,备五味,尤辛辣,云久食可仙,道士煮食以款客。"

天宝寺　位于樟树市城区井栏巷,原为道教场所天符庙。2004 年登记开放。

慧力寺　原址在樟树市临江镇南瑞筑山麓袁水滨,唐处士欧阳董捐宅建寺。宋治平元年(1064),募建转轮藏一所,塑像百余座。明嘉靖三十七年(1558)毁;万历元年(1573)重修;崇祯末又毁。清顺治年间僧云章复修,后渐倾败。1997 年迁址鹿江街道办事处辖区重建。

慈云寺　位于樟树市阁山镇黄家巷村五脑峰下,始建于明嘉靖初。1997 年修复。

新兴禅寺　位于樟树市永泰镇东埠沈村,始建于北宋淳化三年(992),原名南山寺。明洪武元年(1368),增建成四重殿,后毁。1997 年重建。

高安市

瑞相禅院　位于高安市伍桥洋源村燕子岭,宋元丰年间建。现尚存后殿(观音堂)、西侧斋堂及后殿东侧石雕坐地弥勒。2003 年登记开放。

超果寺　又名浮楼寺,原址在高安城西北的白云山下,始建于唐初,为马祖道一法嗣大珠慧海所创。宋英宗时敕额"超果"。2004 年登记开放。

普贤禅寺　原名古月禅寺,位于高安市新街镇景贤村杨家岭,始建于北宋。2005 年登记开放。

奉新县

宝云寺　又名宝云观,位于奉新县城北门外,梁太清元年(547)建,名信诚寺。唐马祖讲经,改名宝云寺。宋熙宁中,县令李平作记。清同治年间,重修。

延恩寺　位于奉新县城东门内,旧名罗汉院,始建年代无考。明嘉靖二年(1523),移惠安寺大佛、罗汉于内。嘉靖八年(1529)改名延恩。

惠安寺　位于奉新县城西,宋祥符年间建。明洪武初,沈复初重修。嘉靖二年(1523)废,移佛像、罗汉像于延恩寺。

天乙山寺　位于奉新县善乡(今干州镇),清雍正六年(1728)修。余升有《天乙山寺》诗咏此。

隆教寺　位于奉新县赤岸南栃九皋山,宋大中祥符年间建,旧名临湖院。后屡毁屡建,清乾隆三十四年(1769)重修罗汉堂。县令朱云风、胡以温有《隆教寺》诗咏此。

白云寺　位于奉新县南乡(今赤田)虬峰,汉建安时建。左为虬王殿,祀汉刘鷲;右为禅堂,后有观音阁。清乾隆四十三年(1778)重修,咸丰十一年(1861)被太平军焚毁,同治六年(1867)重修。

大宝胜轮塔　院位于奉新县百丈山大雄峰下,简称祖塔院,唐宣宗赐谥曰"大宝胜轮"。原有塔殿,后毁。明洪武初,僧悟光、法善创复。天顺中,僧正观增创西厅、东阁、丈室、门楼,塑内外佛像,另创随缘堂于塔院之左,建仰止亭于门路之外。

九仙寿圣禅院　位于奉新县奉化乡（今澡溪乡）九仙山。唐时有百丈怀海法嗣梵云驻锡于此，赐号"大历禅院"。宋治平三年（1066）赐"九仙寿圣禅院"匾额。后屡毁屡修，今废。

宝莲院　位于奉新县新兴乡二十三都越王山之巅（今会埠越山），宋嘉定年间上富刘氏裔孙续建，江西安抚使真德秀立院名，宋进士胡晋侯撰《越王山宝莲院重兴记》。

清朝乾隆癸未（1763）、庚子（1780），嘉庆辛未（1811）、道光壬午（1822）均重建。

普华院　位于奉新县进城乡小雄山（今罗市店前村），原名长岭院，唐大智禅师怀海初驻锡之地。明天顺二年（1458），僧庆云、圆勉、阴圆谷等创建。崇祯十七年（1644），住持僧普雨重建，后毁。清康熙二十一年（1682），僧大因、文石重建。

耕香院　位于奉新县会埠张坊芦田，清顺治十三年（1656），曹洞宗第38代传人耕庵禅师卜基始创。其弟子朱耷（明宗室子，号八大山人）清初弃家遁奉新山中，剃发为僧，居耕香院。工书法、绘画、题诗、篆刻等，为中国书画一代宗师。2014年5月，耕香院重建。

牛石庵　位于奉新县化乡甘坊上村，原名柏馥寺。为八大山人(朱耷)之弟牛石慧(朱道明)（约1628—1707）修道处。清末重修。

白云庵　位于奉新县奉化乡晏嶂山（今上富）。刘道成仙迹之地。宋晏殊《宝云寺中白云庵》、明宋应升《白云庵》诗咏此。

陶仙观　位于奉新县城南15里的陶仙山上，为祭陶安所建。昔陶安公隐居修炼，以陶冶为业。明洪武三年（1370）重修。

万年宫　位于奉新县赤岸华林村的浮云山，明弘治七年（1494）建。万年宫系天师道供祀神仙之所。1984年2月，县人民政府列为重点文物保护单位。

万载县

万福禅寺　位于万载县城，原为城隍庙。1997年登记开放。

黄壁仙坛　位于万载县城北的太阳山（又名仙姑崇），俗称仙姑坛，建造于明代。清嘉庆十九年（1814），义宁州、新昌县、万载县三郡众信士对仙姑坛予以修缮。2003年2月，由万载、宜丰、铜鼓三县信士56人组成理事会，再次对仙姑坛进行了修缮。

上高县

兴隆寺　位于上高县田心镇大行山，始建于清康熙五十二年（1713）。1994年重建，

2005 年登记开放。

九觉寺 位于上高县敖阳街道何家垴村，始建于唐大顺年间，2005 年登记开放。

圣贤寺 位于上高县锦江镇团结村，始建于宋末，2005 年登记开放。

横江庙 位于上高县田心镇南江村，始建于清咸丰元年（1851）。1992 年重建，2005 年登记开放。

宜丰县

广福寺 原位于宜丰县同安乡洞山村，原为良价禅师在洞山悟道后初建的寺院名。洞山广福寺在北宋咸平年间易名功德禅寺后，“广福”一名未再用。1998 年，重建宜丰广福寺，移驻县城南郊古南园，作为洞山普利寺的下院。

资寿寺 原位于宜丰县潭山逍遥院前路边自然村，建于唐代。据传，原资寿寺规模甚大，寺庙并列有 5 栋，入寺僧人有 300 多人，1958 年拆毁资寿寺残墙。2011 年重建资寿寺。

古城寺 原名鼓城寺、鼓沉寺，坐落在宜丰县车上林场境内天子山中，因此山一遇雷雨天气便会隆隆作响，声如鼓鸣而得名。古城寺初建于唐大中年间。元末毁于兵火，明崇祯年间，重建。后又再毁，尔后未能再兴。2002 年，经县人民政府批复，同意修复天子山古城寺，现修复工作正在进行中。

慧庆院 位于宜丰县平政桥西，宋咸淳年间，初名普庵堂，明初赐额慧庆院。弘治年间僧悟机倡议并募捐重修，明王光佐写有《重修慧庆院记》。

慈慧庵 位于宜丰县城西关外盐台山麓，明万历丁未年（1607）建。清顺治十年（1653）僧祖俞募缘重修，咸丰十一年（1861）毁。

延福寺 位于宜丰县南关，宋治平年间建。元代修葺，元末毁。明初重建，明末又毁。清顺治六年（1649）修。寺前旧有空烟亭，为新昌八景之一，已废，寺亦于咸丰十一年（1861）毁。

崇文塔寺 位于宜丰县城南耶溪河畔、绿秀山东端的崇文塔右侧，清顺治十六年（1659）建。康熙三年（1664）建大殿，康熙二十二年（1683），知县吉必兆捐资修。咸丰十一年（1861）毁其大半，不久全毁。

度门院 位于宜丰县三都乡，宋代龚端曾读书于此，清顺治八年（1651）僧行和重修。

清梵院 即净梵寺，位于宜丰县四都乡。唐代僖禅师（即唐肃宗第十四子李僖）曾在此憩脚。清同治四年（1865）重修。

清凉禅寺 位于宜丰县，又名石台寺。隋开皇九年（589）将军漆兴公舍宅为石台寺，为宜丰境内有史可查的第二座寺院（第一座为五峰山净觉寺）。唐咸通年间智演禅师挂锡于此。宋治平年间惠洪唱道此山，丞相张商英、节度使郭天信奉敕改为报恩禅寺，并赐惠洪宝镜圆明之号。元末毁于兵祸。明崇祯年间驾部郎中漆园购址建殿，将其名改为清凉禅寺。清康熙己酉（1669），明漆调祚捐田于寺，建藏经阁，延请临济宗丕穆禅师住持。

太子塔寺　位于宜丰县三十一都（今潭山镇路溪村逍遥山的金钱山麓），唐时建，肃宗第十四子李僖（僖禅师）出家，随南阳忠国师居此，赐田甚广。宋绍兴年间废。元至元戊寅（1278），僧绍复之。明万历年间，僧遍照募缘重修。

资福寺　位于宜丰县三十一都涩田岭，僖禅师创建，距太子塔数里，有白象眠云、曹溪溯古、松关憩锡、僖公石像诸胜迹，久废。清康熙庚申（1680），道昱禅师（即德微显禅师）挂锡逍遥，适毛奎公以资福故址还，遂重兴本寺。

靖安县

双林寺　位于靖安县城东北的雷公尖乡绣谷峰南麓，为靖安历史上最早的一座佛寺。双林寺门前有全国政协原常委、中国佛教协会会长一诚大师题写的"双林古刹"匾额。据记载，410年左右，西域沙门僧竺昙云游至此，在这里结庐而居，参禅悟道，此为双林寺的前身。后人在山下建佛寺，名曰双林寺。宋时，高僧善权（俗名高巽中）住持双林寺。自明代嘉庆至民国晚期，僧散寺倒。1993年经县政府批准重建，至2006年5月建成山门、观音殿、大雄宝殿、钟鼓楼、斋堂、寮舍等。

长灵寺　位于靖安县仁首镇棠港村，始建于南宋，初名林云寺。明崇祯年间，改名永庆庵。清康熙十年（1671）重建，改今名。2006年登记开放。

顾山寺　位于靖安县香田乡红岗村，始建于明朝中叶。今存天王殿、地藏殿、西归堂，2006年登记开放。

黄龙寺　位于靖安县香田乡黄龙村，始建于宋，初名定明院。2006年登记开放。

法药寺　原名法药院，始建唐贞元中，为马祖在县域所建第一所道场。明正统五年（1440）重建。明知县张伯祥曾题额曰"双溪福地"。该寺几经兴衰，终毁于日军之手。2013年征地72亩重兴法药寺。

曹溪寺　位于靖安县宝峰镇周郎村。据《宝峰乡志》载，唐代曹溪祖慧能大师常往返于曹溪和黄梅，途经周郎时，在此结茅庵歇脚，短住。后来慧能的门人在慧能当年搭棚栖身之处建寺，因地形似韶关曹溪，故名。明万历十年（1582）重建寺宇，改名为观音庵。清顺治九年（1652）又重建，恢复曹溪寺名。土地改革时被当作公产分给当地农民，后被拆除。

长灵寺　位于靖安县仁首镇棠港村，清康熙十年（1671）建寺，始称云林寺，后改为长灵寺。由于年深日久，日趋倒塌。20世纪60年代将寺砖拆去盖房。2003年重建,2005 年完工。

谌母庙　位于靖安县仁首镇石上村谌母岭上。今存谌母石刻像、三根未倒塌亭柱及部分残垣断壁。庙宇供奉主神谌母娘娘,又称谌母大仙。

石观音寺　位于靖安县仁首镇金田村喻家组城崖山,"文革"时期被毁。1988 年、2004 年两次重建,寺庙分上下两栋庙宇。

书堂庵　原名云峰寺,位于靖安县距高湖街的韶里刘家败山上。唐贞元四年(788),中国佛教禅宗南天八祖马祖道一建。明正统元年(1436),僧人永海重修庙宇,更名书堂庵。20 世纪 60 年代,将庵堂拆除并将砖瓦、石料用于建高湖中小学教学楼,现书堂庵仅存遗迹。

太平寺　原名太平庵,位于靖安县高湖镇西头村双洲,明万历年间建。南有莺崖,西有讲经堂,东有菩提场、云籙场。崇祯十七年(1644)重建。今毁,仅存一块"太平寺"石门横匾。

周公殿　位于靖安县高湖镇山口村岭下香花园,始建于明代。殿内供奉周公,"文革"时期遭毁,1989 年重建。

真君殿　位于靖安县高湖镇山口村上街,殿内供奉清水真君,1986 年重修。

万寿宫　位于靖安县高湖镇永丰村坳岭,始建年代不详,供奉许仙真君。后毁,1995 年重建。

葛大帅殿　又名明王殿,位于靖安县高湖镇山口村古港,始建于唐宋年间。殿后存千年古樟,占地面积约 1 亩。原殿早倒塌,1985 年重建。

朗惠殿　位于靖安县高湖镇棠棣村肚脐股,始建于明代。后毁,2003 年重修。

明王大殿　位于高湖下街,始建于清嘉庆年间。1950 年被毁,1958 年改作他用。2008 年重建明王大殿。

龙冈殿　位于靖安县高湖镇永丰村龙冈。2008 年重建,有殿宇一幢,戏台一座。

真君杨泗殿　位于靖安县璪都镇小水村,始建于宋开宝元年(968)。后毁,2007 年当地百姓集体筹资重建,殿内供奉许仙真君、杨泗将军。

刘九大殿　位于靖安县璪都镇黄浦村,始建于清道光年间,供奉刘九真人。相传刘九真人,在璪都享有盛名,一生以行医济贫荡游天下,后成正果,在茅山得道成仙,被人们塑身敬为神灵。

顾山寺　位于靖安县香田乡红岗村顾山自然村东侧,始建于明末清初,清末废。21 世纪初,在原废墟上重建。

黄龙寺　位于黄龙村凤凰山,始建年代不详。宋时名定明院,元末毁于兵灾。明正统九年(1444)重建。20 世纪 60 年代末毁,1992 年开始修复,1999 年竣工。

跃龙庵　位于靖安香田乡红岗村熊家组,明崇祯二年(1629)始建。20 世纪 60 年代被废,2005 年重建。

祖寿殿　位于靖安县香田乡集镇南岸原渡船口上,始建年代无考。殿对面建戏台一座,每年农历三月初三祖寿阿公生日,唱戏三天,春节唱戏十五天。1986年殿左侧古樟遭火灾,殿被毁,2011年重建。

鸣凤寺 原名鸣凤庵,始位于靖安县水口乡桃源村白水洞口,始建年代无考。清乾隆五十八年(1793),庵与田俱被水冲废,后建于熊村。民国二十三年(1934)重修。2013年更名鸣凤寺。

明王殿 位于靖安县水口乡灌洲村,始建年代无考。供奉五福灵官、五显灵官、邹大元帅、康大元帅、海七真人、海九真人、太子公公。

云雷寺 原名云雷庵,位于靖安县水口乡桃源村,明正德年间建。后毁于火灾,清光绪七年(1881)重修,前道后佛,更名云雷寺。"文革"时期遭毁,1993年村民集资重修。

仙姑坛 位于靖安县水口乡沙港村漆家组山上,始建年代不详,清同治年间重修。今仅剩10余平方米,存石牌位一个,供奉梅仙官。

中堡大殿 位于靖安县水口乡腾丰村,始建年代不详。1967年被毁,2011年重修。

延庆寺 位于靖安县罗湾乡塘埠村獭坑,梁代天监中建。宋绍圣年间,僧子忠记刻华严像;明洪武初年(1368),僧道泰复兴,清废。

龙门寺 原名暇僧寺,位于靖安县罗湾乡南村水尾处,始建年代不详。旧志载,唐马祖开山于此。明洪武初(1368)重建。明崇祯年间,僧法玺始改今名。"文革"时期寺庙遭废,仅遗留石亭、石水池、石拱桥两座。

万寿宫 位于靖安县罗湾乡哨前村,主殿奉祀许仙真君,清道光二年(1822)建,后三次修缮。2001年村民合资重建。

关帝殿 位于靖安县罗湾乡南村,始建于明洪武元年(1368)。清道光八年(1828)重修,至同治五年(1866)复修戏台及桥、亭、店、屋。民国三十五年(1946)重修戏台及附近房屋。中华人民共和国成立前后,在此设立私塾小学。"文革"时期遭毁。2006年经县宗教事务局批准,本地村民捐资重修,建殿堂、戏台。

天花宫 又名娘娘殿,位于罗湾乡官庄村,始建年代不详。2002年村民合资重建。前有戏台,每年农历二月初一至初三唱戏3日。

云阳寺 原位于靖安县中源乡洞下村云阳山前,始建于唐代,当地人称老庵。明嘉靖年间僧惠然重建,万历三十七年(1609),僧迴波重修,后废。2012年于原址重建。

合港万福殿 位于中源乡合港村,始建于明代,经历五次修建。古戏台于1973年山洪暴发被冲毁,2006年大修。

山下圣堂古殿 位于靖安县中源乡山下村,建于明万历初年,民间称为祖师殿。"文革"时期遭毁,2003年重建。

乌虎殿 位于靖安县中源乡向务村,始建年代不详,供奉乌虎大王。2009年重建。

圆藤寺 位于靖安县红星村大山之中,唐贞元元年(785),马祖得法弟子慧日创建。元末毁于战火，明初重建，明末又毁，清初奉旨重修，山门上方竖挂石匾"圣旨"二字。"文革"时期被废，仅剩残垣断壁。1995年宝峰寺僧人妙福等倡导捐资，2002年在原址上重建佛堂（供奉观音大士），2004年经县政府批准，改名圆佛寺。

铜鼓县

金锡寺　位于铜鼓县温泉镇石桥村境内，唐天宝元年（742），由九华山高僧慧通和尚创建。寺内如来佛雕像高达7米，并供奉有十八罗汉雕像。不远处有清道光、咸丰年间重修的禅师墓塔。

福寿寺　位于铜鼓县三都镇大莲山，唐天宝年间，开山祖衍周芳禅师住持修建，并将其命名为福寿寺。于清乾隆、民国时期几度修建。寺后有清嘉庆十年（1805）重修的开山祖衍周芳禅师墓和清嘉庆十四年（1809）立马祖道一禅师衣冠冢。

灵石庵　亦名致虚庵，位于铜鼓县大塅镇境内的天柱峰山腰，始建于宋代。清代两次重修。

大智圣院　位于铜鼓县排埠镇永丰村境内，始建于明代，历经多次维修。寺院附近有几处僧人墓，其中一处碑上刻有"开山南岳尊者"六字。

宝庆寺　位于铜鼓县温泉镇光明村境内，始建于清雍正九年（1731）。清光绪十九年（1893），因寺内僧人违戒律被官府遣散，后该寺损毁。民国时期，地方信士筹资重建。

古佛寺　又称福宁寺，位于铜鼓县永宁镇西湖村境内，始建于清雍正年间。清乾隆四年（1739）、乾隆四十年（1775）、光绪三十二年（1906）三次捐资扩建。

大仙庙　位于铜鼓县永宁镇剑石路，始建于清光绪初年。清光绪中期扩建，民国中期再兴土木。

万寿宫　位于铜鼓县高桥乡胆坑村境内，始建于明正德十五年（1520），为纪念许真君普天福主而建。清嘉庆十二年（1807）、道光二十五年（1845）两次修建，由上、中、下三栋建筑组成，为县内保存较好、规模最大的万寿宫。

园明寺　位于铜鼓永宁镇下街，始建于明。2005年登记开放。

福寿寺　位于铜鼓县三都镇大莲山之巅，始建于唐大历年间。1986年重建。2005年登记开放。

抚 州 市

临川区

灵谷峰寺　位于抚州市临川区湖南乡坪山村境内灵谷峰顶。原为道观,名"隐真观",后发展为"三教同源"寺庙,前殿为"道教殿",中廊设"儒教堂",后殿为"敬佛教"。始建于东晋末年。1942年6月,日寇侵占抚州后便纵火将隐真观烧毁。20世纪90年代,重建隐真观,并改名为灵谷峰寺。

仙盖寺　原名仙盖庙,位于临川区连城乡境内的仙盖山(又名仙来山)顶峰。据载,仙盖寺始建于唐先天二年(713)。据山下头昌村许氏家谱记载,宋朝宰相王安石曾专程到仙盖山观景和拜访僧人,并留下诗句墨宝。仙盖庙在日寇入侵临川时被烧毁,"文革"时期,寺内佛像被化成灰烬。1995年重建,1996年在原址上建起了一栋大殿,之后又相继建成大雄宝殿、天王殿、观音堂、伽蓝殿、地藏殿和僧寮、斋堂等。

太子寺　位于临川区汝水乡民东龙村,建于明万历年间。"文革"时期毁。1997年重建大雄宝殿。

龙泉寺　位于临川区上顿渡河西一侧,明洪武二年(1369)建。清末太平军占领抚州,因龙泉寺地处水陆交通要道,于是僧人逃走,寺庙无人照管,从此凋零。1958年大炼钢铁,破旧不堪的龙泉寺被拆去炼钢,寺址上只剩下了一堆瓦砾。1995年临川县人民政府批准龙泉寺为佛教活动点,并对其进行重建。

上品寺　位于临川区唱凯镇,建于唐总章二年(669)。"文革"时期,遭毁。20世纪80年代,在当地政府和十方善信鼎力支持下,恢复重建。

白石寺　又名清宁观,位于临川区与进贤县交界处白石山顶,始建于唐朝。到宋朝时重建,"文革"时期,寺庙被拆。1998年重修白石寺。

新陂古寺　位于临川区连城乡大升村委会榨下村,始建于唐朝年间。"文革"时期,寺庙被拆除。20世纪90年代初,当地居士、村民在原址重建新陂古寺。

宝林寺　位于临川区腾桥镇街之北,建于清初。中华人民共和国成立后寺庙犹存,只因年久失修,殿堂破旧不堪。"文革"时期庙宇全被毁。1998年,广大信士在宝林山重建宝林寺。

下桥寺　为正觉下院,位于抚州城区上沿河路82号,始建年代无考。据清同治九年《临川县志》记载,明万历以前即有下桥寺。清咸丰六年(1856),下桥寺毁于兵火,后于同治年间修复。1942年6月,下桥寺被日军烧成平地。20世纪80年代恢复宗教佛事活动。1984年,正觉寺将下桥寺列为正觉下院。

隆兴古寺　原名圣不可知寺,位于抚州市临川区城东文昌街道办事处洋洲村,始建于清朝初年,原名关帝殿,供奉三国名将关云长。"文革"时期,菩萨像被毁,成为民宅。20世纪90年代初,各住户自愿无偿搬出,由当地信士操办修复事宜。1999年,将圣不可知寺易名为隆兴古寺,并于2000年1月正式移交给金山寺管理,成为金山寺下院之一。

娄山寺　位于临川区荣山镇南,始建年代无考,原名楼抚寺。唐元和元年(806)楼抚寺改名为楼抚庵,清末复名楼抚寺。1957年寺宇作为解放军某部驻地,其后改为荣山垦殖场,寺庙建筑被先后拆毁殆尽。20世纪90年代建成4栋殿堂及斋堂、寮堂。因楼抚山易名为娄山,故新寺也随之命名为娄山寺。

西来古寺　原名官塘福地,位于临川、宜黄、崇仁三县(区)交界的龙溪镇(又称龙骨渡)易家东北的山岗上。始建于唐代中叶,唐末曾毁于兵火。宋、元、明几代也几建几毁。"文革"时期被毁。1982年当地信士捐资维修。

观音寺　原名大城殿、大士殿,位于临川区文昌桥东孔家街,创建年代不详,初名大城殿。1936年,当地村民想维修扩建已经破败不堪的庙宇,就请求正觉寺住持相助,正觉寺将其纳为下院。20世纪90年代初,由当地信士发起将旧殿进行了维修。2008年大士殿易名为观音寺。

青莲山寺　位于临川区温泉镇青莲山村境内青莲山腰,始建于唐代,历史上曾几经兵燹火患,屡毁屡建。至清代,青莲山寺已颇具规模。原寺于1962年被毁,新寺于1999年及以后陆续重建而成。

仙桂峰寺　又称梦山,位于抚州城西北。仙桂峰寺历史悠久,创建年代不详。《临川县志》载:相传远在晋时,王方平、郭族二仙云游江西,至仙桂峰,遂决意在此山石之下隐身修炼(此岩又称"隐仙岩")。此后,便在峰顶择地建寺,取名仙桂峰寺。1942年被日寇烧毁,余下后殿。"文革"时期,殿宇全部拆毁。1994年5月,仙桂峰寺开始动工兴建,历经十余年,建起天王殿、大雄宝殿、观音殿、玉皇殿、三清宫、钟鼓楼及斋堂、客堂等建筑。

双林古寺　位于临川区罗湖镇双林村,始建于唐。中华人民共和国成立后,此寺被改为国家粮库。在众多信徒与村民的要求下,经政府批准,自2001年起此寺开始重建,大雄宝殿于2002年12月落成开光。

乾明寺　位于临川湖南乡鹏溪街南尽头,据考证乾明寺原名前坪寺,始建于北宋。南宋爱国诗人陆游于淳熙六年(1179)十一月,由提举福建常平茶盐公事,改任提举江南西路常平茶盐公事,在抚州任职一年,曾游前坪寺,并留有《前坪寺戏书触目》一诗。中华人民共和国成立前仅存后殿。"文革"时期,寺庙更加破败不堪。1995年将原址上留存下来的大殿按原貌进行了翻修,塑起了佛像,更名为乾明寺。

大山寺 位于临川区连城乡下城邹家村东,不知创于何年。20世纪50年代中期,寺内所有佛像被烧毁,庙宇先改小学校舍,至"文革"时期全被拆毁,成为一块空地。1996年重建。

株山寺 位于临川、南昌、丰城、进贤四县市交界处的株山(原名楮山),始建于唐开元年间,其前身为佛教禅宗高僧释法玄所建集贤寺。在宋、元、明、清各代,集贤寺都有维护。"文革"时期,庙宇被拆。20世纪90年代初,十方信士踊跃捐款建起了一座占地300余平方米的简易寺庙。后历经十余年的筹资,在原址建起大雄宝殿等设施,扩大了寺院面积。

万寿寺 原名万寿庵,位于临川区文昌街道办事处勤光村委会黄家街(又称站前村)村头,创建年代不详。目前寺院占地近4亩,建有大殿、地藏殿、观音堂、伽蓝殿、僧寮及生活用房。

三元寺 位于临川区上顿渡林源范家村,原名三元宫,始建年代无考。因庙堂年久未修,于20世纪70代被拆。90年代开始复建。

西竹寺 原名西竺庵,位于抚州市临川区上顿渡河东乡万家村,相传寺院最初建于梁武帝时期,为达摩祖师的师弟菩提莫桑所建,取名西竺庵。莫桑神尼、无净神尼、虚空藏尼、马祖道一禅师、曹山本寂禅师、疏山匡仁、法眼文益禅师、近代虚云老和尚都曾经在此短住或路过弘法。文人墨客如王安石、曾巩、汤显祖都曾来此敬香。1986年在旧址重建,是目前江西省建筑面积最大的多功能法堂。

九龙寺 位于临川河西的荒山脊上,建于乾隆十五年(1751),寺庙有粮田20余亩,僧尼弟子等20余人。在鸦片战争前夕被毁,1997年重建。

南城县

龙山寺 位于南城县里塔镇隅乃幕陵山岗上,建于1890年。宣统二年(1910),被烧废。民国三十一年(1942)重建。"文革"时期被毁。1993年重建。

黎川县

喜山寺　位于黎川县日峰镇下桥村喜山,又称天峰寺,始建年代无考。宋时曾建天峰寺于其上。清光绪中叶(1887 年前后),迁建于日峰山前山之喜山,故名喜山寺。20 世纪 90 年代,重建东西大殿,2012 年建成新大雄宝殿。

长生观　位于黎川县城西南的宏村镇境内,始建于宋治平元年(1064)。清康熙年间毁于大火,后由道人王弘道等在现址复建。1932 年一场大火将殿宇吞噬,1937 年重修。"文革"时期被拆毁。1985 年重建,1999 年改建。

念佛林　位于黎川县城人民新路中段,民国二十八年(1939)建。"文革"时期,院内场地被分成两半,一半划给福利厂办养蚕场,一半被城关镇公社埧上大队用作医疗站和铁匠铺。1984 年抚州地区宗教事务部门批准,念佛林收回宗教房产权,恢复宗教活动。2005 年 4 月,念佛林大雄宝殿竣工典礼,全国佛教协会会长一诚大师亲笔为大殿书写了"大雄宝殿"匾额。

会仙峰寺　位于黎川县城南,始建年代不详。"文革"时期,遭到破坏。1982 年重建了庙宇,重塑了佛像,1995 年政府依法准予登记。

莲花寺　位于黎川县日峰镇篁竹村境内,始建于明朝。后逢战祸频繁,该寺被焚毁,庙址成废墟,改为农田和菜地。1996 年经黎川县人民政府批准,重新开放。2005 年由释妙良法师正式担任本寺住持,筹资扩建莲花寺。

净明寺　坐落于黎川县南德胜东山村,宋开宝年间建,旧名净明院,后称寺。

宝林寺　又称宝林院,位于黎川县城西北日峰镇下桥村,旧名定光岩,明洪武年间重建改宝林院。清嘉庆二年(1797)重建,后毁,后多次重修复建。

点山寺　原名廪生寺,位于黎川县城北日峰镇点山行政村,宋光宗绍熙元年(1190)建。明弘治八年(1496),僧道智蕴空重建,明天启丙寅(1626),僧德和复建,清顺治十五年(1658),僧映初重修。

觉慈寺　位于黎川县城西日峰镇裘坊行政村,宋开宝三年(970)建,清康熙十年(1671)重修。

南丰县

崇真寺　位于南丰老县城西门关外琴城镇胜利路 401 号,始建于唐咸通二年(861)。清康熙二十一年(1682)遭兵燹,毁坏。光绪十五年(1889),累资重建。20 世纪 30 年代初,寺院改作临时兵营,佛像被毁,僧人逃离。1998 年,重建了大雄宝殿、新建了山门、重塑了佛像、新增了斋堂。

军峰寺 位于南丰县三溪乡军峰村境内,据历史记载,该寺始建于唐代,原名崇仙观,又称老观,原是道教活动场所。"文革"时期,观殿被拆。1982年重建。

金山寺 原名金仙寺,地处南丰县市山镇梓和村境内,始建于唐咸通三年(862)。"文革"时期,佛像被毁,改为他用。1995年8月开始重建。

石佛寺 位于南丰县城西门关外,地处盱江河畔,建于南宋光宗年间。1957年8月,石佛被列入省级重点保护文物。"文革"时期,石佛被毁,仅剩佛像头颅弃于窟内,后移存县寿昌寺。1987年5月,佛教信士集资在原处重刻石佛像。2006年,经批准为佛教活动场所。

觉源寺 位于南丰县东南方向的太源、东坪、洽湾三乡交界处的武陵峰下蟠溪山中,始建于唐天祐二年(905),旧名桃源,宋治平中赐今额。明万历二十九年(1601),重修殿宇,建筑面积达2000多平方米。民国年间,该寺逐渐衰落。1958年,大炼钢铁,佛殿上所有的铁瓦全部卸(或拆)下回炉铸铁。"文革"时期,佛像摧毁。1993年重建。

潮音禅寺 位于距南丰县城与广昌县交界的波罗乡坊坑村,始建于北宋庆历四年(1044)。清顺治十一年(1654)和光绪二十三年(1897),禅寺进行过两次大修缮。"文革"时期被毁。1987年修复大殿。

大觉寺 位于南丰县盱江南岸洽湾镇黄家堡村的坑桠山旁,始建于唐开元二年(714),南宋绍定年间遭兵燹。明洪武四年(1371)云游和尚法慧禅师到此,修复殿宇,再塑佛像,建有大雄宝殿、天王殿、观音殿、海会塔。"文革"时期寺院被毁。1989年10月重建。

万福寺 位于南丰县城南门城外、盱江东岸,始建年代不详。万福古寺前身是道场,建有玉皇殿。清顺治四年(1647),方空和尚挂禅进行重建,改名万福寺。"文革"时期被毁,后来改作生产队关牛和存放农具的仓库。1996年重建。

万安寺 位于南丰县太和镇太和村,据史料记载,始建于唐玄宗天宝元年(742)。1994年修复。

福海寺 位于南丰县太源乡太源村,据史料记载,始建于唐代,建筑面积近600平方米。1995年10月,经批准登记为佛教活动场所。

滴水岩寺 位于南丰县市山镇官塘村,据史料记载,始建于唐代。1993年修复,建筑面积近600平方米。1996年9月,经批准登记为佛教活动场所。

证因寺 位于南丰县太源乡陆家村,据史料记载,始建于唐太和七年(834)。1992年修复,建筑面积近500平方米。2006年2月,经批准登记为佛教活动场所。

资福寺 位于南丰县白舍镇中和村,据史料记载,始建于唐代。1981年修复。

青铜山寺 位于南丰县莱溪乡九联村,据史料记载,始建于唐开元九年(721)。1996年修复。

慈尊寺 位于南丰县白舍镇桥口村,据史料记载,始建于唐开元十三年(725)。

1980 年修复。

宝寿寺 位于南丰县白舍镇鄱阳村,据史料记载,始建于清康熙五年(1666)。1986 年修复。

紫灵山寺 位于南丰县白舍镇鄱阳村,据史料记载,始建于明代。1993 年修复。

东日易寺 位于南丰县市山镇石谦村,据史料记载,始建于唐德宗建中十五年(829)。1986 年修复。

观音寺 位于南丰县太和镇司前村,据史料记载,始建于清代。1994 年修复。

狮子岩寺 位于南丰县市山镇贯巢村,据史料记载,始建于清崇德元年(1636)。1980 年修复。

宝峰寺 位于南丰县市山镇梓和村,据史料记载,始建于唐宣宗大中元年(847)。1993 年修复。

狮子峰寺 位于南丰县洽湾镇长岭村,据史料记载,始建于清咸丰元年(1851)。1994 年修复。

巷桥寺 位于南丰县太和镇太和村,据史料记载,始建于唐开元十八年(730)。1993 年修复。

龙华寺 位于南丰县白舍镇白舍村,据史料记载,始建于宋代。1980 年修复。

玉局寺 位于南丰县付坊乡董溪村,据史料记载,始建于清康熙二十八年(1689)。1982 年修复。

金龙古寺 位于南丰县洽湾镇上店村,据史料记载,始建于宋嘉定二年(1209)。1995 年修复。

大觉寺 位于南丰县太源乡东堡湾村,据史料记载,始建于宋真宗咸平四年(1001)。1990 年修复。

筵福和合寺 位于南丰县琴城镇水北村,据史料记载,始建于唐开元十五年(727)。1995 年修复。

寿华山寺 位于南丰县市山镇贯巢村,据史料记载,始建于唐代。1993 年修复。

圆通寺 位于南丰县付坊乡立新村,据史料记载,始建于清乾隆十六年(1751)。1982 年修复。

真修寺 位于南丰县太和镇店前村,据史料记载,始建于唐大中元年(847)。1991 年修复。

观音寺 位于南丰县桑田镇竹山下村,据史料记载,始建于唐玄宗开元三年(715)。1982 年修复。

三宝佛寺 位于南丰县莱溪乡杨梅坑村,据史料记载,始建于唐玄宗开元五年(717)。1993 年开始修复。

大士寺 位于南丰县莱溪乡西山村,据史料记载,始建于唐代。1986 年开始修复。

宝峰寺 位于南丰县桑田镇竹山下村,据史料记载,始建于唐开元三年(715)。

1982 年开始修复。

永觉寺 位于南丰县太和镇樟坊村,据史料记载,始建于清代。1982 年开始修复。

甘露寺 位于南丰县付坊乡石咀村,据史料记载,始建于唐开元四年(716)。1989 年开始修复。

福兴寺 位于南丰县市山镇西村,据史料记载,始建于宋嘉祐七年(1062)。1993 年修复。

伏羲寺 位于南丰县付坊乡石咀村,据史料记载,始建于唐代。1989 年开始修复,建筑面积 400 多平方米。1996 年 9 月,经批准为佛教活动场所,现负责人为周润仔。

普照寺 位于南丰县白舍镇田东村,据史料记载,始建于唐咸通六年(865)。1980 年修复。

福胜山寺 位于南丰县紫霄镇黄砂村,据史料记载,始建于唐代。1980 年修复。

棱贞寺 位于南丰县莱溪乡莱溪村,据史料记载,始建于宋嘉定四年(1211)。1996 年开始修复。

荣华寺 位于南丰县白舍镇三坑村,据史料记载,始建于明景帝景泰三年(1452)。1993 年修复。

双林寺 位于南丰县付坊乡杨家村,据史料记载,始建于清宣宗道光三十年(1850)。1990 年修复。

长兴寺 位于南丰县琴城镇茅店村,据史料记载,始建于唐元和十年(815)。1994 年修复。

万龙寺 位于南丰县白舍镇苦竹村,据史料记载,始建于清顺治年间。1979 年修复。

妙莲寺 位于南丰县白舍镇张家村,据史料记载,始建于宋天圣六年(1028)。1992 年修复。

仙境寺 位于南丰县付坊乡田陀村,据史料记载,始建于清康熙三年(1664)。1992 年修复。

法林寺 位于南丰县太和镇前坊村,据史料记载,始建于唐天祐二年(905)。1993 年修复。

清闲寺 位于南丰县市山镇市山村,据史料记载,始建于唐永徽八年(657)。1994 年修复。

孟华山寺 地处南丰县市山镇罗溪村,据史料记载,始建于清康熙年间。1993 年修复。

广教寺地 处南丰县市山镇市山村,据史料记载,始建于吴乾贞二年(928)。1993 年修复。

长丰寺 位于南丰县紫霄镇溪东村,据史料记载,始建于清代。1993 年修复。

香莲寺 位于南丰县三溪乡池丰村,据史料记载,始建于唐天祐二年(905)。1992 年修复。

慈林寺 位于南丰县白舍镇白舍村,据史料记载,始建于唐开元二年(714)。1990 年修复。

莲台寺 位于南丰县桑田镇水口村,据史料记载,始建于清康熙辛卯年(1711)。1985 年修复。

何竺峰寺 位于南丰县洽湾镇黄坊村,据史料记载,始建于唐代。1995 年修复。

瑶浦三仙行宫 位于南丰县境内,始建于清雍正八年(1730),供奉三仙真君。1948 年,国民党军队曾驻扎于此。中华人民共和国成立后改设学校,直至 1965 年学校迁出。"文革"时期宫殿遭到严重破坏。1986 年重建。

妙灵观 位于南丰县城东门外神龟岗,今琴城镇桥背村王坊嵊自然村,为道士王宏逸于唐开元十六年(728)建。洪武二十七年(1394)四十三代天师张宇初命张某募缘重修。民国期间,驻丰的国民党第八师兵勇拆毁妙灵观与王侍宸祠,其砖石用于修建国民党官兵阵亡烈士陵园,观址和祠址夷为平地。2011 年重建。

军山王殿 位于南丰县琴城镇瑶浦村五组船山自然村。据史料记载,该殿始建于南唐升元三年(939)。20 世纪 80 年代,水南村民和西门果园村民陆续重修福主殿,并将军山神像转入福主殿安座。

城隍庙 位于南丰县城解放路 83 号,据史料记载,始建于唐太和年间。现存的庙宇为清康熙十八年(1679)重修。"文革"时期,神像被毁,只剩城隍庙石匾,宫观改为他用(剧团办公)。1993 年开始修复。

文昌宫 位于南丰县琴城镇西门农贸市场附近,始建于唐武德三年(620)。"文革"时期,神像被毁、宫观改为他用。2004 年开始修复。

东岳府道观 位于南丰县琴城镇茅店村石子山村小组,始建于北宋嘉祐元年(1056)。明正德六年(1511)被焚毁。明嘉靖年间,土地卖给老百姓,留下小块土地建殿祭祀。1958 年,改为造纸厂,后改为粮库。"文革"时期,神像被毁、殿宇被拆,1992 年底开始修复。

金华山道观 位于南丰县琴城镇富溪村南塘村小组,据史料记载,始建于唐会昌二年(842)。"文革"时期,宫观被毁。2004 年开始修复。

金华仙宫 位于南丰县琴城镇大堡村封家村小组,据史料记载,始建于唐开元十年(722)。明代毁于寇,清代毁于太平天国起义,清同治、光绪年间两次重修。"文革"时期,被毁。1994 年开始修复。

瑞峰观 位于南丰县琴城镇水南村庵上村小组,据史料记载,始建于唐中和五年(885)。明末清初,因战乱毁,清康熙年间重修。洪秀全起义期间又毁。"文革"时期,被毁,只余部分残庙和石基。1996 年初始登记时为佛教寺院,后逐渐成为佛道合一的寺观。2003 年,南丰县道教协会成立之后,则登记为以道为主的寺观,并开始修复。

罗汉山道观 位于南丰县琴城镇杨梅村,始建于唐玄宗开元十八年(730)。现在的罗汉山道观是1986年在旧址重建的,当时建有天王殿、大雄宝殿。2000年,新建了道教殿宇——灵霄宝殿,2006年,筹资修筑了通往道观近2千米的水泥路面。目前,道观占地面积1000余平方米,建筑面积600余平方米。

河神宫 位于南丰县琴城镇桥背村,据史料记载,始建于清乾隆三十年(1765),清嘉庆七年(1802)重建。"文革"时期被毁,宫观改为他用(学堂)。1996年开始修复。

灵祥观 位于南丰县莱溪乡东方村,据史料记载,始建于南唐保太二年(944)。原为佛教场所,"文革"时期被毁。1988年开始修复。

紫霄观 位于南丰县紫霄镇境内,由汉代费长房的师父悬壶先生所创。唐代开元元年(713)称为妙仙观。壶公故后,该观衰落颓废。至北宋大中祥符七年(1014),道士王士良进行重修。至治平元年(1064),改名为紫霄观。南宋淳熙元年(1174),由吴源清道士扩建过一次。1988年修复。

石仙观 位于南丰县境内的石仙岩处。南唐升元元年(937),张道陵十八代孙张洞宣,由龙虎山来南丰石仙岩开山建观修炼,岩内面积约300平方米,殿宇依崖而建。北宋治平年间,曾改称冲寂观,不久又易名石仙观,元代被寇毁。1999年修复。

炼丹古观 位于南丰县军峰山,又名炼丹观、炼丹寨,相传古时邱、王、郭三仙曾在此炼丹。据史料记载,清康熙九年(1670),由防汛把总李永昌首倡,道士李元云募建。没过几年,则被野火烧毁。"文革"时期,无人管理,致使道观倒塌了大半。1983—1986年筹资,在旧址上又进行了重修。

翠徽宫 位于南丰县翠云村韩家堡村,历史上称为怀仁殿、华洛殿,是南丰军峰三仙下山巡游落脚安座最早、次数最多的一座行宫。据史料记载,该宫始建于明末清初,清雍正年间重建。民国二十年(1931),遭国民党军队拆毁。"文革"时期被毁,宫观改为他用(办学堂)。1986年学校迁出,翌年进行重修,累计耗资100余万元,1988年完工。

会峰观 位于南丰县市山镇官庄村官庄村小组,据史料记载,始建于明代宗景泰三年(1452)。"文革"时期被毁。1992年开始修复,累计耗资70余万元,1994年宫观修复完工。

石壁岭万寿宫 位于南丰县市山镇陶田村石壁岭村小组,据史料记载,始建于清乾隆二年(1737)。"文革"时期被毁。1994年开始修复,累计耗资60余万元,1996年宫观修复完工。

蔓萝峰道观 位于南丰县市山镇坪埠村,据史料记载,始建于公元前3年汉衰帝时期,清乾隆二年(1737)重建。"文革"时期被毁。2005年开始修复三仙殿。

娘娘殿 位于南丰县三溪乡三溪村董家堡村小组,据史料记载,始建于清道光二十九年(1849)。"文革"时期,拆殿材建粮库。2000年殿宇修建完工。

八宝观　位于南丰县三溪乡云山村坳里村小组,据史料记载,始建于明世宗嘉靖八年(1529)。"文革"时期被毁。中共十一届三中全会以后重建,2000年落成。

龙王宫　原位于赣闽武夷山余脉紫云峰山顶,据史料记载,始建于唐太宗贞观二年(628),清乾隆年间重修,废。2000年迁至南丰县太和镇康都村,2006年12月,经省、市、县宗教部门批准登记为道教活动场所。

九泰山道观　位于南丰县桑田镇肖坊村,据史料记载,始建于北宋末年。"文革"时期被毁,1992年重修。

狮子峰道观　位于南丰县洽湾镇长岭村,据史料记载,始建于清咸丰元年(1851)。"文革"时期被毁,1994年4月开始修复宫观。

长丰观　原名长丰寺,位于南丰县紫霄镇溪东村,据《南丰县志》记载,始建于唐咸通九年(868)。"文革"时期,佛像被砸毁,寺院改为他用,1993年修复宫观。

福寿宫　位于南丰县桑田镇古城村,据史料记载,始建于北宋。"文革"时期被毁,1994年重修。

泰灵山道观　位于南丰县桑田镇桑田村,始建日期无法考证。明代时被毁,清道光十七年(1837)重建,"文革"时期被毁,道观改为桑田粮站,1992年重建。

新圩上万寿宫　位于南丰县桑田镇新圩上村,据史料记载,始建于清道光二十一年(1841)。"文革"时期被毁,宫观改为他用(村办公),1988年重建。

棲贞观　位于南丰县桑田镇西源村,据《南丰县志》记载,始建于南唐升元元年(937),原名真游寺,宋治平年间赐今名。清康熙四年(1664),道士欧阳纲显修葺,屡兴屡废。"文革"时期被毁,1994年重建。

崇仙观　位于南丰县太和镇下桐村,据《南丰县志》记载,始建于南唐升元元年(937),屡兴屡废。"文革"时期被毁,1993年重建。

踏岗山道观　位于南丰县太和镇司前村,据《南丰县志》记载,始建于唐代,清同治六年(1867)重修。"文革"时期被毁,1984年重建。

三清宫　位于南丰县傅坊乡傅坊村,据《南丰县志》记载,始建于明成祖朱棣永乐二年(1404),屡兴屡废。民国二十五年(1936)维修过一次。"文革"时期,神像被毁,宫观改为他用,1989年重建。

董溪村万寿宫　位于南丰县付坊乡董溪村,据《南丰县志》记载,始建于明武宗正德三年(1558),屡兴屡废。"文革"时期,神像被毁,宫观改为粮库。2007年重建。

洞真观　位于南丰县付坊乡田陀村,据《南丰县志》记载,始建于北宋神宗赵顼熙宁年间,屡兴屡废。"文革"时期被毁,1987年在旧址重建。

石咀万寿宫　位于南丰县付坊乡石咀村,据《南丰县志》记载,始建于北宋神宗赵顼熙宁年间,清道光十九年(1839)重建。"文革"时期被毁,1987年迁至现址重建。

游坊万寿宫　位于南丰县付坊乡石咀村,据《南丰县志》记载,始建于北宋神宗赵顼熙宁年间,屡兴屡废。"文革"时期被毁,1987年在旧址重建。

三仙行宫　位于南丰县城西厢瑶浦村,始建于清雍正八年(1730)。至民国三十五年(1946)历经5次修葺,1948年国民党驻军作仓库,后改设学校。1967年被毁。民国三十七年(1948)大修,1998年增建三清宫殿,内塑神像28尊。

崇仁县

地藏寺　位于崇仁县南阜公园旁边,明万历年间,由高僧心源大师创建。"文革"时期,寺院原址已沦为农田。20世纪90年代由本地信士择地重修。

观音岩寺　位于崇仁县许坊乡石背与上庙前两村岩洞之中,地处崇仁、临川和宜黄三县(区)交界之处,宋宁宗六年(1200)建。"文革"时期被毁,1985年重修。

龙济古寺　位于崇仁县礼陂镇礼陂桥西北的学士山,始建于唐天祐元年(904)。殿内迄今尚存部分石雕。1958年于寺中兴办"共产主义劳动大学"分校,"文革"时期佛像全毁,1985年重修。

华山古寺　位于崇仁县城南郊,明万历年间,东阁大学士兼礼部尚书吴道南曾在此隐居攻读,取仕后建立佛殿。清代遭战火践踏,致使殿倾寺颓。1990年重建。

相山万寿宫　坐落在崇仁县相山镇海拔1000多米高的相山山顶上。据记载,东汉仙人栾巴曾在此修炼,一直是道教活动场所,"文革"时大部分建筑被毁。2004年1月经省、市民族宗教事务局依法进行登记开放并进行重修。

乐安县

长兴寺　曾名五虎林,位于乐安县谷岗乡板岭村南田洲的五虎林山脚,始建于晋唐时期。宋咸淳三年(1268),金陵楼霞寺通智禅师同徒弟静智来到此地,看此风景优美,不胜欣喜,便取名为五虎林,决心在此重建寺庙。"文革"时期,庙中神像被毁,殿宇被拆,僧尼被逐,诸多古迹荡然无存。1996年重建。

唐龙寺　位于乐安县金竹畲族乡严塘村,亦叫龙泉古寺或大龙名山,始建年代不详。宋嘉祐四年(1056),始称禅师院,有房屋四十余间,大殿内布满了佛像,僧徒50余人,香火旺盛。"文革"时期被毁,1979年重建。

灵山寺　位于乐安县鳌溪镇前坪村,前身是严华寺,建于明朝。清末民国初期香火日盛,后因战乱被毁。1995年4月重建。

文昌寺　位于乐安县谷岗乡谷岗村,据《袁氏族谱》记载,文昌寺始建于元延祐七年(1320)。"文革"时期,菩萨全被捣毁,寺庙先后改为篾业公司、敬老院、红专学校等。1996 年重建。

清泉寺　位于乐安县南村乡车头村,创建于民国元年(1912)秋。"文革"时期寺毁,20 世纪 80 年代初重建。

觉华寺　又名郭华寺,位于乐安县湖溪乡高峰林场觉华山巅,该寺由郭启敬始建于明正德元年(1506),初名郭华寺。民国年间,倒塌而毁。1983 年重建,更名觉华寺。

板岭凹寺　位于乐安县谷岗乡板岭村委会与宜黄县交界处的山坳上,始建于晋,后因战乱而毁。明初重建,民国时期被毁。"文革"时期被毁,1982 年重建。

蟠龙寺　又名茅岭庵,位于乐安县招携镇青里村委会洋溪坑村,建于天祐三年(906)。1983 年重修。

古来寺　原名古唐寺,位于乐安县金竹畲族乡徐庄村委会与宁都县交界处,始建年代无考。20 世纪 80 代后期因修建招芒公路寺庙被毁,2002 年重建,改名古来寺。

普华寺　又称普华阁,坐落于湖坪乡贺立村,原名新庵,清嘉庆二十四年(1819)修建。后因战乱频繁,寺庙尽毁。20 世纪 80 年代重建,并将庙名改为普华寺。

玉隆寺　位于乐安县公溪镇公溪村长安村,据清朝同治八年的县志记载:该寺原名长安寺,始建于北宋靖康元年(1126)。2001 年重建,改名玉隆寺。

会仙古寺　亦称会仙峰寺、会仙古寺,位于乐安县牛田镇牛田村境内山势巍峨的北岭主峰上,建于西汉时期。因年久失修曾倒塌,1985 年重修会仙古寺。

龙泉寺　原名十八庙,位于乐安县鳌溪镇桥背村的金堂山麓,原寺早已荒废,始建时间、建筑规模亦无从考查。1983 年重建。

万龙寺　位于乐安县城的万龙山,始建年代无资料考证。其前身为郁林寺,该寺于南宋年间(见同治版《乐安县志》)始建于城北古塘附近的密林中,"郁"与"密"谐音,当地群众误称"密林寺"。1993 年重建该寺。

万善寺　原名万石寺,又称万善庵,位于乐安县招携镇青里村的三坑山腰中,明嘉靖七年(1528)建。该寺在清朝时倒塌,后只重修了大殿。1967 年 4 月间,因特大洪水把庵堂冲倒而毁。1981 年重建。

天仙寺　又称天子堂、电紫堂,位于乐安县谷岗乡板岭村的天子山山腰上。据1989 年出版的《乐安县志》记载:"该寺始建于元朝,由谷岗乡板岭村委会欧坊村小组欧阳桔秀捐资兴建。清道光十年(1830)夏,又由其子孙欧阳季常重修。民国三十四年(1945),该寺住持释德耀又进行重修,还兴建了一座石佛塔。"1959 年,比丘释德耀又聘请工匠,增建了天王殿。"文革"时期,该寺菩萨像被烧,佛塔被炸倒,僧尼被逼返俗,寺庙被占用。1979 年重建。

角庵　又名普云古寺,位于乐安县招携镇汗上村,始建于明末清初。民国时期被毁,1983 年重建。

临云寺　位于乐安县招携镇横坝村,原名安全寺,建于五代十国后唐末年。太平天国时，毁于战乱。

新灵寺 位于乐安县鳌溪镇桥背村委会，原名南真观（道教）。据清朝同治十年县志记载：该观于"宋绍兴二年（1132），由游元孙为首捐资始建"。据20世纪90年代末期挖掘出土的几块残碑断石记载，明嘉靖二十二年（1543），该观曾进行了大规模的修缮。民国初期，新灵寺因战乱而倒闭。1993年重建。

金龙寺 原名七公阁，位于乐安县鳌溪镇鳌溪村。据1989年《新修县志》记载，金龙寺始建于清同治十年（1871），后因年久失修而毁。1996年重建。

雷峰寺 位于乐安县戴坊镇鹏洲村东北雷峰山上，始建于元至正六年（1346）。1996年重建。

宜黄县

九峰山寺 位于宜黄县梨溪镇九车村梨水西岸，其峰远望如卧狮，故又名"狮子峰"。明嘉靖年间，梨溪黄姓买得此山，遂于顶峰下东面狮子口内建一规模较小的寺庙。万历十九年（1591），广定禅师应请入主九峰寺。近代佛学大师、时称"江西佛学三杰"之一的欧阳竟无，为守母丧，禅居九峰几年。清光绪三十四年（1908），欧阳大师与另一"杰"李证刚又上九峰经营农业，并讲学说法，慕名而来的学者、信众络绎不绝，这为九峰山寺又一隆盛时期。"文革"时期，寺庙全部拆除。1994年重建。

军峰山寺 位于宜黄县神岗乡境内的军峰山脚下，为佛道合一，明嘉靖庚申（1560）建。"文革"时期，殿堂、佛像均毁。1979年重建简易佛堂、僧房。1982年增建斋堂及民房式结构的大殿，1990年后，重修大雄宝殿，整修斋堂、僧房等。

今古寺 位于宜黄县中港镇河坊畲族村，始建于明朝。"文革"时期，佛像被毁。1990—1991年重建弥勒殿、客堂、斋堂。

白土寺 原名白兔寺，位于宜黄县梨溪镇里阴村坪山组，始建于隋代。"文革"时期，房屋被拆，佛像被毁。2001年重建。

神岗古寺 位于宜黄县神岗乡神岗村出口处，始建于南宋末年，"文革"时期被毁。1994年重建，2005年寺庙对外开放。

白鹤寺 位于宜黄县神岗乡罗坊村茅渣州组，建于宋代。明清时期重修，"文革"时期被毁。1987年重建，建有佛堂、大雄宝殿、观音堂、斋堂等。

南湖仙山寺 位于宜黄县神岗乡党口村，始建于唐宋年间，建有大仙堂、观音堂、香堂、厢房、厨房、餐厅、茅房等。"文革"时期被毁。1994年7月重修，1995年10月落成，建有大雄宝殿、观音堂、寮房、斋堂、公厕等。

法水寺 位于宜黄县桃陂镇桃陂村戈坪组，清雍正十三年（1735）建。咸丰十一年

（1861）遭兵毁，同治元年（1862）重建，光绪十六年（1890）毁，光绪二十二年（1906）复建，民国时又毁，2002年再度重建，2005年寺庙对外开放。

绣岭寺　位于宜黄县凤冈镇桥下村秀岭山，始建年代无考。清康熙年间，后慧灯法师重建。"文革"时期毁，仅存普同塔。1986年重建，现有大雄宝殿，土地庙等，2005年寺庙对外开放。

紫云寺　位于宜黄县棠阴镇解放村，始建于明成化年间。清宣统年间衰落，后因北伐战争寺庙被拆毁建炮台。1995年重建，2005年对外开放。

罗汉寺　位于宜黄县棠阴镇永兴桥村，始建于宋开宝四年（971），扩建于元。清嘉庆九年（1804），遭受特大洪涝灾害，殿宇破坏，佛像浸颓。清咸丰十年（1860），被私卖。1996年重建，2005年寺庙对外开放。

观音山寺　位于宜黄县东陂镇观音山水库西侧，建于宋皇祐年间。清道光年间，被洪水推毁，只留残垣断壁。1919年重建，"文革"时期再次被毁。1995年春再度重建，2005年寺庙对外开放。

中华山寺　位于宜黄县圳口乡郊源村北的中华山。唐时建有道观，后废。北宋开宝元年（968），改建寺庙。清末民国时期渐渐衰落，"文革"时期被毁。1986年重建，现建有大雄宝殿、天王殿、观音殿、地藏殿、客堂、僧寮、斋堂等。

善庆寺　又名水口庵，位于宜黄县中港乡淡水村，始建于宋雍熙二年（985）。现存建筑系清嘉庆二十五年（1820）修建。1997年和2006年先后重修扩建，1986年定为江西省开放寺庙。

金石寺　位于宜黄县中港镇二村下街组，始建于明朝。"文革"时期被毁。改革开放后，重新建有大雄宝殿、观音堂，僧寮、客堂、斋堂等，2005年被列为开放寺庙。

高华山寺　位于宜黄县新丰乡护竹村，始建于唐代。"文革"时期被毁。1985年重建，建有脚庵、中庵、顶殿。脚庵又名高华古佛寺，中庵又名高华古观，顶殿又名高华仙宫。1996年批准为开放寺庙。

金溪县

翠云寺　位于金溪县翠云山，始建于唐大中年间。几经兴废，1998年在吼雪堂遗址上建成观音堂，此后又建钟楼、客房、禅房、厨房、斋堂等。1997年12月，经金溪县人民政府批准对外开放。

白马寺　位于金溪县黄通乡白马峰上，始建于北宋初年，原为道家"浮丘祠"，后为佛道共处的庙宇。"文革"时期拆毁，1978年后重建。1992年，经金溪县人民政府批准对外开放。

水门庙　位于金溪县秀谷镇水门巷，始建于北宋，主要供奉民间信仰的"青蛙神"

（掌管县内"五瘟"的使者）。20 世纪 90 年代初重修，1994 年经金溪县人民政府批准对外开放。

铜峰古庙　位于金溪县琉璃乡蒲塘村，又名神仙庙，始建于宋，为供奉该村徐困默真人为主的庙宇。清乾隆五年（1740）重修大殿，殿分两堂，左为庙堂，右为佛堂，此后一直是"佛道共处"。1993 年经金溪县人民政府批准对外开放。

白衣庵　位于金溪县石门乡白沿村，始建于明朝，时名筑嘉庵，后改名会龙庵，清光绪二十二年（1896）重修，更名白衣庵。"文革"时期被废，1996 年修复，主要供奉观音菩萨。1997 年 12 月，经金溪县人民政府批准对外开放。

清华庵　位于金溪县城以南的翠云山，1920 年创建。分上下两堂，上堂为观音堂，下堂为大殿。1985 年，此庵经金溪县人民政府批准对外开放。

东岳庙　原名东岳观、东岳府寺，民间称东王府，位于金溪县城秀谷镇东门外，始建年代无考。经 20 世纪 80 年代以后多次修复，占地面积约 1000 平方米，建有天王殿、大雄宝殿等。

崇福寺　原名福神庙，位于金溪县合市镇斛塘村委会前周坊自然村，与周王庙、平游寺共存，历史无以考查。经 20 世纪 80 年代以后多次修复，寺院占地面积约2000 平方米，建有天王殿、大雄宝殿、观音殿、圆通阁、肖公殿和二层客堂等。

东岩禅寺　位于金溪县琉璃乡印山村委会英巨山，始建于唐代天宝年间，著名高僧马祖道一曾驻锡于此。周围还保留不少古代遗迹，诸如仙人足印、神仙岩、古代采石场等。唐宋年间香火鼎盛，信客不断，闻名大江南北，是江西著名寺院，后废弃。2013 年重建。

平游寺　位于金溪县合市镇乌石村委会乌石自然村，明洪武初年，由一位云游和尚化缘集资而建。寺院占地面积约 1500 平方米，坐北朝南，东边为大殿，西边为膳堂、杂间。大殿分上下厅堂，前为天王殿，后为大雄宝殿。

尊胜寺　位于金溪县城秀谷镇胜利路 119 号，建寺历史无考。经 20 世纪 80 年代以后多次修复，寺院占地面积 740 平方米，为江南民居四合院式平房结构建筑，有院门、天王殿、大雄宝殿、地藏殿、客堂、厨房、禅房。

留云寺　位于金溪县黄通乡黄通村委会刘家桥旁边。相传始建于唐宣宗大中年间，原名祥云寺，后来建有道教留云观，供奉浮丘、王、郭三仙，乡人视寺观如一，遂名留云寺。寺院毁于 20 世纪 50 年代，后修复。

资溪县

大觉岩寺　位于闽赣两省交界处的武夷山脉西部的莲花山上，建于东晋咸和元年（326）。当时杭州灵隐寺大觉禅师云游至此，看到此地风景优美，山深僻静，远离尘世,是修身养性的好地方,便在此建庙。"文革"时期毁,1985年经资溪县政府批准重建。

园通寺　原名园通庵,位于资溪县城北郊,离县城约1千米,创建年代不详。1948年资溪县佛教协会设于此庵,"文革"期间被毁。1988年经县政府批准在原址重建,当年农历七月十六日奠基,更名园通寺。

广仁寺　位于资溪县鹤城镇司前村,始建于明万历年间。1933年,国民党部队七十六师驻扎此寺时,失火烧毁该寺大部分,只剩下观音殿。1958年,司前生产队将观音殿改为仓库。1994年,经县人民政府批准重新修建,建有大雄宝殿、宿舍、厨房等,面积共400余平方米。

狮山寺　位于武夷山脉北麓316国道资溪段,史载该寺建于明永乐十四年(1416),历经多次兴毁。清咸丰年间该寺毁于战火。民国初年,重建狮山寺,分上下两进。"文革"时期,寺庙被拆。1993年重修。

回龙山庙　位于资溪县乌石镇新月畲族村。原新月村畲民生活在浙江省淳安县茶园区金家村团结社,因建新安江水库电站,需外迁库区内移民,1968年,金家村团结社畲民迁移到资溪县乌石镇草坪村新建大队定居。1994年建回龙山庙。

出云峰庙　位于资溪北部与金溪交界处的出云峰山巅,该庙原为嵩市镇潮水石氏创建,属道教基地,信奉"三仙"祖师,后改为佛庙。此后庙宇年久失修而倒塌,20世纪90年代重修该庙。

金竺庵　位于资溪县城郊,始建于清顺治年间。"文革"时期被毁,1994年重建。

炭山极乐寺　位于鹤城镇排上村炭山,始建年代不详。"文革"时期被毁。1998年,由当地村民重建,称其炭山寺。2010年,又重建大雄宝殿、天王殿、斋堂、住房等,更名为炭山极乐寺。

天山寺　位于鹤城镇排上村张家村,始建于明朝初年。1947年,国民党一个连驻扎于寺内,不慎被烧。2012年,重建天山寺庙。

普照寺　又称老爷坪三神庙,位于资溪南部的石峡乡石峡村,建于明末清初。"文革"时期,该庙被拆毁成为废墟。中共十一届三中全会后,集资新建,塑神像11尊。

东乡县

回龙禅寺　原名回龙观音堂,坐落在东乡县马圩镇梁家村委会西边村,始建于元代末年,后年久失修坍塌。1986年,在原址上重建,同时将寺名改为回龙禅寺。

清湖寺　坐落在东乡县王桥镇王桥村委会清湖自然村,始建于元末明初。清嘉庆七年(1802),迁至原址南400米处的现址重建,寺庙依山而建,2014年底开始重修。

如意古寺　原名水寒寺,又名如意古庵,坐落在东乡县小璜镇枫林村,始建于明洪武初年,后被毁。清道光十八年(1838)重建。1951 年被拆,2001 年重建。

西隐寺 又名佛岭寺,坐落在东乡县城东南,始建于唐显庆年间,清咸丰八年(1858),毁于兵燹。1996 年重建。

广昌县

龙凤岩寺 位于广昌县苦竹镇大陵村东华山下,明弘治年间,慧庆法师募捐创建。清三次重修。1980 年修复,1984 年 6 月,经江西省宗教局批准列为全省重点寺观。1996 年全国政协副主席、中国佛教协会会长赵朴初为该岩题写"龙凤岩"。

慈生禅寺 位于广昌县盱江镇大塘村,宋绍兴八年(1138),仿唐都长安慈恩寺和雁塔模式而建寺建塔。明万历九年(1581)重修,"文革"时期,寺后的六层古塔被拆毁,慈生禅寺由当地生产队作为队址和仓库。党的十一届三中全会以后修复了慈生禅寺。1984 年,经县人民政府批准该寺为县级重点文物保护单位。1987 年,经县人民政府批准正式对外开放。

定心寺 位于广昌县赤水镇大禾村,唐咸通五年(864),宗估禅师创建。该寺原名幽潭寺,后改今名。1984 年被确定为抚州地区重点开放寺庙。

仙游观 位于广昌县尖峰乡观前村观前街,该观在广昌建县前已建成,故有"先有仙游观,后有广昌城"之说。该观建筑风格独特,正前方有一戏台,宫观与戏台之间有一宽敞场地,为庙会群众看戏和集市贸易场所。进门是宽阔下殿,两侧有楼梯通往"洒楼",中殿是万寿宫,为广昌县保存最完整的古观。每年农历八月初一是仙游观庙会日。

应峰观 位于广昌县千善乡上堡村,始建于元朝末年。1984 年修复,1995 年 10 月经广昌县政府批准为正式开放宫观场所。

大觉寺 位于广昌县东盱江镇吴家岭,该寺始建于宋绍兴二十二年(1152),今存佛殿既有明代构件,又有清末、民国的建筑。20 世纪 90 年代初,广昌县人民政府批准大觉寺为开放寺庙。

法轮寺 曾称观音堂、山川坛、金盆寺,位于广昌县城附近的盱江镇大塘村,该寺地处四周高、中间低的地形,故称金盆寺,始建年代无考。"文革"期间,该寺庙先后被改作畜牧场、五七干校、职业中学。1982 年重建。

水香寺 位于广昌县盱江镇大塘村大塘塍,因慕"水田十里学袈裟,香火因缘久愿同"而得名,初名水香庵。明万历三十一年(1603)左右,由官至福建盐运使的广昌人黄太次兄弟创建。明代末期被毁。清代、民国均有修缮。20 世纪 50 年代中,寺宇尚存。"文革"时期,僧尼还俗,寺宇正殿失修倒塌,仅存一座破败不堪的观音堂。80 年代初重建。

真隐寺 位于广昌南部的驿前镇驿前村内,建于南唐年间。元代重修,明清屡次修葺,真隐寺自建成以来,几度兴废,饱经沧桑。"文革"时期,该寺被作为"四旧"处理,僧尼还俗,房屋改作他用。党的十一届三中全会以后,重建了殿堂,塑造了佛像,新建了山门。

上 饶 市

信州区

虎岩寺 位于上饶市信州区灵溪镇丁洲村与北门乡郭门村交界处,唐德宗年间,鹅湖大义禅师在虎岩山一石洞里面壁禅修,名古室寺。北宋初年,高僧妙机来此住持,改名为古岩寺。明末,禅师茂庵访游到此,后常住,改为虎岩寺。民国后期,寺院被军队抢占,僧人被逐,寺院逐渐荒落。中华人民共和国成立后,僧昌霖来禅寺,进行修建。"文革"时期被破坏。1979年昌霖返寺,主持重修,改名为虎岩寺。

广泽禅寺 位于上饶市信州区灵溪镇新昌村睦州山南麓,始建于明嘉靖年间。由铅山鹅湖峰顶慈济禅寺第十一代德宏禅师开建。清咸丰五年(1855)部分殿堂毁于贼火,咸丰九年(1859)重建。"文革"时期僧人被赶,钟鼓毁弃,观音堂被拆,寺院被作仓库、牛舍之用。1982年重建。

黄岩寺 位于上饶市信州区沙溪镇北的饭甑山上。早在唐武宗会昌年间,就建有观音殿、地藏殿、天王殿等建筑。后因年久失修,相继倒塌。唯西边山体石刻"佛"字,历经数百年风雨,至今存世。1992年1月重建。

青岩寺 位于上饶市信州区沙溪镇青岩村的纱帽山脚下,由唐末慧空禅师创建。民国年间及中华人民共和国成立初期,青岩寺仍存有围墙殿宇,"文革"期间,佛像被毁,殿堂房舍被拆,改为农场。1986年重建。

广丰区

广灵禅寺 原名慈云寺,位于广丰区丰溪街,始建于清宣统元年(1909)。民国三十五年(1946),中国佛教协会广丰县支会会址设于此处。同年11月,全县僧尼在该寺举行"护国息灾法会"。1999年,广丰县城扩建,慈云寺迁建水尾山风景区,更名广灵禅寺。

西岩寺 位于广丰区排山镇,分上下两寺,一在天桂岩前,称西岩上寺;一在天桂岩山麓,称西岩下寺,统称西岩寺。西岩上寺,初名广福院,始建于北宋初年。嘉祐年间于原址重建,两栋两厅,更名西岩寺。元至正五年(1345),扩建殿宇。清道光元年(1821),重建上下两栋。咸丰八年(1858),毁于兵灾。同治九年(1870),再次重建。"文革"时期被毁,20世纪80年代重建。

嵩峰寺 古名冲霄庵,位于广丰区嵩峰乡里洋村嵩峰山顶与浙江江山交界处,建于明宣德年间,殿宇两栋,旁有廊庑,后倾圮。清乾隆十年(1745)重建。山门前有银杏两棵,传为建寺时所植。该寺现为县(市)级重点保护单位,与江山市共管。

香山寺 位于广丰区芦林街道上呈村,始建于清康熙年间。嘉庆十三年(1808)和民国十九年(1930)两次重修。寺宇两栋,旁有廊庑。"文革"时期佛像被毁,寺宇改作他用。1983被列为广丰区重点开放寺庙。今新建佛殿多栋,仿古寺宇建筑,面积1000余平方米。

长贵寺 位于广丰区壶峤乡郑村坞。北宋靖康年间,元祐太后孟氏(哲宗赵煦帝后)避兵,住在广丰壶峤镇老尼的破庵之中,带发修行。高宗南渡后,接孟氏回宫,命僧慧远即地建寺。后寺倒,当地徐姓民众捐资重建。今存。

广福寺 又名白花岩庙,位于广丰区铜钹山镇高阳村,始建于唐代天祐年间。寺内保存有明代二十四天尊神像壁画。现存寺宇属清代建筑,1983年重修。

真隐观 又名西山观,位于广丰区永丰街道,南宋绍兴年间建。依山傍水,上下两排建筑,北侧为丰溪书院,南侧为吕仙亭。民国十八年(1929)后设复南中学和三岩中学。中华人民共和国成立后,改设广丰中学。

万寿宫 位于广丰区横山镇廿三都村,明嘉靖年间建,奉祀许真君。清嘉庆五年(1800)重建,嘉庆七年(1802)重塑许真君神像,嘉庆十年(1805)庙宇神像全部竣工,立碑为记。民国二十四年(1935)建前栋,与后栋大殿合成院落布局。"文革"时期,庙宇遭到严重损坏。20世纪80年代重建。

六石正阳宫 又名灵惠庙,六石古院,位于广丰区嵩峰乡六石岩省级森林公园内。五代末年,道士大悲在此建药舍。南宋咸淳年间,赐大悲为妙济真人,在舍药处创建灵惠庙,后移建于六石岩下,更名六石古院。清光绪年间修葺宫殿三栋,院额"六石仙岩"。现有道人住庙,保存有历代的碑文和文人墨客的珍贵墨迹等。

德兴市

报德寺位于德兴市南郊凤凰湖东面,唐天祐年间创建。宋时被敕赐为参政张焘的功德院,明时被毁。清康熙六年(1667)重修,清末又遭劫难。元时报德寺出过两位高僧,一位是普映法师,另一位是拳衡法师。2001年选现址重建。

静住寺 位于德兴市城东郊两仪山下,唐开宝九年(923),广东玉台律寺高僧惠明始创。苏轼曾游此寺并题词石崖:"饮德兴静水,思故乡情源。"明万历三十一年(1603),朝廷下旨在全国开办书宫、学院,因宋参政张焘幼年在此读书,知县黄令废寺建学,改为"德兴书院"。清咸丰五年(1855),毁于兵火。2002年修复。

泗洲寺 原名妙明寺,位于德兴市泗洲镇祝家村朱文庵,始建于明代,后被火毁。明洪武八年(1375)重修,后又遭火毁。清咸丰、同治、光绪年间,又多次修复。民国八年(1919),道场衰败,无僧管理。中华人民共和国成立后,寺房所剩无几。1956年,因德兴铜矿建设需要,泗洲寺被拆除。1996年,泗洲镇佛教信徒筹资重修,主体建筑为西方三圣殿。

天龙山道院 位于德兴市畈大乡港首村傅家湾对面的天龙山上,当地流传有"先有天龙山,后有三清山"之说。天龙山自唐以来就建有道院,几次兵毁几次重建,原有'跑马场"等天龙山十景,现于原址建有天龙山道院,内供"三清"(玉清、上清、太清)菩萨。

鹰武殿 又名李老真君庙,位于德兴市绕二镇绕二村。清咸丰年间,绕二百姓捐资建立,该殿是为纪念唐太宗时期信江敕使太守李进福而建。现为德兴市文物保护单位。

上饶县

石城寺 位于上饶县灵山甑峰南石城山台地。唐初,普陀山一高僧云游到此,建寺,名石城寺。乾隆三十三年(1768)修葺。第二次国内革命战争中,寺庙尽毁,仅存明嘉靖年间立的石碑、清顺治九年(1652)建的旨寿塔、乾隆三十三年(1768)立的放生碑。1997年重建古寺,1999年大雄宝殿竣工。

天心寺 位于上饶县望仙乡圆山峰顶。明万历十二年(1584),浮梁僧如伦云游到此,遂化缘创建天星寺,供奉如来诸佛和十八罗汉。清康熙十一年(1672),天星寺扩建,因有康熙御书"天心禅林"寺额,改称天心寺。1930年寺庙毁于兵燹,仅存"天心禅林"和"舍利殿"匾额。1949年重建一小院,1986年又重建大雄宝殿,供奉如来等佛。

至德宫 位于上饶县灵山东台峰东角山上。东汉末年,至德道人云游到东台峰太极岩,见岩洞形似太极图,遂在此建宫修道,故名至德宫。今已废,遗址、石磴、石臼、石香炉、老道墓茔等尚存。

铅山县

葛仙山慈济寺　位于铅山县葛仙山，始建于明万历三十年（1602），1984年被列为江西省重点寺院。寺内主要建筑大雄宝殿和天王殿，1984年10月毁于火。1985至1986年，先后修复。1993年11月扩建，至1995年8月竣工。扩建后的慈济寺，为庑殿式建构，飞檐翘角，碧瓦黄墙，朱门金钉，气势端庄。寺名"慈济寺"三字为著名书法家、全国政协原副主席、中国佛教协会前会长赵朴初所题。至2011年，寺宇占地10000平方米，其中房屋建筑面积5000平方米。

横峰县

岑山古龙　泉庵始建于唐武德二年（619），位于横峰县城北岑山中部岩壁顶，古龙泉庵正殿与厢房均建于洞内。始建年代无考，古龙泉庵历经兴废，多次重建。现正殿与东西厢房分别于1983年、1991年重建，塑有佛像、观音菩萨像。

天台山菩提寺　位于横峰县岑阳镇东北天台山。明万历年间，高僧广心禅师在此建天台寺。明末清初毁于火灾。清顺治年间，浙江天台山灵乘法师在此修复道场。咸丰五年（1855）、民国初年两次毁于兵火，天台庵几成废墟。1980年重建。

岑山慈云寺　位于横峰县岑阳镇上茅坪村，寺庙始建于清末，屡废屡建，最近一次是1990年恢复重建。1995年被列为开放寺庙。慈云寺现有大雄宝殿、地藏王殿、西方三圣殿、钟鼓楼，以及僧房等附属房屋。由释宏悟住持。

岑山清水寺　位于横峰县岑山东面上窑口村龙岗清水岩，原名三圣殿，始建时间无考。清同治年间毁于兵火。1997年重建大雄宝殿，重塑如来佛等三尊大佛、十八罗汉像、千手观音等佛像。1999年，新建天王殿，重塑四大天王、弥勒佛、韦陀、茄蓝、祖师菩萨等。

岑山道观　位于横峰县岑阳镇岑山北山腰，岩洞朝西，下临岑港河，始建时间无考。道观岩洞高5米、宽4米、深5米，塑有太上老君、玉皇大帝、葛仙翁、李老将军、观世音及八仙等神仙20多尊。岩洞顶端有石刻"知难行易""洗心泉"七个字。

弋阳县

南岩寺　位于弋阳县南岩镇南岩山中，创于唐太和年间，宋嘉定年间扩建，元至正年间增修。"文革"时期，南岩石窟损毁严重，20世纪90年代修复，2001年修复工作完成。2013年5月,南岩石窟被列为第七批全国重点文物保护单位。

双岩寺　位于距县治南5千米的龟峰镇境内,宋崇宁年间始建。明代邑人范有韬题字镌刻在岩上。清顺治十五年(1658)苾重修。今址尚存。

余干县

忠臣庙　位于余干县西北康郎山上,临鄱阳湖。元至正二十四年(1364),朱元璋为祀在鄱阳湖大战中阵亡的36位将领,在此建庙。明代多次修葺。清康熙五年(1666)毁于火灾,知县江南龄重建。咸丰九年(1859)添建昭忠祠及怀忠楼。民国二十年(1931),洪水冲毁前殿。1954年又遭水灾,再次修葺。现基本保存完好。

应天寺　位于余干县梅港乡境内,南朝宋孝建年间建成,清乾隆年间两次重修。1995年按原样复建,现基本保存完整。

昌谷寺　原名思禅寺,位于余干县东山岭,南朝梁天监年间建。北宋元符年间,改名昌国寺,又称昌谷寺。明嘉靖六年(1527)迁建西麓。寺早废,遗址今建供电所。

金山寺　位于余干县瑞洪镇,相传始建于唐代。因地势较高,水漫不及,又与镇江金山寺相似,故名。民国二十年(1931)集资重修。1954年大水冲毁前进,仅剩中、后两进。1998年民众又集资重修。

龙泉寺　位于余干县城北院前彭家村,南朝梁天监年间由武帝敕建,旧址在鄱阳湖甘泉洲上,初称甘泉寺。后因湖水淹浸,移建于龙泉里,称龙泉寺。南宋宝庆初废圮,里人重建。元毁于火,元至正初重建。明初,太祖敕命重修,并改今额,规模较往者更为宏阔,清代又重修,邑人段藻有碑记。中华人民共和国成立后拆作他用,1990年重建。

洪崖寺　位于余干县三塘乡洪崖山,唐天宝年间始建,以山称名洪崖寺。"文革"期间被毁,1992年和2006年先后重建。

永庆庙　位于余干县瑞洪镇,始建于清光绪年间,2003年重修。

护龙庵　位于余干县瑞洪镇,始建于明万历年间。明、清曾多次修葺,现建筑为2003年重建。

白云峰庵　位于余干县李梅岭主峰上,相传为白水真人吴丹修炼之所。南北朝齐梁年间始建,名清溪道院,亦称清溪观,后废。南唐保大十三年(955)于原址重建,名平原寺。清嘉庆十九年(1814),为兵火所毁。同治六年(1867)重修,民国十五年(1926),附近章、余、邱、舒、黄等姓募款重建,并改名白云峰庙。1950年庙内菩萨被毁。1969年,前进钟鼓亭拆作他用,现仅存四进。

天花宫　位于余干县瑞洪镇,始建于明永乐三年(1405),2007年重修。

万寿宫　位于余干县瑞洪镇，始建于民国十二年（1923），1992年重建，奉祀许真君（许逊）和忠孝神仙。

鄱阳县

芝山古寺　位于鄱阳县城西北鄱阳镇芝山公园内，始建于唐初，为鄱阳县重点佛教场所之一。宋、元、明时期和清乾隆二十二年（1757）、嘉庆二十三年（1818）均曾修葺。咸丰三年（1853）毁于兵事，同治年间重建，1928年再度重建。20世纪50年代，仅存正殿。1956年辟为芝山公园，20世纪80年代开始逐渐恢复佛像等设施。1992年在众多居士捐资下寺庙重修并重铸11尊铜佛像供奉各殿。1992年重修，2015年完工并改名为芝山古寺。

万寿寺　位于鄱阳县莲湖乡毛家村，始建于后晋天福元年(936)。原建有地藏王殿、观音殿、弥陀佛殿、王灵官殿、关帝殿、托塔天王殿、龙王殿及附属建筑，1950年损毁。1984年于原址重建。

饶州府文庙　位于鄱阳县鄱阳镇，始建于西晋咸宁年间，永嘉六年（312），内史王廙继修。宋庆历五年（1045），太守张谭迁建于朝天门处，元末兵毁，明初迁于县城西隅天宁寺。清顺治七年（1650）以明淮藩府废址改建，康熙十八年（1679）重修，配建西厢、明伦堂等建筑。咸丰三年（1853）为兵焚毁，光绪二年（1876）重建。1937年后，日寇攻占县城，文庙大部分被炸毁，仅大成殿残存。1985年江西省文物处拨款对大成殿进行维修，2002年鄱阳县政府拨款修缮。2006年被列为江西省文物保护单位，为青少年爱国主义教育基地。2014年，饶州府文庙大成殿修缮。

芝山寺　位于鄱阳县鄱阳镇芝山公园内，始建于唐代。宋、元、明时期和清乾隆二十二年(1757)及嘉庆二十三年(1818)均曾修葺，咸丰三年(1853)毁于兵事，同治年间重建，1928年再度重建。20世纪50年代，仅存正殿。1993年鄱阳镇政府对该寺进行了维修，1994年被列为县级文物保护单位。

晏公庙　位于鄱阳县鄱阳镇，建于明洪武年间，祀水神"神霄玉府晏公都督大元帅"。清康熙年间，同知刘愈奇修，乾隆五十四年（1789）重修。1944年重修，后成民舍。1992年复修葺，2012年晏公庙会被上饶市政府列为非物质文化遗产，2015年被江西省政府列为非物质文化遗产。

荐福寺　位于鄱阳县东湖东岸，六朝或唐初建。元末兵毁，明永乐十二年（1414）重建，历28年告成。万历四十年（1612）重修。清乾隆三十一年（1766）修千修阁、弥勒殿，乾隆三十七年（1772）修千佛阁、三官堂，乾隆四十七年（1782）重修大雄宝殿、千佛阁、观音堂，乾隆五十五年（1790）重建莫莫堂、观音堂。嘉庆元年（1796）、嘉庆十年（1805）先后修莫莫堂、千佛阁和大殿。1943年重修。东有颜范二贤祠，前有荐福碑断趺,西有陶侃衣冠冢。民国时为私立士行中学,今为鄱阳一中校址。2005 年在鄱阳一中校园内建颜范二贤祠及惜阴碑。

仙坛观　原名延祥观,位于鄱阳县鄱阳镇磨刀石村,为道家七十二福地之五十二福地。汉建安十二年(207),王遥入山修炼。隋大业二年(606),道士曹志虚正式建观,敕赐名岁浮观。宋重和元年(1118),敕赐名延祥观。明洪武三年(1372),赐名仙坛观。清同治后观宇倾圮,福地销迹。

永福寺　位于鄱阳县城西门路大龙桥口,梁武帝天监元年(502)建。原名显明,唐改隆兴、大云,宋改永宁。元至元十三年(1276)扩建,至正二十二年(1362),掘基得玻璃瓶,中贮甘露,住持禅师雪村杞献于朝,敕赐禅师为"乾元万寿永福禅师",始改永福。1931 年,改建为国民党鄱阳县党部。1990 年建观音堂,2001 年将观音堂改为永福寺。

浮洲寺　亦名浮舟寺,位于鄱阳县东湖中督军台,宋治平二年(1065)建,元末毁。明万历年间重建。咸丰三年(1853)毁,同治六年(1867)重建。1958 年,改建东湖养鱼场。

郭西庙　位于鄱阳县城解放街上,始建年代无考,祀梁朝昭明太子肖统。庙在池州为郭西,故称郭西庙。嘉庆十八年(1813)重修,今废。

府城隍庙　位于鄱阳县城西门,始建年代无考。明洪武二年(1369),迁庙今处。光绪四年(1878),知府恒裕率属捐款修正殿、寝殿及两庑阎罗殿。2004 年在原正殿址修建大殿。

万年县

大赦庵　又名七沼寺,位于万年县裴梅镇东部与大源镇东南部之间。为唐朝文德元年(888),兵部尚书右仆射刘汾所建。

婺源县

万寿宫　又名智林禅院,位于婺源县蚺城大庙街北端,唐乾符年间侍中王瑜建。至正年间兵毁,明洪武二十五年(1392)建为"万寿丛林",正统年间重修。清乾隆五十年(1785)毁,乾隆五十二年(1787)在旧址上重造,咸丰年间毁于兵火。

普济寺　位于婺源县蚺城东,唐中和三年(883)建,宋大中祥符六年(1013)赐额。元至正十二年(1352)毁于兵燹,明洪武初重建,后又毁于兵火。

隆庆寺 位于婺源县蚺城北汤村,唐乾符年间建,名永泰院。宋大中祥符年间改今名。元至正年间兵毁。明永乐二年(1404)重修,后再度毁于兵燹。

黄莲寺 位于婺源县东秋口镇寺下村,唐懿宗咸通年间敕建。宋熙宁年间重建。宋禅师佛印曾云游憩此。明洪武二十五年(1392)立为丛林,后废。2004年重修。

福山寺 位于婺源县西中云镇中云村水口福山,宋熙宁二年(1069)建。元至正十二年(1352)毁于兵燹。明洪武初年重修,洪武二十五年(1392)立为丛林,后又废。嘉靖十六年(1537)于寺旧址创立"福山书院"。

碧云庵 位于婺源县东江湾镇大畈村北侧灵山。宋太平兴国四年(979),南唐国师何令通在此隐居,与邑人江广汉始建碧云庵。元至正十二年(1352)兵毁,明洪武年间僧沙莲募建。弘治四年(1491)又毁,住持再次募建。后屡毁屡建。

静隐庵 位于婺源县西镇头镇游山村西侧凤游山。明崇祯年间,游山、董村、梅田三村民众捐田产建造,供奉真(玄)武帝君。清咸丰年间兵毁,同治十二年(1873)游山等村董姓重建。

紫虚观 位于婺源县蚺城北隅,南唐保大年间初建,名栖真观。宋政和四年(1114),改名紫虚观。元至正十二年(1352)兵毁,明洪武二年(1369)重建。后年久倾覆。

通元观 位于婺源县西北大鄣山乡通元观村,唐开成年间,道士郑全福创建。宋庆元元年(1195),道士程弥远重建。明末遭火毁后衰败。

编后记

"江西方志文化丛书"是由江西省地方志编纂委员会办公室组织编纂的一套精品文化丛书,从2014年开始由省、市、县(市、区)三级地方志机构合力打造。

本书的编纂工作启动之后,省、市、县(市、区)三级地方志工作者倾注了全力,历经稿件撰写、编辑、初审、复审、终审各个环节,最终完成此书。书中重点介绍的寺观由县(市、区)地方志办参照"江西方志文化丛书编纂方案"所发样稿和行文规范编纂初稿,经市地方志办审核后报送省地方志办《江西寺观》编辑部初审和编辑。执行主编张满满、副主编邓静、编辑方巍对稿件进行编辑,由张满满统稿、审定,最后由丛书主编梅宏,副主编周慧、杨志华审定。

本书的编纂得到市、县地方志办公室的大力支持和配合,本书的稿件主要由市、县地方志办公室提供。《江西寺观》编辑部主要是对市、县地方志办公室提供的稿件进行审稿和修改,由于受篇幅所限,编辑部对文稿进行了大量的删改。

本书对比较有影响力的寺观进行了介绍,没有对佛教和道教源流进行介绍和阐述,是一部介绍性的书籍,以叙述为主,没有进行论述。

由于编辑部成员对佛教和道教没有进行过研究,文字水平有限,该书一定存在着不足之处,还望读者能宽容、体谅。

在本书付梓之时,特向市、县地方志办公室和所有参与编写的作者及有关网站致以深深的谢意!

江西省地方志编纂委员会办公室
2017 年 12 月